外国人避暑地
日光中禅寺

手嶋潤一

随想舎

SUBSCRIPTION LIST

DATE.		COUNTRY. DOMICILE. NAME.		SUM.	
1885					
Août	18	a Sienkiewicz — Ministre de France	(paye)	vingt cinq	yen
1886					
July	23	Henry Adams	(paid)	ten	yen
		Jno LaFarge	paid	ten	yen
		Ernest F. Fenollosa	(paid)	ten	yen
		W.S. Bigelow	(paid)	ten	yen
Sept.	10th	for Sir F. Plunkett. H.B.M. Minister	(pdk.) paid	twentyfive	yen
April	11	Hobrecht, W. beg Bacerath Berlin		fünf	yen
Sept	5	F L Brower		five	yen

1-図-1　保晃會の寄附名簿

Japan Tagebuch

Wera v. Treutler (1875 - 1964)　　　　Karl - Georg v. Treutler (1858 - 1933)

Briefe, Zeichnungen und Fotos

Private Dokumente aus Kreisen des Legationsrates

Karl - Georg v. Treutler
in Tokio
1895 - 1898

5-図-32　カール・ゲオルク・フォン・トロイトラーの日記

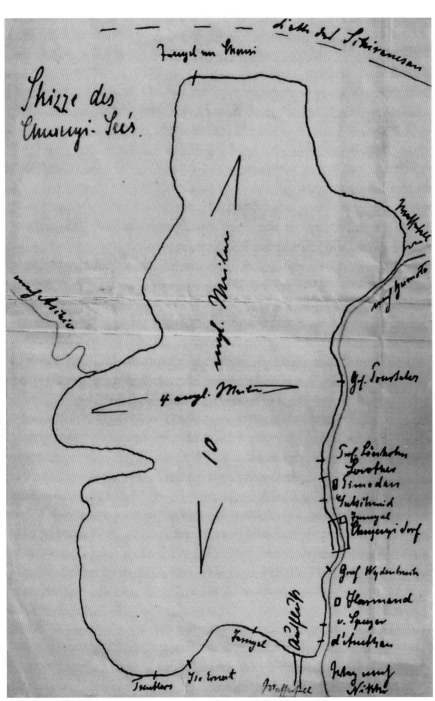

2-図-5　カール・ゲオルク・フォン・トロイトラー作成の別荘位置図

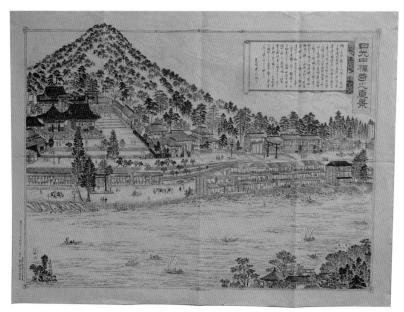

2-図-1　日光山中禅寺之真景（明治31年）

5-図-30　英国大使館別荘（写真提供 栃木県）

5-図-40-1 ベイティ（フォン・トロイトラー）邸跡地から湖を見る

5-図-40-2 ベイティ（フォン・トロイトラー）邸跡地から湖を見る

7-図-6　スタート地点から見たボートハウス周辺

7-図-7　スタート直後の左舷の風景

7-図-8　No1 ブイ手前の風景

7-図-9　フランス大使館別荘

7-図-10　ベルギー大使館別荘

7-図-11　上野島と男体山

7-図-12　白岩

7-図-13　菖蒲ケ浜

7-図-14　西十三番（13番園地）

7-図-15　西十二番

7-図-18　千手ケ浜からゴール方向を見る
　　　　　（写真提供 梅山達哉氏）

7-図-20　阿世潟から湖を望む

8-図-4　英国大使館別荘記念公園（写真提供 栃木県）

8-図-5　バッソンピエール大使愛用のスカル

はじめに

　大学卒業後，栃木県庁に勤務することが出来た。県庁生活の大半は観光行政と共にあった。技術者としての私は観光の現場で鍛えられた。日光・那須・塩原といった著名観光地で汗をかいた。仕事はどれも魅力的であった。のめり込んだといってよい。

　調査・計画・設計，施設整備，イベント等の事業に従事した。その過程で「国立公園の父」，「ミスター国立公園」と敬称される先達諸氏の教えに接する機会も得た。また分野を先導する研究者やコンサルタントの諸氏とも知己を得た。刺激的な環境に身を置くことが出来た。

　仕事では常に創意工夫が求められた。勉強が必要であった。永い歴史に培われた現在の姿である。さらに磨き上げるには，これまでを知らなければならないと考えた。観光地の歴史を勉強しようと思い立った。

　日光を取り上げた。その風景の利用と保護の具体策そしてその変遷を『日光の風景地計画とその変遷』，観光地としての成熟の過程を『観光地日光その整備充実の歴史』として本にまとめた。筆者が体験した出来事とそこで出会った資料，先輩から引き継いだ資料，渉猟をかさねて巡り合った資料からまとめたものである。ただし，全ての資料に考察を加えた訳ではない。取り上げていない資料も考察の浅い資料もある。

　またその後巡り合った資料もある。本書はそれら資料に新たに分析考察を加え，外国人避暑地中禅寺を読み解こうとする試みである。今回の作業で明らかになったこれまでの研究にある誤謬のいくつかは本書で訂正することができた。以前の研究で取り上げた出来事や資料で今回もとりあげたものもある。重複感は免れないが考察を深めるため，とご理解頂きたい。

　風景は風土と共にある。地域の人々や訪れた人々とのさまざまな関わり合い，つまり人間の生活と伴走した形で育てられ，守られてきた。このように考える

と風景は地域の文化の一つの形と見ることも出来よう。その文化の実態に少しでも近づきたいと思っている。学術的視点を堅持しつつ外国人避暑地中禅寺の姿を生き生きと描くことが出来たらと願っている。

　前回同様，今回も分を超えたチャレンジである。過積載であることは否定できない。未経験の分野もある。不得手な外国語にもチャレンジしなければならない。付け焼刃の勉強では間に合わない。錯誤の存在は否定できない。もちろん文中にある誤謬については全て筆者の責任である。それでも出版に踏み切ったのは，かつての外国人避暑地中禅寺の姿を明らかにしたい，風景と人々の関わり合いの歴史を明らかにしたいという思いによる。その思いは，「地域の歴史」は「地域の魅力」と同意語である，と言う考えに依拠する。

　中禅寺は「国際的避暑地」と言われた。「国際的避暑地」には世界に開放された避暑地というニュアンスがあることは否定できないだろう。中禅寺は「多くの国籍の外国人が集まる」と言う意味では国際的ではある。ただし，来訪者は日本駐箚の外交官が中心であった。ホテル・旅館の滞在者はともかく，避暑地中禅寺の主要メンバーである別荘滞在者は外交官が多かった。「選ばれた人たち」である。外交官以外を排除しているわけではないのだろうが，現実を見ると外交官が大半を占める。ある意味閉鎖的な避暑地と言えるかも知れない。その意味で，本書では「国際的避暑地」ではなく「外国人避暑地」と表記する。もちろん日本人も避暑を楽しんだ。「選ばれた外国人」と「日本人」の避暑地であろうが，本書は外国人に焦点を当てている。

　本書は8章からなる。章を進めながら外国人避暑中禅寺を繙いてゆく。

　第1章では，日光に見る初期の外国人避暑の様相

　第2章では，草創期の外国人避暑地中禅寺に見る別荘群

　第3章では，草創期の外国人避暑地中禅寺に見る避暑の様相

　第4章では，最盛期の外国人避暑地中禅寺に見る別荘群

　第5章では，別荘と滞在者

　第6章では，最盛期の外国人避暑地中禅寺に見る男体山ヨットクラブ

　第7章では，最盛期の外国人避暑地中禅寺に見るヨットレース

第8章では，戦後に見る避暑地中禅寺の実相
を明らかにし，最後に全体をまとめる。

　本研究は資料分析による。日光に触れている資料に分析考察を加え，その結
果を整理した。資料は出来るだけ表にまとめたが数頁にまたがるものもある。
また図表共に数が多くそれらに関する記述と同じ頁に掲載できないものもある。
そのような図表には括弧書きで示す図表の番号の後に掲載頁を併記した。個々
の出来事の発生年および期間の表記は元号に西暦を併記した。ただし読み易さ
を考慮して文脈によっては2度目の出現からは元号のみとしたところもある。元
号に拠ったのは時代の雰囲気を理解しやすいと考えたからである。

　別荘の呼称は従来からの名称を個々の別荘の固有の名詞と理解して「西九
番」，「南三番」の様に漢数字で表記した。建物なので「西九番別荘」ないしは
「南三番館」と言う表記もあるが，本書では「西」もしくは「南」を冠した番号の
みで表記する。

　地域の呼称については中禅寺湖と湖畔一帯を現在の地名の「中宮祠」ではなく
外国人が呼び慣れていた「中禅寺」，そして二社一寺と周辺エリアを「日光」と
呼ぶ。

　本書では外国人の日記や手記を取り上げている。引用は翻訳書に頼っている
が，原文の方が引用の目的にかなうと考えられる箇所では原文のままとした。
訳文のない資料はそのまま引用した。頁によっては英文が多くの部分を占める。
違和感は否めないがご勘弁頂きたい。資料は章ごとに独立的に取り上げている。
全体的に見れば同じ資料が現れる。整理不十分の感は否めないが理解を進める
ためとご理解頂きたい。資料の中には地元の郷土史家小島喜美男氏が保管・管
理しているものがある。それらには（小島喜美男氏保管）と表記した。

　なお，本書では敬称を省略させて頂いた。

■ 目 次 ■

外国人避暑地
日光中禅寺

はじめに　*1*

第1章　日光に見る初期の外国人避暑の様相

第1節　本章の目的 ………………………………………………… *13*

第2節　研究の方法 ………………………………………………… *14*

第3節　日光の状況 ………………………………………………… *16*

　　第1項　地元の状況　　*16*

　　第2項　交通手段　　*18*

　　第3項　本節のまとめ　　*19*

第4節　明治22年の新聞から見る避暑地日光の様相 …………… *19*

第5節　本章のまとめ ……………………………………………… *50*

第2章　草創期の外国人避暑地中禅寺に見る別荘群

第1節　本章の目的 ………………………………………………… *57*

第2節　本章の構成と研究の方法 ………………………………… *57*

第3節　避暑地以前の中禅寺 ……………………………………… *58*

第4節　草創期の状況 ……………………………………………… *58*

第5節　草創期の外国人別荘 ……………………………………… *59*

　　第1項　別荘の出現　　*59*

　　第2項　増加する別荘　　*60*

　　　第3項　別荘の詳細　　　　　*62*

　　第6節　草創期の別荘と最盛期の別荘 …………………………………… *71*

　　第7節　本章のまとめ ……………………………………………………… *73*

第3章　草創期の外国人避暑地中禅寺に見る避暑の様相

　　第1節　本章の目的 ………………………………………………………… *79*

　　第2節　研究の方法 ………………………………………………………… *79*

　　第3節　外国人の避暑 ……………………………………………………… *80*

　　第4節　湖と避暑生活 ……………………………………………………… *84*

　　第5節　ヨットレースの始まり …………………………………………… *90*

　　第6節　別荘滞在以外の避暑客 …………………………………………… *95*

　　第7節　本章のまとめ ……………………………………………………… *122*

第4章　最盛期の外国人避暑地中禅寺に見る別荘群

　　第1節　本章の目的 ………………………………………………………… *129*

　　第2節　外国人避暑地中禅寺の最盛期 …………………………………… *129*

　　第3節　研究の方法 ………………………………………………………… *130*

　　第4節　外国人別荘 ………………………………………………………… *130*

　　第5節　本章のまとめ ……………………………………………………… *139*

第5章　別荘と滞在者

第1節　本章の目的 ………………………………………………………………… *145*

第2節　研究の方法 ………………………………………………………………… *146*

第3節　北岸の別荘 ………………………………………………………………… *146*

第1項　西四番　　　　　　　　*147*

第2項　西一番・西六番・西二番　　　*148*

第3項　西七番　　　　　　　　*149*

第4項　西八番　　　　　　　　*150*

第5項　西八番半　　　　　　　*151*

第6項　西九番　　　　　　　　*153*

第7項　西十番　　　　　　　　*154*

第8項　西十一番　　　　　　　*159*

第9項　西十二番　　　　　　　*160*

第10項　西十三番　　　　　　　*163*

第11項　ラチエン邸　　　　　　*166*

第12項　その他の菖蒲地区の別荘　　　*166*

第4節　東岸及び南岸の別荘 ……………………………………………………… *168*

第1項　南三番　　　　　　　　*168*

第2項　フランス大使館別荘（南三番半）　　　*170*

第3項　ベルギー大使館別荘　*171*

第4項　イギリス大使館別荘　*172*

第5項　イタリア大使館別荘　*174*

第6項　ベイティ邸　*175*

第7項　ジェームズ邸　*184*

　　　第8項 ドイツ大使館別荘　　　*185*

　　第5節　米国外交官の中禅寺避暑 ……………………………………*187*

　　第6節　本章のまとめ …………………………………………………*188*

第6章　最盛期の外国人避暑地中禅寺に見る男体山ヨットクラブ

　　第1節　本章の目的 ……………………………………………………*195*

　　第2節　研究の方法 ……………………………………………………*196*

　　第3節　男体山ヨットクラブ…………………………………………*198*

　　第4節　会則 ……………………………………………………………*199*

　　第5節　レースとキャプテン…………………………………………*205*

　　　第1項　昭和8（1933）年　　　*205*
　　　第2項　昭和9（1934）年　　　*208*
　　　第3項　昭和10（1935）年　　　*213*
　　　第4項　昭和11（1936）年　　　*219*
　　　第5項　昭和13（1938）年　　　*222*
　　　第6項　昭和14（1939）年　　　*226*

　　第6節　本章のまとめ …………………………………………………*226*

　　1. レースの開催期間と開催日数そして開催されたレースの回数　*226*
　　2. キャプテンの内訳　　　*227*

第7章　最盛期の外国人避暑地中禅寺に見るヨットレース

第1節　本章の目的 ……………………………………………………………233

第2節　研究の方法 ……………………………………………………………234

第3節　レースの実相 …………………………………………………………234

　第1項　昭和8（1933）年　　　235

　第2項　昭和9（1934）年　　　244

　第3項　昭和10（1935）年　　　250

　第4項　昭和11（1936）年　　　256

　第5項　昭和12（1937）年　　　257

　第6項　昭和13（1938）年　　　265

第4節　本章のまとめ …………………………………………………………270

第8章　戦後に見る外国人避暑地中禅寺の実相

第1節　本章の目的 ……………………………………………………………275

第2節　占領期 …………………………………………………………………275

第3節　その後の中禅寺 ………………………………………………………282

第4節　本章のまとめ …………………………………………………………285

　本書のまとめ　　　289

　あとがき　　　290

　謝辞　　　291

日光に見る初期の外国人避暑の様相

第1節　本章の目的

明治17（1884）年に発刊された旅行案内 *"A HANDBOOK FOR TRAVELLERS IN CENTRAL & NORTHERN JAPAN"* で筆者のアーネスト・サトウは,

During the summer, lodgings can be obtained at the following temples near the mausoleum of Iye-yasu :　Nan-shō-In, Go-kō-in, Kō-ji-in, Jō-do-In and Shō-son-In.
*　As Nikkō lies 2 , 000 ft. above the sea, it is comparatively cool during the hot season. We recommend Chiūzen-ji as being preferable, height 4 , 375 ft.*

と書いている。
　ここでは,
①家康霊廟に近い5つの寺院（南照院, 護光院, 光樹院, 浄土院, 照尊院）が夏期外国人に部屋を貸してくれる
②標高600mの日光は酷暑の夏でもかなり涼しい
③標高1,300mの中禅寺の方が避暑地としては望ましい
と伝えている。
　中禅寺を推奨しているがそれは比較の話である。日光, 中禅寺双方が避暑に適していると読み取ることが出来よう。
　当時は外国人が宿泊できる施設やアクセスは整っていなかった。ではあるものの2か所の避暑適地に言及している。将来の可能性を伝えているのであろう。ただしこのふたつには700m近い標高差がある。中禅寺の手前には400m以上を登る急坂もある。当時は徒歩に頼った。中禅寺は自然の条件が優れているが利便性は日光が勝っていた。
　先ず日光が避暑地として利用されるようになる。日光は明治の初期から外国

人が訪れていた。明治7（1874）年には98人，8（1875）年には197人を数えた[2]。その数を一気に増やす出来事があった。明治18（1885）年7月16日宇都宮まで鉄道が開通した。その先は徒歩や人力車に頼るが日光までのアクセスは大きく改善された。それ故の外国人の増加を直接示す資料はない。ただし日光を訪れる最大の目的であろう二社一寺の外国人参拝者の記録が残っている。その数から鉄道開通の効果を探ってみたい。開通前年の明治17（1884）年は106人，1年後の明治19（1886）年には674人に増えている。6倍以上である。明治23（1890）年には日光まで鉄道が延びた。参拝者の数も1,352名に増えた[3]。これらの数字をそのまま来訪者の数に置き換えることはできないが鉄道とともに外国人が増えたことは間違いない。避暑客も増えた。地元は何らかの恩恵を被ったであろう。このような日光の状況は当然ながら中禅寺へも影響を与えたと考えられる。

　とは言え突然外国人避暑地中禅寺が出現したわけではない。日光の様相を見つつ，山岳宗教の地中禅寺が変容していく[4]，と言う理解が自然であろう。先ず日光があって中禅寺がそれに続いた。

　本書の目的は外国人避暑地中禅寺の様相を明らかにすることである。その第一歩である本章では，外国人避暑地として先行する日光の様相を探る。

第2節　研究の方法

　初期の避暑地日光の様相を伝える資料は少ない。避暑客の氏名，滞在先，日程は個人的な情報であり，後には残りにくい。出会える資料は日光に間接的に触れているものである[5]。それも少ない。例えば保晃會の資料からは會の趣旨に賛同し寄付を行った日付と名前は分かる（口絵1-図-1）。

　1-図-1に見るように明治19（1886）年7月23日にヘンリー・アダムス[6]，ジョン・ラファージ[7]，アーネスト・フェノロサ[8]，ウイリアム・ピゲロー[9]が保晃會の寄付名簿（SUBSCRIPTION LIST）にサインをしている。リストの日付は寄付の意志表示をした日であろう。そして実際に寄付が行われた日に領収書が発行された（1-図-2，1-図-3）。当然保晃會に残る領収書の控えには寄付を受け取っ

1-図-2　領収書の書面

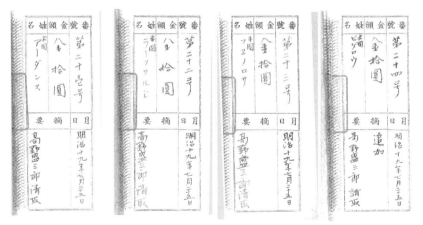

1-図-3　4人の領収書の控

た日が記載されている。7月25日である。4人は少なくても23日から25日の間は日光滞在と考えられる。

　初期の避暑地日光の様相を明らかにするのはむずかしい。資料が乏しい。だが明治22（1889）年の夏日光を訪れた外国人の詳細を記事に取り上げた新聞があった。地元の『下野新聞』[10]である。

氏名，国籍，チェックインした日，滞在した宿泊施設，そして一部分ではあるがチェックアウトした日も記載されている。この記事から7,8月の避暑地日光の様相を垣間見ることが出来る。

本章では明治22年7月と8月の『下野新聞』の記事を整理分析し考察を行う。

第3節　日光の状況

先ず当時の日光の状況を見ておきたい。

第1項　地元の状況

第1節で明治7年に98人，8年に197人の外国人が日光を訪れたと書いた。このように多数の外国人に接することは，地元にとって初めての経験であろう。一方当時の日光を見ると徳川幕府の庇護を失った二社一寺は荒廃していた。その保護を目的に保晃會が設立された。経緯を見ると明治12（1879）年に地元の有志が設立の願書を提出している。[11] そこには，

「日光山ハ，山水清秀，東照宮，二荒山神社等アリ。其社宇広麗無双。世ニ鳴ル既ニ久シク，且東京ニ距テル甚ダ遠カラズ。尤避暑ニ便ナリ[12]，故ニ近来，外客ノ来航スル者モ亦，競フテ此勝地ヲ踏ミ，以テ郷国ニ齎ラスノ談柄トス」

と書かれている。（註：「齎ラス」は「もたらす」，「談柄」は「話の種」の意）

日光は，

①自然の風景が優れ，また比較するものがないほど広麗な神社仏閣がある。それ故昔から世に知られている

②東京に近いので，とりわけ避暑に適している

③それ故来日する外国人は我先に訪れる。そして，日光の土産話を国に持ち帰ると言っている。

ここからは明治12（1879）年以前にも避暑に訪れた外国人がいたと読むことが出来る。明治7（1874）年の98人中54人が7,8月に訪れている。[13] 明治8（1875）年も197人中101人が7,8月に集中し，その内67人が外交官とお雇い外国人で

ある。大学などのお雇い外国人にとって夏休み期間中は旅行がしやすい。その目的の一つが避暑であったと見てよいだろう。保晃會の願書に見るように夏におとずれる外国人の姿を見て，地元は日光の避暑地としての価値を理解したと見てよいだろう。

　短期の転居とも言える避暑には滞在する施設が不可欠である。当時外国人が泊まることが出来た施設を見てみよう。先ず明治4（1871）年創設と言われる鈴木ホテルである。

　英国公使館日本語書記官アーネスト・サトウは明治5（1872）年日光を訪れた。中禅寺まで足を伸ばした。そこでの経験をもとに明治8（1875）年日光の旅行案内記 *"A GUIDE BOOK TO NIKKÔ"* を出版した。そこでは鉢石の鈴木ホテルを推奨している。サトウは，

The house is clean, and well situated. There are three rooms on the upper story, with a pleasant look out, and plenty of air ; altogether this lodging is calculated to satisfy the most fastidious.

と言っている。

　明治5（1872）年には外国人が心地よく泊まれる宿舎はあった。ただし2階は3部屋である。1階の部屋数は分からないが収容力はそれほど多くない。

　もう一つ外国人を泊めたホテルがあった。金谷ホテルの前身と言われる明治6（1873）年創業の金谷カッテージインである。カッテージイン創設の詳細は『森と湖の館』（常盤新平，1998年，潮出版社）にくわしい。そもそもは明治4（1871）年に金谷ホテルの初代金谷善一郎がヘボン博士を自宅の侍屋敷に泊めた事が始まりであった。金谷ホテル2代目真一は回想録の中で「外人が泊まる所がなく難渋しているのを見た父は，武士としての義侠心から幸い自分の家にも室が有るので泊めてやった」と書いている。当時は外国人が安心して泊まる施設はなかったと見てよい。

　明治17（1884）年のサトウのガイドブックには5つの寺院が外国人を泊めると

書いてあった。一方，明治5（1872）年のサトウのガイドブックでは外国人を泊める寺院には言及していない。まだなかったのだろう。それが必要とされるのは内地旅行制度が本格的に実行される明治7年からと見てよいだろう[16]。先にも触れたが明治7（1874）年の夏には54人，8（1875）年の夏には101名の外国人が日光を訪れた。これらの数は外務省から太政官正院への報告書に基づく[17]。残念ながら明治9（1876）年以降の報告書には出会っていない。具体的な人数は分からないが明治8年同様かそれ以上の来訪者があったと見て間違いないだろう。日帰りは想定しにくい。宿泊であろう。

　ではどこに泊まったのであろうか。鈴木ホテル，金谷カッテージインが考えられる。また内地旅行制度発足後，つまり外国人の内地旅行の制度が出来たこの時期には山内の寺院も受け入れを開始したのかも知れない。それに明治20年代に顕著となる民泊も誕生したのかもしれないが資料がないのでわからない。詳細は不明だが明治10年代を待たずして避暑を目的に外国人が訪れていたと見て間違いないだろう。

　先にも述べたが，明治18（1885）年宇都宮が東京と鉄路で結ばれた。その2年後の明治20（1887）年の日光の姿を描写した文書が残っている[18]。そこには，
①明治20年7月以降，山内の寺院や西町の建物を借りて滞在する外国人が多い[19]
②それらの中にはアメリカ，フランス，ロシア，イタリア，ベルギーなどの公使もいる

と書き残されている。

　外国人が増えたという事であろう。時を同じくして明治22（1889）年部屋数20の日光ホテル，25（1892）年には部屋数16の新井ホテル，そして26（1893）年には部屋数30の日光金谷ホテルが開業した[20]。少なくとも宿泊に関する限り避暑地として整ってきたと言ってよい。

第2項　交通手段
　明治23（1890）年に日光まで鉄路が延びた。結果，外国人が増えたと書いた。

避暑地日光の様相を探るには交通手段の状況の理解は不可欠である。ここでは宇都宮日光間の鉄道整備を振り返る。

　明治18（1885）年11月の県議会では「宇都宮までの鉄道が開通した結果，外国人や紳士など上流の人達の日光来訪が増えた」と言う発言があった[21]。宇都宮までの鉄道は日光にも影響を与えた。ただし宇都宮日光間は馬車に頼らざるを得ない。舗装されていない道路である。晴天でも難儀であったろう。明治19（1886）年地元から「宇都宮ヨリ今市マテ汽車小鉄道敷設願」が提出された。宇都宮から日光の手前今市までの鉄道敷設の許可を願うものであった。明治20（1887）年には会社が設立されたが事業の見通しが立たず翌21（1888）年には解散となる。事業は頓挫したかに見えたが当時東日本全域で鉄道を計画していた日本鉄道会社[22]に引き継がれ明治23年日光までの鉄道が開通した。その影響は先に見た明治25年の二社一寺の外国人参拝者数の増として顕れる。このように明治20年代初期までにはアクセスの利便も整った。避暑地として基盤は整ったと言えよう。

第3項　本節のまとめ

　日光は交通手段未整備にも関わらず内地旅行制度発足の初期から外国人の来訪があった。避暑目的の外国人も多かった。明治10年代後半に宇都宮まで，そして20年代前半に日光まで鉄道が延伸すると外国人は増えていく。当然ながら避暑客も増えた。一方で20年代中頃までにホテルも増えた。この様に鉄道の整備と相俟って避暑地としての基盤は整っていく。

第4節　明治22年の新聞から見る避暑地日光の様相

　第2節で触れたがここでは明治22（1889）年の下野新聞の記事を取り上げる。明治22年の夏日光に宿泊滞在した外国人を詳細に記載した記事である。避暑客と見て間違いないだろう。避暑客の氏名，国籍，チェックイン若しくはチェックアウトの日そして宿泊施設名が記載されている（1-図-4, 20頁）。

　それらを「掲載日」，「チェックインした日（インと表記）」，「チェックアウト

1-図-4 『下野新聞』明治22年8月13日

した日（アウトと表記）」，「氏名等」，「国籍」，「官職等」，「宿泊先」，「宿泊者数」，「宿泊者数の累計」そして「宿泊施設毎の宿泊者数の累計」，「属性毎の宿泊者数の累計」の観点で整理して表にまとめた（1-表-1, 22-35頁）。

　宿泊者は261組318名，国籍は13か国に及ぶ。宿泊先を見ると山内の寺院，ホテル，旅館，個人宅そして宿泊先不明の5つに分類される。夫々の宿泊数を見ると寺院34名，ホテル155名，旅館7名，個人宅77名，残りの45名は宿泊先不明である。

　避暑は時間を限った滞在と言えよう。当然夏に集中する。専業の宿泊施設のみで全てを受け入れようとするとシーズン以外は設備過剰になる。無理があろう。宿泊施設の種類が幅広いのは現実的な対応の結果であろう。それにしても寺院と個人宅で避暑客の3分の1以上を受け入れている。歓迎の気持ちだけではないのかも知れない。それなりのメリットはあったと見るのが自然であろう。

　318名の避暑客を属性で見ると，男性のみの宿泊が130名で全体の41％，女性のみが54名で約17％，男女のペアーは32名で10％，家族連れの宿泊は75名で24％，残りの27名は属性不明である。男性が女性より多い。ではあるものの避暑への欲求は男女の間に差はないだろう。318名の避暑客は在日の外国人が

大半を占めていたのではないだろうか。在日外国人はビジネス中心の男性が多かったかも知れない。加えて短期滞在の海軍の軍人もいた。そう考えると男性が多いのも納得できる。決して男性だけが避暑を楽しんだという事ではないのだろう。

　以上全体を見たが，避暑地日光の様相を更に詳しく探るため1-表-1で分類された宿泊施設ごとに宿泊者を整理する。

　井戸桂子(23)は著書『碧い眼に映った日光』で輪王寺本坊とその塔頭の外国人宿泊受け入れについてわかりやすく解説している。そこでは，

①明治3（1870）年英国公使ハリー・パークス一行が輪王寺本坊に泊まった。日
　光での外国人宿泊の第一号であった

②明治12（1879）年元米国大統領グランド将軍が同じく輪王寺本坊に泊まった

③明治15（1882）年までには輪王寺の支院も自坊を外国人に貸し出すことを始めた
　と記してある。

　輪王寺山内の塔頭も外国人に部屋を貸すようなったのである。冒頭に触れた明治17（1884）年のサトウのガイドブックでも南照院，護光院，光樹院，浄土院，照尊院が外国人に部屋を貸すと書いてある。

　その5年後の明治22（1889）年に日光を訪れた外国人も寺院の部屋を借りた。それを1-表-2（36-37頁）に整理した。

　宿泊者は個人，夫妻，家族と様々である。部屋を借りたのは22組だが宿泊数は34名で宿泊先の寺院の数は9であった。男性よりも女性が多い。4人の子供連れが2組いる。和室は多くの子供を収容できる。炊事もできる状態で借りたのだろう。子供連れでも気兼ねなく滞在を楽しむことが出来たのだろう。貸別荘と言ってよい。

　宿泊者を見てみる。

　表番号1から5の4人の英国人女性と3人の英国人家族計7人は7月8日聚光院投宿である。聚光院には別棟の建物があったのかも知れない。6のアルベルト・モッセは「明治憲法の父」と呼ばれる内閣法律顧問のドイツ人である。家族6人で7月中旬から日光に避暑に行きたいと希望していた。しかし適当な宿舎が

1-表-1　明治22（1889）年に避暑のため日光に滞在した外国人

番号	掲載日	イン	アウト	氏　名　等	国籍	官　職　等
1	7月7日	7月3日		ネンブリー・ユンザカ夫妻	伊	―
2		7月4日		アレキサンダー・ハーデー夫妻と子供2人	英	学習院雇教師
3		〃		カックラン氏令嬢2人	英	東洋英和学校教師
4		〃		レウレンド・チャーレス・カッキング夫妻子供4人	英	―
5	7月11日	7月8日		ハンナ・ランド・イザベラ	英	学校教師
6		〃		エムハータレープ	英	学校教師
7		〃		チェジーマンローオーガスタ	英	学校教師
8		〃		ブンストン	英	学校教師
9		〃		チ・エー・ラージ夫妻と令嬢	英	東洋英和学校教師校長
10	7月12日	不明		外国人6名滞在中	―	―
11		不明		外国人2名滞在中	―	―
12		7月9日		サーマス・サドレア氏	英	―
13	7月16日	7月12日		アルフド・テイーゲスト・ロレイロ氏	葡	―
14		〃		アルベルト・ミッセ夫妻子供4人	独	―
15		〃		ネーイエ夫人	独	―
16		〃		ゼー・ムー・コール夫人	米	―
17		〃		パウル・マイエット氏	独	―
18		〃		ペマエット夫人	独	―
19		7月13日		トーマス・ビー・グラバー氏	英	―
20		〃		ジー・アイ・ヂイー・ムーア氏	英	―
21		〃		エー・ダブリュ・ビール氏	英	―
22	7月18日	7月15日		ウイリアム・イムブリー夫妻子供2人	米	―
23		〃		チャールス・ヴイ・セール氏	英	―
24	7月19日	7月14日		ウオルター・デニング夫妻令嬢1子供1人	英	―
25		〃		リューテナント・アレキサンドル・メルドラ	英	―
26		〃		エー・グランテー	英	―
27		〃		コンマンドル・ジー・エーフォード	英	―
28		〃		コンマンダー・アール・ビー・マコノー	英	―
29		〃		テー・テー・ダー	米	―
30		〃		エー・ダブリュ・ブロゲット	米	―
31	7月20日	7月16日		エフ・フリンクリー夫人息子1人	英	―
32		〃		レウモンド・ユー・サーテルランド氏	英	―
33		〃		エフ・ビヤジオニー氏	伊	―
34		〃		アー・ビアンシー氏	伊	―
35		〃		ジェー・ブレッシー氏	伊	―
36		〃		ミーチャム夫人及びモルトン嬢	英	―
37		〃		ジェーヌ・カニングハム婦人	英	私立静岡女学校教師
38		〃		フランシス・ケイト・モルガン婦人	英	私立静岡女学校教師
39	7月23日	7月18日		モンティーグ・カークウッド氏夫妻	英	司法省顧問

宿泊先	宿泊者数	累計	宿泊施設毎の宿泊者数累計					属性毎の宿泊者数累計				
			寺院等	ホテル	旅館	個人宅	不明	男性	女性	男女	家族	不明
町：小川トク方	2	2				2				2		
町：吉田重吉方	4	6				6					4	
町：吉田重吉方	3	9				9					7	
町：金谷善一郎	6	15			6						13	
内：聚光院	1	16	1						1			
内：聚光院	1	17	2						2			
内：聚光院	1	18	3						3			
内：聚光院	1	19	4						4			
内：聚光院	3	22	7								16	
光ホテル	6	28		12								6
石町：鈴木喜太郎方	2	30		14								8
光ホテル	1	31		15				1				
光ホテル	1	32		16				2				
内：唯心院	6	38	13								22	
内：唯心院	1	39	14						5			
内：醫王院	1	40	15						6			
内：道福坊	1	41	16					3				
内：道福坊	1	42	17						7			
光ホテル	1	43		17				4				
内：光樹院	1	44	18					5				
内：光樹院	1	45	19					6				
町：小林次郎方	4	49				13					26	
光ホテル	1	50		18				7				
野多吉	4	54				17					30	
光ホテル	1	55		19				8				
光ホテル	1	56		20				9				
光ホテル	1	57		21				10				
光ホテル	1	58		22				11				
光ホテル	1	59		23				12				
光ホテル	1	60		24				13				
町：鈴木傳平方	2	62				19					32	
町：福田重吉	1	63				20		14				
町：小川トク方	1	64				21		15				
町：小川トク方	1	65				22		16				
町：小川トク方	1	66				23		17				
町：植松半三郎方	2	68				25			9			
内：光樹院	1	69	20						10			
内：光樹院	1	70	21						11			
禅寺：井上保三郎方	2	72			2					4		

番号	掲載日	イン	アウト	氏　名　等	国籍	官　職　等
40		7月18日		ジェームス・ジョネス氏	英	—
41		〃		ミーウヤム氏	英	—
42		〃		ジョージ・シー・フォルク夫妻	米	—
43		〃		ワルデマン・フォックス氏	独	—
44		〃		エム・エー・スペンサー婦人	米	—
45		〃		エム・エー・ヴィ・バージースペンサー婦人	米	—
46		〃		マリー・ビー・グリファス婦人	米	—
47		7月19日		エル・エム・イートレー婦人	米	—
48	7月23日	〃		イー・エル・ロルメル婦人	米	—
49		〃		レウモンドジュリアス・ソペア夫妻小児2人	米	—
50		〃		メリー・イー・アッキンソン婦人	米	—
51		〃		ナリーダンラホルス婦人	米	—
52		〃		メリー・エー・ヴバンス婦人	米	—
53		〃		ジョセヒン・カール婦人	米	—
54		〃		アンナ・ビー・アッキンソン婦人	米	—
55		〃		レウエンド・ダヴリュウ・エンマック・ヴィカー氏	米	—
56		〃		ヒリプス・ブルークス氏	米	—
57		〃		エス・イー・ホール婦人	英	—
58		7月17日		ドクトル・ダブリュ・エス・ヒゲロー氏	米	—
59		〃		エルネスト・エフ・フェノロサ夫妻	米	—
60		〃		エレマ・ヘイス婦人	米	—
61		〃		ジョーク・ウイリアム・ノックス婦人小児4名	米	—
62	7月25日	7月20日		ジョルジュ・ウイリアム・ノックス氏	米	—
63		〃		ドクトル・ロベルト・レヴェル夫妻	英	—
64		〃		リュータナント・シー・エー・ヒッギン・ボーサン氏	英	—
65		〃		アール・エス・トレーベアス婦人	英	—
66		〃		フロレンス・ハートル・ホプキンス婦人	英	—
67		7月24日		エー・グラバー氏	英	—
68		〃		トーマス・ビーグラハ氏	英	—
69	7月27日	〃		ヘンリー・ジェー・ホルムス夫妻子供3人	英	—
70		〃		マッシューズ婦人及ビヒゼニス嬢	英	—
71			7月27日	ジョージ・シー・フォルク氏（18日投宿）	米	—
72	7月28日	7月25日		シー・ア・シェンキュイッツ氏	仏	特命全権公使
73	8月6日	無記載		フレデリック・バートン氏	英	—
74				アール・マッキンネル氏	英	—
75		8月4日		エッチ・エル・ニッケルソン婦人	英	—
76	8月7日	〃		アイ・エム・カーペンター婦人	米	—
77		〃		ジークヘリード・ボール氏	独	—
78		〃		アー・ジプールグ氏	瑞	—

宿泊先	宿泊者数	累計	宿泊施設毎の宿泊者数累計					属性毎の宿泊者数累計				
			寺院等	ホテル	旅館	個人宅	不明	男性	女性	男女	家族	不明
石町：鈴木喜太郎方	1	73		25				18				
町：植松半三郎方	1	74				26		19				
光ホテル	2	76		27							6	
光ホテル	1	77		28				20				
谷善一郎宅	1	78		29					12			
谷善一郎宅	1	79		30					13			
谷善一郎宅	1	80		31					14			
町：金桝貞治方	1	81				27			15			
町：金桝貞治方	1	82				28			16			
町：伴コマ方	4	86				32					36	
町：斎藤留吉方	1	87				33			17			
町：斎藤留吉方	1	88				34			18			
町：斎藤留吉方	1	89				35			19			
町：斎藤留吉方	1	90				36			20			
町：斎藤留吉方	1	91				37			21			
光ホテル	1	92		32				21				
光ホテル	1	93		33				22				
光ホテル	1	94		34					22			
内：南照院	1	95	22					23				
内：南照院	2	97	24							8		
内：華蔵院	1	98	25					23				
内：華蔵院	5	103	30								41	
内：華蔵院	1	104	31					24				
光ホテル	2	106		36						10		
光ホテル	1	107		37				25				
光ホテル	1	108		38					24			
光ホテル	1	109		39					25			
町：鈴木傳平方	1	110				38		26				
町：鈴木傳平方	1	111				39		27				
光ホテル	5	116		44							46	
光ホテル	2	118		46				27				
後記載(18日日光ホテル投宿)	—	—	—	—	—	—	—	—	—	—	—	—
内：照尊院	1	119	32					28				
元：渡邊松五郎方	1	120			3			29				
元：渡邊松五郎方	1	121			4			30				
町：船越兵吉方	1	122				40			28			
町：船越兵吉方	1	123				41			29			
町：山本清吉方	1	124				42		31				
石町：野部金太郎方	1	125				43		32				

番号	掲載日	イン	アウト	氏 名 等	国籍	官 職 等
79	8月7日	8月4日		アーサー・ピートレー氏	英	―
80		〃		ウイリアム・スタンレー氏	英	―
81		〃		ドクトル・ストウ氏	英	―
82		〃		ヘンリー・チャレス氏	英	―
83		〃		シー・エム・マーチン氏	英	―
84		〃		エッチ・ビー・ダリア氏	米	―
85	8月9日	8月5日		アダ・ソーカン婦人	米	―
86		〃		エル・エー・ヒュース婦人	米	―
87		〃		ケート・アール・ロベルツ氏	米	―
88		〃		オー・ルビリヨー夫妻小児1人	仏	―
89			8月6日	エッチ・ビー・ダリア氏	米	―
90			〃	ケヒテーン・エフ・ヴィ・マクネア氏	不明	―
91			〃	リューテナント・シー・エー・フォクター氏	不明	―
92			〃	ロベルト・エッチ・モロー夫人	不明	―
93			〃	チャレス・ビー・アルレン氏娘1人	不明	―
94			〃	エッチ・デイーナン夫人小児1人	不明	―
95	8月13日	8月8日		ジェージ・ドングラース・ミュー氏	米	―
96		8月9日		オラー・ロウ婦人	英	―
97		〃		ドクトル・チー・シー・トルニクラフト氏	英	―
98		〃		アール・エッチ・クーク夫婦	英	―
99		〃		フレデリック・ヴィヴハン氏	英	―
100		〃		エル・ダブリュ・ハルカムダ	米	福井県尋常中学校雇
101		〃		トーマス・ブルバー氏	英	―
102		〃		エドワルド・ゼー・ペレラ氏	葡	葡萄牙公使館書記官
103		〃		イトウザワ婦人	布	
104		〃		オルウイン婦人小児4人	布	布哇弁理公使妻
105		〃		レウレンド・マール・イ・エビー夫妻子供2人	英	―
106		〃		サラー・ロウ婦人	英	―
107		〃		エドワード・モーリ夫妻	英	―
108		〃		マスター・ジョルジモークス氏	英	―
109		〃		グレース・モリース婦人	英	―
110		8月10日		レオン・ファン・デ・ボルデル夫妻	和	和蘭臨時代理公使
111		〃		ア・テー・エル・ローエン・ホルムト・ムルドル氏	和	土木局雇
112		〃		レウスレンド・ダブリス・ウエストン氏	英	
113		〃		アルフレンドイースト氏	英	美術家
114		8月11日		イー・フレッド・ショウ婦人	米	―
115			8月10日	ミュージ・ドヌゲラーズ・ミラー氏	米	―
116			〃	シー・エフ・ヒース氏	米	―
117			〃	イニサイン・エー・シー・ジーフェニバース氏	米	―
118			〃	エム・イー・ヴィー・パーシー氏	米	―

宿　泊　先	宿泊者数	累計	宿泊施設毎の宿泊者数累計					属性毎の宿泊者数累計				
			寺院等	ホテル	旅館	個人宅	不明	男性	女性	男女	家族	不明
石町：鈴木喜太郎方	1	126		47				33				
光ホテル	1	127		48				34				
光ホテル	1	128		49				35				
光ホテル	1	129		50				36				
光ホテル	1	130		51				37				
光ホテル	1	131		52				38				
町：船越言平方	1	132				44			30			
町：船越言平方	1	133				45			31			
町：船越言平方	1	134				46		39				
町：若林久之助方	3	137				49					49	
明	1	138					1	40				
明	1	139					2	41				
明	1	140					3	42				
明	1	141					4		32			
明	2	143					6				51	
明	2	145					8				53	
石町：鈴木喜太郎方	1	146		53				43				
谷善一郎宅	1	147		54					33			
光ホテル	1	148		55				44				
光ホテル	2	150		57						12		
光ホテル	1	151		58				45				
光ホテル	1	152		59				46				
光ホテル	1	153		60				47				
光ホテル	1	154		61				48				
光ホテル	1	155		62					34			
光ホテル	5	160		67							58	
嶋安之方	4	164				53					62	
嶋安之方	1	165				54			35			
光ホテル	2	167		69						14		
光ホテル	1	168		70				49				
光ホテル	1	169		71					36			
光ホテル	2	171		73						16		
光ホテル	1	172		74				50				
町：金谷善一郎	1	173		75				51				
石町：鈴木喜太郎方	1	174		76				52				
町：船越言平方	1	175				55			37			
明	1	176					9	53				
明	1	177					10	54				
明	1	178					11	55				
明	1	179					12	56				

番号	掲載日	イン	アウト	氏　名　等	国籍	官　職　等
119			8月10日	ジョージ・エー・メーリス氏	米	—
120			〃	ダブリュ・エル・オーフ・チン夫妻	米	—
121			〃	イー・エー・シルスビー氏	米	—
122			〃	ドクトル・ストウ氏(8月4日日光ホテル投宿)	英	—
123	8月13日		〃	ウイリアム・スタンレー氏(8月4日日光ホテル投宿)	英	—
124			〃	ヘンリー・チャレス・ボンド氏	英	—
125			〃	サミュエッル・タク氏	英	—
126			〃	ケビテール・ヘーレン氏	英	—
127			〃	フレデリック・ウィヴハン氏 (8月9日日光ホテル投宿)	英	—
128		8月11日		スピトレー・アンドレイ氏	伊	—
129		〃		ジョージ・ヘーグ氏	英	—
130		〃		アール・イングリス氏	英	—
131		〃		ヘンリー・ゼー・パーカー氏	英	—
132	8月14日	〃		ルイス・デー・ニッケル夫人	米	—
133		〃		エッチ・エム・ロベルト氏	米	—
134		〃		ピー・シー・ポワード夫人小児1人	米	—
135		〃		アイ・エム・カーペンター夫妻	米	—
136		〃		エッチ・エ・ニッケルソン氏	米	—
137		8月12日		シー・ア・シェンキュイッツ氏(7月27日投宿)	仏	仏特命全権公使
138		〃		ドクトル・ゼール・バーロース氏	英	—
139		〃		ウイクト・アースクス氏	英	英国海軍員
140		〃		ヘンリー・ゼー・パーカー氏	英	—
141	8月15日	〃		レオン・ファン・デ・ボルデル夫妻(日光ホテル出)	和	和蘭代理公使
142		〃		フェニング氏	和	—
143		〃		エム・シー・ウトレ氏	英	—
144		〃		ウイリアム・フラカン氏	英	—
145		〃		フランシス・カンミレス氏	英	—
146		〃		アール・エム・ステアリング氏	英	—
147		8月13日		フォン・ミルマンス氏	独	ドイツ陸軍中将
148		〃		フォン・フランケンベルヒ・ウント・フロシリッツ氏	独	ドイツ陸軍少将
149		〃		ペーマン氏	仏	—
150		〃		チャーレス・ゼームス・パテマン氏	英	—
151	8月16日	〃		エドワード・ジョージ夫妻子供2人	英	—
152		〃		ブーメル氏	独	—
153		〃		カル・シュイッツ氏	独	—
154		〃		ヴィンド・シルレハレル氏	英	—
155		〃		フォン・バルテル氏	独	—
156		〃		アー・ヤンセン氏	英	—

宿泊先	宿泊者数	累計	宿泊施設毎の宿泊者数累計					属性毎の宿泊者数累計				
			寺院等	ホテル	旅館	個人宅	不明	男性	女性	男女	家族	不明
明	1	180					13	57				
明	2	182					15			18		
明	1	183					16	58				
復記載(4日日光ホテル投宿)	—	—					—	—				
上	—	—					—	—				
明	1	184					17	59				
明	1	185					18	60				
明	1	186					19	61				
復記載(9日日光ホテル投宿)	—	—					—	—				
町：小川トク方	1	187				56		62				
石町：鈴木喜太郎方	1	188		77				63				
石町：鈴木喜太郎方	1	189		78				64				
光ホテル	1	190		79				65				
光ホテル	1	191		80					38			
光ホテル	1	192		81				66				
光ホテル	2	194		83							64	
湯元：渡邊善右衛門方	2	196			6					20		
湯元：渡邊善右衛門方	1	197			7			67				
為：照尊院	—	—	—	—	—		—	—				
町：斎藤鉄吉方	1	198				57		68				
町：斎藤鉄吉方	1	199				58		69				
町：斎藤鉄吉方	1	200				59		70				
宮祠：伊藤文吉方	—	—	—	—	—		—	—				
光ホテル	1	201		84				71				
光ホテル	1	202		85				72				
光ホテル	1	203		86				73				
光ホテル	1	204		87				74				
光ホテル	1	205		88				75				
光ホテル	1	206		89				76				
光ホテル	1	207		90				77				
光ホテル	1	208		91				78				
光ホテル	1	209		92				79				
光ホテル	4	213		96							68	
光ホテル	1	214		97				80				
光ホテル	1	215		98				81				
光ホテル	1	216		99				82				
光ホテル	1	217		100				83				
光ホテル	1	218		101				84				

番号	掲載日	イン	アウト	氏　名　等	国籍	官　職　等
157		8月13日		エルンスト・スタンゲン氏	英	—
158			8月13日	フレデリック・カムベル氏夫妻子供1人	英	
159			〃	ドクトル・チャレス・ビー・デー・イー・チアンバーソン氏	英	—
160	8月16日		〃	エール・エッチ・クーク夫妻(8月9日投宿)	英	—
161			〃	ドクトル・チー・シー・トルニクラフト氏(8月9日投宿)	英	—
162			〃	ドクトル・ゼー・アール・バーロース氏(8月12日投宿)	英	
163			〃	エドワルド・ゼー・ペレラ氏(8月9日投宿)	葡	葡萄牙公使館書記官
164			〃	ウイリアム・ニュー・ビギン氏	英	—
165			〃	アール・エム・ムット氏	英	—
166			〃	アー・サー・ビードレー氏(8月4日投宿)	英	—
167		8月14日		サミエツ・タク氏	英	—
168		〃		コルテリア・ジャドソン婦人	米	—
169	8月17日	〃		アルネスト・アムスデン氏	英	—
170			8月14日	ジョージ・ヘーグ氏(8月11日投宿)	英	—
171			〃	アール・イングルス氏(8月11日投宿)	英	—
172		8月15日		ビー・シー・ホワード氏	米	—
173		〃		クリスチャン・デッペ氏	独	—
174		〃		ドクール・エーアルド・パペリエール氏	独	—
175		〃		コンスタンチン・ボボッフ夫妻	露	—
176		〃		ヘルマン・ゲージル氏	英	—
177			8月15日	ペーマン氏(8月13日投宿)	仏	—
178	8月18日		8月16日	フォン・フランケンベルヒ・ウント・ブルシリッツ氏	独	ドイツ陸軍少将
179			〃	フォン・バルテル氏(8月13日投宿)	独	—
180			〃	ヴィント・ミルレル氏(8月13日投宿)	独	—
181			〃	カル・シュミイツ氏(8月13日投宿)	独	—
182			〃	ブーメル氏(8月13日投宿)	独	—
183			〃	アー・ヤンセン氏(8月13日投宿)	独	—
184			〃	エルンスト・スタンゲン氏(8月13日投宿)	独	—
185			〃	フォン・ミルマンス氏(8月13日投宿)	独	ドイツ陸軍中将
186		8月18日		フレデリック・ドヘメン氏	英	—
187		〃		エリガー・ヒュース氏	英	—
188		〃		フランク・ウチルチン・ショウ氏	英	—
189		〃		ガワー・ロビンソン氏	英	—
190	8月20日	〃		エー・ウイントミュート婦人	英	音楽毛糸編物教師
191		〃		ハンソト・ゼー・パーカー夫妻	英	—
192		〃		メレー・エッチ・シェド婦人	米	—
193		〃		エス・ホワイト嬢	米	英学教師

宿泊先	宿泊者数	累計	宿泊施設毎の宿泊者数累計					属性毎の宿泊者数累計				
			寺院等	ホテル	旅館	個人宅	不明	男性	女性	男女	家族	不明
光ホテル	1	219		102				85				
光ホテル	3	222		105							71	
光ホテル	1	223		106				86				
光ホテル	—	—	—	—	—	—	—	—	—	—	—	—
光ホテル	—	—	—	—	—	—	—	—	—	—	—	—
光ホテル	—	—	—	—	—	—	—	—	—	—	—	—
光ホテル	—	—	—	—	—	—	—	—	—	—	—	—
石町：鈴木喜太郎方	1	224		107				87				
石町：鈴木喜太郎方	1	225		108				88				
石町：鈴木喜太郎方	—	—	—	—	—	—	—	—	—	—	—	—
光ホテル	1	226		109				89				
内：観音寺	1	227	33						39			
石町：鈴木喜太郎方	1	228		110				90				
石町：鈴木喜太郎方	—	—	—	—	—	—	—	—	—	—	—	—
石町：鈴木喜太郎方	—	—	—	—	—	—	—	—	—	—	—	—
光ホテル	1	229		111				91				
光ホテル	1	230		112				92				
光ホテル	1	231		113				93				
光ホテル	2	233		115						22		
光ホテル	1	234		116				94				
光ホテル	—	—	—	—	—	—	—	—	—	—	—	—
光ホテル	—	—	—	—	—	—	—	—	—	—	—	—
光ホテル	—	—	—	—	—	—	—	—	—	—	—	—
光ホテル	—	—	—	—	—	—	—	—	—	—	—	—
光ホテル	—	—	—	—	—	—	—	—	—	—	—	—
光ホテル	—	—	—	—	—	—	—	—	—	—	—	—
光ホテル	—	—	—	—	—	—	—	—	—	—	—	—
光ホテル	—	—	—	—	—	—	—	—	—	—	—	—
光ホテル	1	235		117				95				
光ホテル	1	236		118				96				
光ホテル	1	237		119				97				
光ホテル	1	238		120				98				
内：光樹院	1	239	34						40			
町：植松半三郎方	2	241				61				24		
町：斎藤鉄吉方	1	242				62			41			
町：斎藤鉄吉方	1	243				63			42			

番号	掲載日	イン	アウト	氏　名　等	国籍	官　職　等
194			8月17日乃至18日	ヘンリー・ゼー・パーカー夫妻(8月12日投宿)	英	—
195	8月20日		〃	レウエント・ダブリュウ・ウエストン氏(8月10日投宿)	英	—
196			〃	エドワード・ジョールジ氏(8月13日投宿)	英	—
197			〃	チャーレス・ゼイムス・バエナマン氏(8月13日投宿)	英	—
198			〃	ヘルアン・ゲージル氏	英	—
199			〃	コンスタンチン・ボボック夫妻(8月14日投宿)	露	—
200			〃	レオン・ファン・デ・ボルデル夫妻(8月12日投宿)	和	和蘭代理公使
201			〃	ア・テー・エル・ロールエン・ホスト・ムシュデル氏	和	—
202			〃	ダヴリュ・エッチ・ロベルトソン夫人小児	米	—
203			〃	エッチエム・ロベルトソン氏(8月11日投宿)	米	—
204			8月17日	ドクトル・エドワルド・バベビュール氏	独	—
205			〃	クリスチャン・デッペ氏(8月15日投宿)	独	—
206			〃	カーペーター氏	米	—
207			〃	ニッケルソン氏	米	—
208			〃	エーチ・ケルセー氏	米	—
209			〃	上記同行の5人の婦人	米	—
210	8月21日	8月18日		イー・エル・ドーバン婦人	英	—
211		〃		トーマス・アルヴハー氏	英	—
212		〃		ゼームス・メルドラム夫妻	英	—
213			8月18日	アール・エム・ステアリング氏	英	—
214			〃	フランシス・マンミンス氏	英	—
215			〃	ガワー・ロビンソン氏	英	—
216			〃	フタンク・ウオルチンショウ氏	英	—
217			〃	ビージル・エワード氏	米	—
218	8月23日	8月19日		ハインリヒ殿下夫妻	墺	ドイツ帝国親王
219		〃		男爵ヘルトソング夫人	墺	親王御供
220		〃		伯爵ルッケーシ氏	墺	親王御供
221		〃		伯爵シーレル氏	墺	親王御供
222		〃		男爵ハイデブランド氏	墺	親王御供
223		〃		上記従者4人	墺	親王御供
224		〃		ケピテン・ジー・フォン・クレイトネア氏	墺	—
225		〃		アイ・フォン・クレイトチア夫人	墺	—
226		〃		ドクトル・ゼー・アール・バロノス氏	英	—
227		〃		ワルデル・ブリューゲン氏	独	—
228	8月24日	8月21日		ショージ・ジャミソン氏	英	—
229		〃		ブルーク・エッチ・ビアシン氏	英	—
230		〃		アブロス・ビー・ウオルフォールド氏	英	—
231		〃		エム・ゲンス・ビルク夫妻	露	—
232		〃		ビテン・マンテー氏	丁	丁抹海御軍少佐

宿泊先	宿泊者数	累計	宿泊施設毎の宿泊者数累計					属性毎の宿泊者数累計				
			寺院等	ホテル	旅館	個人宅	不明	男性	女性	男女	家族	不明
町：斎藤鉄吉方	—	—	—	—	—	—	—	—	—	—	—	—
町：金谷善一郎	—	—	—	—	—	—	—	—	—	—	—	—
光ホテル	—	—	—	—	—	—	—	—	—	—	—	—
光ホテル	—	—	—	—	—	—	—	—	—	—	—	—
光ホテル	1	244		121				99				
光ホテル	—	—	—	—	—	—	—	—	—	—	—	—
宮祠：伊藤文吉方	—	—	—	—	—	—	—	—	—	—	—	—
明	1	245					20	100				
明	2	247					22			26		
光ホテル	—	—	—	—	—	—	—	—	—	—	—	—
光ホテル	1	248		122				101				
光ホテル	—	—	—	—	—	—	—	—	—	—	—	—
町：船越言平方	1	249				64		102				
町：船越言平方	1	250				65		103				
町：船越言平方	1	251				66		104				
町：船越言平方	5	256				71			47			
光ホテル	1	257		123					48			
光ホテル	1	258		124				105				
光ホテル	2	260		126						28		
明	1	261					23	106				
明	1	262					24	107				
明	1	263					25	108				
明	1	264					26	109				
明	1	265					27	110				
光ホテル	2	267		128						30		
光ホテル	1	268		129					49			
光ホテル	1	269		130				111				
光ホテル	1	270		131				112				
光ホテル	1	271		132				113				
光ホテル	4	275		136								12
光ホテル	1	276		137				114				
光ホテル	1	277		138					50			
光ホテル	1	278		139				115				
石町：鈴木喜太郎方	1	279		140				116				
光ホテル	1	280		141				117				
光ホテル	1	281		142				118				
光ホテル	1	282		143				119				
光ホテル	2	284		145						32		
光ホテル	1	285		146				120				

番号	掲載日	イン	アウト	氏　名　等	国籍	官　職　等
233		8月22日		エルビベツ・シャープ夫人	英	—
234		〃		リオン・セアトラード・シャープ嬢	英	—
235	8月24日	〃		イー・エル・ドーバン婦人	英	英学及禮教師
236		〃		グリーア婦人	米	—
237		〃		アー・ジー・グルセー氏	米	—
238		〃	8月22日	エルネスト・アムスデン氏(8月14日投宿)	英	—
239		8月24日		アクアン氏	仏	仏国武官陸軍大尉
240			8月22日	バロン・ド・ビー・ゲレーベン	墺洪	墺太利洪牙利公使
241	8月27日	〃		デー・アー・ムレー氏	米	京都府商業学校教諭
242		〃		氏名不詳2名	英	
243			8月23日	テオドール・ヴァッシーフ氏外1名	露	露国公使館譯官補
244		8月24日		アーシミッズ氏	露	太平洋艦隊付大尉
245		〃		キト氏	露	太平洋艦隊付大尉
246		〃		キース氏	露	太平洋艦隊付大尉
247		〃		ピラッキー氏	露	太平洋艦隊付医官
248			8月26日	ハインリヒ殿下夫妻(8月19日投宿)	墺	ドイツ帝国親王
249			〃	男爵ヘルトソング夫人(8月19日投宿)	墺	親王御供
250			〃	伯爵ルッケーシ氏(8月19日投宿)	墺	親王御供
251			〃	伯爵シーレル氏(8月19日投宿)	墺	親王御供
252	8月28日		〃	男爵ハイデブランド氏(8月19日投宿)	墺	親王御供
253			〃	上記従者4人(8月19日投宿)	墺	親王御供
254			8月25日	氏名不詳1人	墺	—
255			〃	氏名不詳婦人子供3人	英	—
256			〃	氏名不詳2人	英	—
257			〃	氏名不詳1人	丁	—
258			〃	氏名不詳1人	露	—
259			8月26日	氏名不詳3人	米	—
260			〃	氏名不詳4人	英	—
261			〃	氏名不詳1人	仏	—
計					13	

註・外国人の宿泊情報は何日分かをまとめて掲載してある。従って，外国人宿泊の情報の載っていない
　　もある。また，日付順に整理されていない情報もあるが本表は新聞紙上に載った順番で整理してあ
　・避暑客をまとまり毎にイタリック体の番号で整理した
　・*141* のファン・デ・ヴォルデル夫妻は日光に続いて中禅寺にも宿泊している。滞在期間など避暑の
　　相の理解のため双方の情報を表に載せるが人数の重複は排除している
　・氏名は新聞に記載のとおりとした。人数は読み易さを考慮して算用数字で表記した
　・氏名等は新聞に記載のとおりとする
　・国名は，英国を英，アメリカを米，ポルトガルを葡，ハワイを布，オランダを和，イタリアを伊，
　　ランスを仏，スイスを瑞，ドイツを独，ロシアを露，オーストリアを墺，デンマークを丁，オース
　　リアハンガリーを墺洪と表記する

宿　泊　先	宿泊者数	累計	宿泊施設毎の宿泊者数累計					属性毎の宿泊者数累計				
			寺院等	ホテル	旅館	個人宅	不明	男性	女性	男女	家族	不明
町:池谷徳太郎方	1	286				72			51			
町:池谷徳太郎方	1	287				73			52			
町:福田平吉方	1	288				74			53			
町:船越言平方	1	289				75			54			
町:船越言平方	1	290				76		121				
石町:鈴木喜太郎方	—	—		—	—	—		—	—	—	—	
明	1	291					28	122				
光ホテル	1	292		147				123				
町:植松半三郎方	1	293				77		124				
石町:鈴木喜太郎方	2	295		149								14
光ホテル	2	297		151				126				
光ホテル	1	298		152				127				
光ホテル	1	299		153				128				
光ホテル	1	300		154				129				
光ホテル	1	301		155				130				
光ホテル	—	—	—	—	—	—	—	—	—	—	—	—
光ホテル	—	—	—	—	—	—	—	—	—	—	—	—
光ホテル	—	—	—	—	—	—	—	—	—	—	—	—
光ホテル	—	—	—	—	—	—	—	—	—	—	—	—
光ホテル	—	—	—	—	—	—	—	—	—	—	—	—
光ホテル	—	—	—	—	—	—	—	—	—	—	—	—
明	1	302					29					15
明	4	306					33				75	
明	2	308					35					17
明	1	309					36					18
明	1	310					37					19
明	3	313					40					22
明	4	317					44					26
明	1	318					45					27
暑客総数	318	34	155	7	77	45	130	54	32	75	27	
性毎の割合%	100	11	49	2	24	14	41	17	10	24	8	

・この表では日光のみならず，湯元及び中禅寺に宿泊した外国人もとりあげる。本書のテーマである中禅寺の様相の理解を深めるため初期の時代の避暑客の全容を表記する

・「宿泊施設毎の宿泊者数累計」と「属性毎の宿泊者数累計」の計の欄の下段は総数318に対する割合を示す

1-表-2 明治22(1889)年に避暑のため寺院に宿泊した外国人

番号	イン	氏 名 等	国籍	官職等	宿泊先
1	7月8日	ハンナ・ランド・イザベラ	英	学校教師	聚光院
2	〃	エムハータレープ	英	学校教師	聚光院
3	〃	チェジーマンローオーガスタ	英	学校教師	聚光院
4	〃	ブンストン	英	学校教師	聚光院
5	〃	チ・エー・ラージ夫妻と令嬢	英	東洋英和学校教師校主	聚光院
6	7月12日	アルベルト・モッセ夫妻子供4人	独	内閣雇法律顧問	唯心院
7	〃	ネーイエ夫人	独	—	唯心院
8	〃	ゼー・ムー・コール夫人	米	—	醫王院
9	〃	パウル・マイエット氏	独	—	道福坊
10	〃	ペマエット夫人	独	—	道福坊
11	7月13日	ジー・アイ・ヂイー・ムーア氏	英	—	光樹院
12	〃	エー・ダブリュ・ビール氏	英	—	光樹院
13	7月16日	ジェーヌ・カニングハム婦人	英	私立静岡女学校教師	光樹院
14	〃	フランシス・ケイト・モルガン婦人	英	私立静岡女学校教師	光樹院
15	7月17日	ドクトル・ダブリュ・エス・ビゲロー氏	米	日本美術研究家	南照院
16	〃	エルネスト・エフ・フェノロサ夫妻	米	文部省雇外国人	南照院
17	〃	エレマ・ヘイス婦人	米	—	華蔵院
18	〃	ジョーク・ウイリアム・ノックス婦人小児4名	米	—	華蔵院
19	7月20日	ジョルジュ・ウイリアム・ノックス氏	米	—	華蔵院
20	7月25日 8月12日	シー・ア・シェンキュイッツ氏	仏	仏特命全権公使	照尊院
21	8月13日	コルテリア・ジャドソン婦人	米	—	観音寺
22	8月18日	エー・ウイントミュート婦人	英	音楽毛糸編物教師	光樹院
計			4		9

註・20のフランス公使シー・ア・シェンキュイッツは照尊院に7月25日投宿，8月4日一旦帰京。
　・氏名等は新聞紙上に記載のとおり

泊数	累計	属性毎の宿泊者数累計			
		男性	女性	男女	家族
	1		1		
	2		2		
	3		3		
	4		4		
	7				3
	13				9
	14		5		
	15		6		
	16	1			
	17		7		
	18	2			
	19	3			
	20		8		
	21		9		
	22	4			
	24			2	
	25		10		
	30				14
	31	5			
	32	6			
	33		11		
	34				
	34	6	12	2	14

2日再度照尊院に投宿

見つからなかったようだ。一方，日光では明治22（1889）年6月1日町制が施行され入江喜平が町長に就任した。モッセは新任の入江町長に宿泊施設の斡旋を依頼した。入江は適当な家屋を探しあて，その旨をモッセに書状で連絡したという[24]。それが唯心院であろう。新任の町長は御雇外国人の部屋探しに尽力した。日光らしいエピソードではあるが，家族全員の宿泊場所の確保は難儀であったのだろう。*7*のネーイエ夫人も同宿である。別棟の建物があったのかも知れない。*8*のコール婦人は7月12日醫王院，*9*と*10*の2人のドイツ婦人は7月12日に道福坊，*11*と*12*の2人の英国人は7月13日に光樹院，*13*と*14*の2人の英婦人は7月16日同じく光樹院，*15*のビゲローと*16*のフェノロサ夫妻は7月17日南照院，*17*と*18*の2人の米婦人と小児4人は華蔵院，そして*19*の米国人男性は7月20日華蔵院へ，彼は18の米婦人と同姓である。遅れて家族に合流したのかも知れない。*20*のフランス公使シェンキュイッツは7月25日照尊院に投宿8月4日一旦帰京，8月12日再度日光を訪れ照尊院に投宿した。*21*の米婦人は8月13日観音寺，*22*の英夫人は8月18日に光樹院投宿であった。

　次にホテルへの投宿の状況を見る（1-表-3, 38-43頁）。

　先にも述べたがこの時期ホテルと呼べるのは日光ホテル，鈴木ホテルの鈴木喜太郎方そして金谷カッテージインの金谷善一郎宅であった。鈴木ホテルと金谷カッテージインは部屋数も少なかった。宿泊者数を見ると金谷カッテージインは*11*，鈴木ホテルは

1-表-3　明治22（1889）年に避暑のためホテルに宿泊した外国人

番号	イン	アウト	氏　名　等	国籍	官職等
1	7月4日		レウレンド・チャーレス・カッキング夫妻子供4人	英	―
2	不明		外国人6名滞在中	―	―
3	不明		外国人2名滞在中	―	―
4	7月9日		サーマス・サドレア氏	英	―
5	7月12日		アルフド・テイーゲスト・ロレイロ氏	葡	―
6	7月13日		トーマス・ビー・グラバー氏	英	―
7	7月15日		チャールス・ヴイ・セール氏	英	―
8	7月14日		リューテナント・アレキサンドル・メルドラ	英	―
9	〃		エー・グランテー	英	―
10	〃		コンマンドル・ジー・エーフォード	英	―
11	〃		コンマンダー・アール・ビー・マコノー	英	―
12	〃		テー・テー・ダー	米	―
13	〃		エー・ダブリュ・ブロゲット	米	―
14	7月18日		ジェームス・ジョネス氏	英	―
15	〃		ジョージ・シー・フォルク夫妻	米	―
16	〃		ワルデマン・フォックス氏	独	―
17	〃		エム・エー・スペンサー婦人	米	―
18	〃		エム・エー・ヴィ・パージースペンサー夫人	米	―
19	〃		マリー・ビー・グリファス婦人	米	―
20	7月19日		レウエンド・ダヴリュウ・エンマック・ヴィカー氏	米	―
21	〃		ヒリプス・ブルークス氏	米	―
22	〃		エス・イー・ホール婦人	英	―
23	7月20日		ドクトル・ロベルト・レヴェル夫妻	英	―
24	〃		リュータナント・シー・エー・ヒッギン・ボーサン氏	英	―
25	〃		アール・エス・トレーベアス婦人	英	―
26	〃		フロレンス・ハートル・ホプキンス婦人	英	―
27	7月24日		ヘンリー・ジェー・ホルムス夫妻子供3人	英	―
28	〃		マッシューズ婦人及ビビゼニス嬢	英	―
29	8月4日		アーサー・ピートレー氏	英	―
30	〃		ウイリアム・スタンレー氏	英	―
31	〃		ドクトル・ストウ氏	英	―
32	〃		ヘンリー・チャレス氏	英	―
33	〃		シー・エム・マーチン氏	英	―
34	〃		エッチ・ビー・ダリア氏	米	―
35	8月8日		ジェージ・ドングラース・ミュー氏	米	―
36	8月9日		オラー・ロウ婦人	英	―
37	〃		ドクトル・チー・シー・トルニクラフト氏	英	―
38	〃		アール・エッチ・クーク夫婦	英	―
39	〃		フレデリック・ヴィヴハン氏	英	―

宿　泊　先	宿泊者数	累計	属性毎の宿泊者数累計				
			男性	女性	男女	家族	不明
町：金谷善一郎		6				6	
光ホテル	6	12					6
石町：鈴木喜太郎方	2	14					8
光ホテル	1	15	1				
光ホテル	1	16	2				
光ホテル	1	17	3				
光ホテル	1	18	4				
光ホテル	1	19	5				
光ホテル	1	20	6				
光ホテル	1	21	7				
光ホテル	1	22	8				
光ホテル	1	23	9				
光ホテル	1	24	10				
石町：鈴木喜太郎方	1	25	11				
光ホテル	2	27			2		
光ホテル	1	28	12				
谷善一郎宅	1	29		1			
谷善一郎宅	1	30		2			
谷善一郎宅	1	31		3			
光ホテル	1	32	13				
光ホテル	1	33	14				
光ホテル	1	34		4			
光ホテル	2	36			4		
光ホテル	1	37	15				
光ホテル	1	38		5			
光ホテル	1	39		6			
光ホテル	5	44				11	
光ホテル	2	46		8			
石町：鈴木喜太郎方	1	47	16				
光ホテル	1	48	17				
光ホテル	1	49	18				
光ホテル	1	50	19				
光ホテル	1	51	20				
光ホテル	1	52	21				
石町：鈴木喜太郎方	1	53	22				
谷善一郎宅	1	54		9			
光ホテル	1	55	23				
光ホテル	2	57			6		
光ホテル	1	58	24				

番号	イン	アウト	氏　名　等	国籍	官職等
40	8月9日		エル・ダブリュ・ハルカムダ	米	福井県尋常中学校
41	〃		トーマス・ブルバー氏	英	―
42	〃		エドワルド・ゼー・ペレラ氏	葡	葡萄牙公使館書記
43	〃		イトウザワ婦人	布哇	
44	〃		オルウイン婦人小児4人	布哇	布哇弁理公使夫
45	〃		エドワード・モーリ夫妻	英	―
46	〃		マスター・ジョルジモークス氏	英	―
47	〃		グレース・モリース婦人	英	―
48	8月10日		レオン・ファン・デ・ボルデル夫妻	和	和蘭臨時代理公使
49	〃		ア・テー・エル・ローエン・ホルムト・ムルドル氏	和	土木局雇
50	〃		レウスレンド・ダブリス・ウエストン氏	英	―
51	〃		アルフレンド.イースト氏	英	美術家
52	8月11日		ジョージ・ヘーグ氏	英	―
53	〃		アール・イングリス氏	英	―
54	〃		ヘンリー・ゼー・パーカー氏	英	―
55	〃		ルイス・デー・ニッケル夫人	米	―
56	〃		エッチ・エム・ロベルト氏	米	―
57	〃		ピー・シー・ポワード夫人小児1人	米	―
58	8月12日		フェニング氏	和	―
59	〃		エム・シー・ウトレ氏	英	―
60	〃		ウイリアム・フラカン氏	英	―
61	〃		フランシス・カンミレス氏	英	―
62	〃		アール・エム・ステアリング氏	英	―
63	8月13日		フォン・ミルマンス氏	独	ドイツ陸軍中将
64	〃		フォン・フランケンベルヒ・ウント・フロシリッツ氏	独	ドイツ陸軍少将
65	〃		ペーマン氏	仏	―
66	〃		チャーレス・ゼームス・パテマン氏	英	―
67	〃		エドワード・ジョージ夫妻子供2人	英	―
68	〃		ブーメル氏	独	―
69	〃		カル・シュイッツ氏	独	―
70	〃		ヴィンド・シルレハレル氏	英	―
71	〃		フォン・バルテル氏	独	―
72	〃		アー・ヤンセン氏	英	―
73	〃		エルンスト・スタンゲン氏	英	―
74		8月13日	フレデリック・カムベル氏夫妻子供1人	英	―
75		〃	ドクトル・チャレス・ビー・デー・イー・チアンバーソン氏	英	―
76		〃	ウイリアム・ニュー・ビギン氏	英	―
77		〃	アール・エム・ムット氏	英	―
78	8月14日		サミエツ・タク氏	英	―
79	〃		アルネスト・アムスデン氏	英	―

宿　泊　先	宿泊者数	累計	属性毎の宿泊者数累計				
			男性	女性	男女	家族	不明
光ホテル	1	59	25				
光ホテル	1	60	26				
光ホテル	1	61	27				
光ホテル	1	62		10			
光ホテル	5	67				16	
光ホテル	2	69			8		
光ホテル	1	70	28				
光ホテル	1	71		11			
光ホテル	2	73			10		
光ホテル	1	74	29				
町：金谷善一郎	1	75	30				
石町：鈴木喜太郎方	1	76	31				
石町：鈴木喜太郎方	1	77	32				
石町：鈴木喜太郎方	1	78	33				
光ホテル	1	79	34				
光ホテル	1	80		12			
光ホテル	1	81	35				
光ホテル	2	83				18	
光ホテル	1	84	36				
光ホテル	1	85	37				
光ホテル	1	86	38				
光ホテル	1	87	39				
光ホテル	1	88	40				
光ホテル	1	89	41				
光ホテル	1	90	42				
光ホテル	1	91	43				
光ホテル	1	92	44				
光ホテル	4	96				22	
光ホテル	1	97	45				
光ホテル	1	98	46				
光ホテル	1	99	47				
光ホテル	1	100	48				
光ホテル	1	101	49				
光ホテル	1	102	50				
光ホテル	3	105				25	
光ホテル	1	106	51				
石町：鈴木喜太郎方	1	107	52				
石町：鈴木喜太郎方	1	108	53				
光ホテル	1	109	54				
石町：鈴木喜太郎方	1	110	55				

番号	イン	アウト	氏　名　等	国籍	官職等
80	8月15日		ビー・シー・ホワード氏	米	—
81	〃		クリスチャン・デッペ氏	独	—
82	〃		ドクール・エーアルド・パペリエール氏	独	—
83	〃		コンスタンチン・ボボッフ夫妻	露	—
84	〃		ヘルマン・ゲージル氏	英	—
85	8月18日		フレデリック・ドヘメン氏	英	—
86	〃		エリガー・ヒュース氏	英	—
87	〃		フランク・ウチルチン・ショウ氏	英	—
88	〃		ガワー・ロビンソン氏	英	—
89		8月17日	ヘルアン・ゲージル氏	英	—
90		〃	ドクトル・エドワルド・パベビュール氏	独	—
91	8月18日		イー・エル・ドーバン婦人	英	—
92	〃		トーマス・アルヴハー氏	英	—
93	〃		ゼームス・メルドラム夫妻	英	—
94	8月19日		ハインリヒ殿下夫妻	墺	ドイツ帝国親王
95	〃		男爵ヘルトソング夫人	墺	親王御供
96	〃		伯爵ルッケーシ氏	墺	親王御供
97	〃		伯爵シーレル氏	墺	親王御供
98	〃		男爵ハイデブランド氏	墺	親王御供
99	〃		上記従者4人	墺	親王御供
100	〃		ケピテン・ジー・フォン・クレイトネア氏	墺	—
101	〃		アイ・フォン・クレイトチア夫人	墺	—
102	〃		ドクトル・ゼー・アール・バロノス氏	英	—
103	〃		ワルデル・ブリューゲン氏	独	—
104	8月21日		ショージ・ジャミン氏	英	—
105	〃		ブルーク・エッチ・ビアシン氏	英	—
106	〃		アブロス・ビー・ウオルフォールド氏	英	—
107	〃		エム・ゲンス・ビルク夫妻	露	—
108	〃		ビテン・マンテー氏	丁	丁抹海御軍少佐
109	8月22日		バロン・ド・ビー・ゲレーベン	墺洪	墺太利洪牙利公
110	〃		氏名不詳2名	英	
111	8月23日		テオドール・ヴァツシーフ氏外1名	露	露国公使館譯官
112	8月24日		アーシミッズ氏	露	太平洋艦隊付大
113	〃		キト氏	露	太平洋艦隊付大
114	〃		キース氏	露	太平洋艦隊付大
115	〃		ピラッキー氏	露	太平洋艦隊付医
計				11	

宿 泊 先	宿泊者数	累計	属性毎の宿泊者数累計				
			男性	女性	男女	家族	不明
光ホテル	1	111	56				
光ホテル	1	112	57				
光ホテル	1	113	58				
光ホテル	2	115			12		
光ホテル	1	116	59				
光ホテル	1	117	60				
光ホテル	1	118	61				
光ホテル	1	119	62				
光ホテル	1	120	63				
光ホテル	1	121	64				
光ホテル	1	122	65				
光ホテル	1	123		13			
光ホテル	1	124	66				
光ホテル	2	126			14		
光ホテル	2	128			16		
光ホテル	1	129		14			
光ホテル	1	130	67				
光ホテル	1	131	68				
光ホテル	1	132	69				
光ホテル	4	136					12
光ホテル	1	137	70				
光ホテル	1	138		15			
光ホテル	1	139	71				
石町：鈴木喜太郎方	1	140	72				
光ホテル	1	141	73				
光ホテル	1	142	74				
光ホテル	1	143	75				
光ホテル	2	145			18		
光ホテル	1	146	76				
光ホテル	1	147	77				
石町：鈴木喜太郎方	2	149					14
光ホテル	2	151	79				
光ホテル	1	152	80				
光ホテル	1	153	81				
光ホテル	1	154	82				
光ホテル	1	155	83				
		155	83	15	18	25	14

1-表-4　明治22（1889）年に避暑のため旅館に宿泊した外国人

番号	イン	アウト	氏　名　等	国籍	官職等
1	7月18日	—	モンティーグ・カークウッド氏夫妻	英	司法省顧問
2	—	—	フレデリック・バートン氏	英	—
3	—	—	アール・マッキンネル氏	英	—
4	8月11日	—	アイ・エム・カーペンター夫妻	米	—
5	〃	—	エッチ・エ・ニッケルソン氏	米	—
6	8月12日	—	レオン・ファン・デ・ボルデル夫妻	和	和蘭代理公使
計				3	

註：6のレオン・ファン・デ・ボルデル夫妻は前日まで日光ホテル泊なので避暑客の人数には計上

14そして日光ホテルは130であった。宿泊者の詳細に関する記載はほとんどないが日光ホテルでは外交官，御雇外国人，軍人など官職についている人が目に付く。属性で見ると男性が83，女性が15，男女が18，家族が25残りの14は不明である。男性が半数以上を占める。

　次は旅館である（1-表-4）。

　表の7人は湯元と中禅寺の宿泊者である。この2つ地区には外国人を泊めるホテルも民家もなかった。1はモンティーグ・カークウッド夫妻となっているが司法省顧問のモンタギュー・カークウッド夫妻である。明治15（1882）年から英国公使館法律顧問を務めた。この時期サトウは書記官として在任中である。カークウッドはサトウから日光の情報を聞いたに違いない。中禅寺が風光明媚で避暑適地であると伝えられたであろう。カークウッドの中禅寺泊はその情報の確認と見ることも出来よう。後に述べるがカークウッドは宿泊先である米屋の主人井上保三郎の名義で中禅寺に別荘を建てる。その下見の旅行であったのかも知れない。

　2から5は湯元泊である。湯治がてらの避暑であろうか。7のレオン・ファン・デ・ボルデル夫妻はオランダの外交官である。サトウの斡旋で保晃會が2社1寺保存のための寄付を外交団に募った明治14年に5円の寄付をしている。日光に興味を持っていたと見てよいだろう。[25]当時日本へ公使を派遣している国は15であった。外交官の数はそれほど多くはないだろう。情報交換は容易に行われたのではないだろうか。日光をよく知るサトウから中禅寺の情報は伝わっていた

宿泊先	宿泊者数	累計	属性毎の宿泊者数累計			
			男性	女性	男女	家族
禅寺：井上保三郎方	2	2				2
元：渡邊松五郎方	1	3	1			
元：渡邊松五郎方	1	4	2			
易元：渡邊善右衛門方	2	6				4
易元：渡邊善右衛門方	1	7	3			
宮祠：伊藤文吉方						
		7	3			4

……いが避暑の様相の理解のため本表に載せる

と見るのが自然であろう。ボルデルは前日まで日光ホテルに泊まっていた。そこから中禅寺に登ってきた。日光と中禅寺の違いを体感できたであろう。冷涼にして風光明媚な中禅寺の情報は彼から外交官仲間に伝わったに違いない。

　次は個人宅で避暑を過ごした外国人である（1-表-5，46-49頁に記載）。

　個人宅に投宿したのは50組77名である。女性単独や子供連れの家族が多い。ホテルに比べて堅苦しくなく泊まりやすいのかも知れない。50組の外国人に民家が部屋を貸した。地元では神橋以西の市街地を西町，神橋以東の市街地を東町と呼ぶ。50組の投宿先を見ると西町と記載された民家が45，東町が2，無記載が3である。圧倒的に西町が多い。民家によっては複数の外国人を泊めている。西町で外国人を泊めた民家を見ると16軒であった。

　明治22（1889）年の西町の民家の数は分からないが明治25（1892）年の数は分かる。県は明治25年に道路，地目，民家数の調査を行った（1-図-5，48頁）。

　そこでは町村内の民家の数が図上に示されている（1-図-6，49頁）。

　1-図-5から西町地区の民家を町ごとに整理した（1-表-6，48頁）。

　山内には20戸の家屋があった。そこでは1-表-2で見た9つの寺院が外国人に部屋を貸していた。半数近い。山内を除く西町の家屋数は288である。1-表-3で見たが外国人を泊めた人家は16戸であった。5%を越える。明治22年8月15日の下野新聞は「外国人の滞晃するもの目下200余名にして昨年に比すればやや少数なり，しかしこの200余名の外人の多くは居を西町に占むるを以て同町の外人居留地の如く市中を往来するものの過半は外国人なり」と伝えている。西町地区の市中往来者の半分以上が外国人であるという。数が多い。「外国人居留地の如く」は違和感を伝えているのかも知れない。オーバーツーリズムの状態であったのかも知れない。

1-表-5　明治22(1889)年に避暑のため個人宅に宿泊した外国人

番号	イ　ン	アウト	氏　名　等	国籍	官職等
1	7月3日		ネンブリー・ユンザカ夫妻	伊	—
2	7月4日		アレキサンダー・ハーデー夫妻と子供2人	英	学習院雇教師
3	〃		カックラン氏令嬢2人	英	東洋英和学校教師
4	7月15日		ウイリアム・イムブリー夫妻子供2人	米	—
5	7月14日		ウオルター・デニング夫妻令嬢1子供1人	英	—
6	7月16日		エフ・フリンクリー夫人息子1人	英	—
7	〃		レウモンド・ユー・サーテルランド氏	英	—
8	〃		エフ・ビヤジオニー氏	伊	—
9	〃		アー・ビアンシー氏	伊	—
10	〃		ジェー・ブレッシー氏	伊	—
11	〃		ミーチャム夫人及びモルトン嬢	英	—
12	7月18日		ミーウヤム氏	英	—
13	7月19日		エル・エム・イートレー婦人	米	—
14	〃		イー・エル・ロルメル婦人	米	—
15	〃		レウモンドジュリアス・ソペア夫妻小児2人	米	—
16	〃		メリー・イー・アッキンソン婦人	米	—
17	〃		ナリーダンラホルス婦人	米	—
18	〃		メリー・エー・ヴバンス婦人	米	—
19	〃		ジョセヒン・カール婦人	米	—
20	〃		アンナ・ピー・アッキンソン婦人	米	—
21	7月24日		エー・グラバー氏	英	—
22	〃		トーマス・ビーグラハ氏	英	—
23	8月4日		エッチ・エル・ニッケルソン婦人	英	—
24	〃		アイ・エム・カーペンター婦人	米	—
25	〃		ジークヘリード・ボール氏	独	—
26	〃		アー・ジプールグ氏	瑞	—
27	8月5日		アダ・ソーカン婦人	米	—
28	〃		エル・エー・ヒュース婦人	米	—
29	〃		ケート・アール・ロベルツ氏	米	—
30	〃		オー・ルビリヨー夫妻小児1人	仏	—
31	8月9日		レウレンド・マール・イ・エビー夫妻子供2人	英	—
32	〃		サラ・ロー婦人	英	—
33	8月11日		イー・フレッド・ショウ婦人	米	—
34	〃		スピトレー・アンドレイ氏	伊	—
35	8月12日		ドクトル・ゼール・バーロース氏	英	—
36	〃		ウイクト・アースクス氏	英	英国海軍員
37	〃		ヘンリー・ゼー・パーカー氏	英	—
38	8月18日		ハンソト・ゼー・パーカー夫妻	英	—
39	〃		メレー・エッチ・シェド婦人	米	—

宿泊先	宿泊者数	累計	属性毎の宿泊者数累計			
			男性	女性	男女	家族
丁:小川トク方	2	2			2	
丁:吉田重吉方	4	6				4
丁:吉田重吉方	3	9				7
丁:小林次郎方	4	13				11
尹多吉方	4	17				15
丁:鈴木傳平方	2	19				17
丁:福田重方	1	20	1			
丁:小川トク方	1	21	2			
丁:小川トク方	1	22	3			
丁:小川トク方	1	23	4			
丁:植松半三郎方	2	25		2		
丁:植松半三郎方	1	26	5			
丁:金桝貞治方	1	27		3		
丁:金桝貞治方	1	28		4		
丁:伴コマ方	4	32				21
丁:斎藤留吉方	1	33		5		
丁:斎藤留吉方	1	34		6		
丁:斎藤留吉方	1	35		7		
丁:斎藤留吉方	1	36		8		
丁:斎藤留吉方	1	37		9		
丁:鈴木傳平方	1	38	6			
丁:鈴木傳平方	1	39	7			
丁:船越兵吉方	1	40		10		
丁:船越兵吉方	1	41		11		
丁:山本清吉方	1	42	8			
石町:野部金太郎方	1	43	9			
丁:船越言平方	1	44		12		
丁:船越言平方	1	45		13		
丁:船越言平方	1	46	10			
丁:若林久之助方	3	49				24
鳥安之方	4	53				28
鳥安之方	1	54		14		
丁:船越言平方	1	55		15		
丁:小川トク方	1	56	11			
丁:斎藤鉄吉方	1	57	12			
丁:斎藤鉄吉方	1	58	13			
丁:斎藤鉄吉方	1	59	14			
丁:植松半三郎方	2	61			4	
丁:斎藤鉄吉方	1	62		16		

番号	イン	アウト	氏　名　等	国籍	官職等
40	8月18日		エス・ホワイト嬢	米	―
41		8月7日	カーペーター氏	米	―
42		〃	ニッケルソン氏	米	―
43		〃	エーチ・ケルセー氏	米	―
44		〃	上記同行の5人の婦人	米	―
45	8月22日		エルビベツ・シャープ夫人	英	―
46	〃		リオン・セアトラード・シャープ嬢	英	―
47	〃		イー・エル・ドーバン婦人	英	英学及家禮教師
48	〃		グリーア婦人	米	―
49	〃		アー・ジー・グルセー氏	米	―
50	8月22日		デー・アー・ムレー氏	米	京都府商業学校教
計				6	

註：チェックインの情報が記載されてなくチェックアウトの情報のみが載っている者はチェックア

1-表-6　西町地区戸数

字	戸数
袋町	35
花石町	28
原町	28
四軒町	20
本町	75
大工町	60
板挽町	42
計	288
山内	20
合　計	308

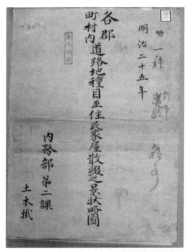

1-図-5　各郡町村内道路地種目並住
民家屋散綴之景状略圖（栃木県立図
書館所蔵）

宿泊先	宿泊者数	累計	属性毎の宿泊者数累計			
			男性	女性	男女	家族
丁:斎藤鉄吉方	1	63		17		
丁:船越言平方	1	64	15			
丁:船越言平方	1	65	16			
丁:船越言平方	1	66	17			
丁:船越言平方	5	71		22		
丁:池谷徳太郎方	1	72		23		
丁:池谷徳太郎方	1	73		24		
丁:福田平吉方	1	74		25		
丁:船越言平方	1	75		26		
丁:船越言平方	1	76	18			
丁:植松半三郎方	1	77	19			
		77	19	26	4	28

日で整理してある（*41*から*44*）

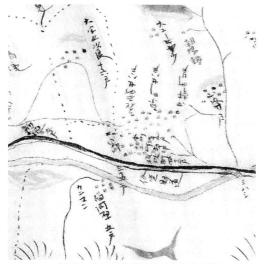

1-図-6　各郡町村内道路地種目並住民家屋散綴之景
状略圖（西町地区）

これまで寺院，ホテル，旅館，個人宅の宿泊者を見てきた。1-表-7で宿泊先不明の外国人をまとめる（1-表-7, 52-53頁）。

　最後に全体をまとめる（1-表-8）。

第5節　本章のまとめ

　明治の初期の頃から外国人の間には「避暑に便利な日光」と言う認識があったようだ。避暑地として日光を見ていたのだろう。明治17（1884）年にはサトウがガイドブックで日光と中禅寺は避暑適地であると伝えた。その後交通手段の改善とともに避暑客は増えた。ホテルのみならず寺院や民家も宿泊を提供した。寺院や民家は実質的には貸別荘と言ってよい。その様相は中禅寺の旅館経営者にも伝わったであろう。次章に見る外国人への借家の提供の誘因となるものと見てよいだろう。

1-表-8　明治22（1889）年の宿泊施設毎の外国人避暑客

宿泊施設	宿泊者数	割合%	属性毎の人数と割合									
			男性		女性		男女		家族		不明	
			人数	割合%	人数	割合%	人数	割合%	人数	割合%	人数	割合%
寺　院	34	11	6	4	12	22	2	6	14	19	—	—
ホテル	155	49	83	64	15	28	18	55	25	33	14	52
旅　館	7	2	3	2	—	—	4	13	—	—	—	—
個人宅	77	24	19	15	26	48	4	13	28	37	—	—
不　明	45	14	19	15	1	2	4	13	8	11	13	48
計	318	100	130	100	54	100	32	100	75	100	27	100
属性毎の割合%			41		17		10		24		8	

註：小数1位を四捨五入し整数で整理した。男女の欄では100％を超えるので，ホテルの
　　56を1減して55とした

番号	掲載日	イン	アウト	氏　名　等	国籍	官　職　等
1	8月9日	8月5日	8月6日	エッチ・ビー・ダリア氏	米	—
2		〃	〃	ケヒテーン・エフ・ヴィ・マクネア氏	不明	—
3		〃	〃	リューテナント・シー・エー・フォクター氏	不明	—
4		〃	〃	ロベルト・エッチ・モロー夫人	不明	—
5		〃	〃	チャレス・ビー・アルレン氏娘1人	不明	—
6		〃	〃	エッチ・デイーナン夫人小児1人	不明	—
7	8月11日		8月10日	ミュージ・ドヌゲラーズ・ミラー氏	米	—
8			〃	シー・エフ・ヒース氏	米	—
9			〃	イニサイン・エー・シー・ジーフェニバース氏	米	—
10			〃	エム・イー・ヴィー・パーシー氏	米	—
11			〃	ジョージ・エー・メーリス氏	米	—
12			〃	ダブリュ・エル・オーフ・チン夫妻	米	—
13			〃	イー・エー・シルスビー氏	米	—
14			〃	ヘンリー・チャレス・ボンド氏	英	—
15			〃	サミュエッル・タク氏	英	—
16			〃	ケビテール・ヘーレン氏	英	—
17	8月20日		〃	ア・テー・エル・ロールエン・ホスト・ムシュデル氏	和	—
18			〃	ダヴリュ・エッチ・ロベルトソン夫人小児	米	—
19			8月18日	アール・エム・ステアリング氏	英	—
20			〃	フランシス・マンミンス氏	英	—
21			〃	ガワー・ロビンソン氏	英	—
22			〃	フタンク・ウオルチンショウ氏	英	—
23			〃	ビージル・エワード氏	米	—
24	8月27日	8月24日		アクアン氏	仏	仏国武官陸軍大尉
25	8月28日		8月25日	氏名不詳1人	墺	—
26			〃	氏名不詳婦人子供3人	英	—
27			〃	氏名不詳2人	英	—
28			〃	氏名不詳1人	丁	—
29			〃	氏名不詳1人	露	—
30			8月26日	氏名不詳3人	米	—
31			〃	氏名不詳4人	英	—
32			〃	氏名不詳1人	仏	—
計					7	

註：チェックインの情報が記載されてなくチェックアウトの情報のみが載っている宿泊者はチェッ

累計	属性毎の宿泊人数の累計				
	男性	女性	男女	家族	不明
1	1				
2	2				
3	3				
4		1			
6				2	
8				4	
9	4				
10	5				
11	6				
12	7				
13	8				
15			2		
16	9				
17	10				
18	11				
19	12				
20	13				
22				6	
23	14				
24	15				
25	16				
26	17				
27	18				
28	19				
29					1
33			10		
35					3
36					4
37					5
40					8
44					12
45					13
45	19	1	2	10	13

ト日で整理してある

【補注，引用・参考文献】
第1章　日光に見る初期の外国人避暑の様相
　(1) 明治17 (1884) 年ロンドンのマレー社から出版された日本の北部を網羅した旅行ガイド
　　　ブック。筆者は *ERNEST MASOM SATOW* と *A. G. S. HAWES*
　(2) 手嶋潤一 (2016)『観光地日光その整備充実の歴史』随想舎，146-155
　(3) 前掲 (2)，256
　(4) 日光市 (昭和54)『日光市史 (下巻)』第一法規出版，123
　(5) 前掲 (2)，p 318-330
　(6) 米国の作家，Adams をアーダンスと表記している
　(7) 米国の画家，LaFarge をラフワルジと表記している
　(8) 米国の東洋美術史家
　(9) 米国の医師，日本美術研究家
　(10) 栃木県の地方新聞，明治11 (1878) 年創刊
　(11) 前掲 (4)，107
　(12)『日光市史 (下巻)』(104) には「元避暑ニ便ナリ」と転写されている。
　　　拙著『観光地日光その整備充実の歴史』ではそのまま引用した (320)。その後，保晃會が
　　　明治22年までの総会の結果をまとめた「諸規則其他摺物綴」に巡り合った。設立願いの
　　　文章も綴られている。そこには「尤避暑ニ便ナリ」と記してある。意味が通じる。原文
　　　は「元」ではなく「尤」であろう。本書で修正する
　(13) 前掲 (2)，147
　(14) 前掲 (2)，152
　(15) 金谷眞一 (昭和29年)『ホテルと共に七拾五年』金谷ホテル株式会社，8-9
　(16) 前掲 (2)，150-151
　(17) 前掲 (2)，146-152
　(18) 前掲 (2)，160
　(19) 神橋の西側に位置する市街地
　(20) ホテルの開設年は『日本ホテル略史』(運輸省，昭和55年10月) による
　(21) 明治19年度栃木県通常県会日誌仁，明治18年 (1885) 年，50
　(22) 明治14 (1881) 年に設立された日本初の私鉄，現在のJR東日本の路線の多くを建設・
　　　運営
　(23) 駒沢女子大学教授
　(24)『下野新聞』明治22年7月2日
　(25) 前掲 (2)，173-177

草創期の外国人避暑地中禅寺に見る別荘群

本章は，平成30（2018）年12月16日開催の日本観光研究学会第33回全国大会で発表した「草創期の避暑地日光中禅寺に見る外国人別荘」に加筆したものである。

第1節　本章の目的

　日光中禅寺湖畔は外国人避暑地として著名であった。その歴史は明治期までさかのぼる。湖畔に別荘が建ち避暑地が形成された。だが，太平洋戦争と同時に終焉を迎えその姿を消した。伝承と痕跡だけが残った。明治から昭和戦前までが外国人避暑地中禅寺の歴史である。本論では外国人の別荘が誕生した明治24（1891）年から外国人の避暑が定着したと考えられる明治32（1899）年までを外国人避暑地中禅寺の草創期と位置づける。

　外国人避暑地中禅寺の様相は，日記など様々な資料に残されてはいるが何れも断片的である。その全容を明らかにするため研究をかさねてきた。本章ではまず草創期の外国人別荘の実相を明らかにするよう試みる。

第2節　本章の構成と研究の方法

　外国人別荘の実相を探るためには当時の中禅寺の様相の理解は欠かせない。そのため下記項目の順で中禅寺を見て行く。

　（1）避暑地以前の中禅寺

　（2）草創期の状況

　（3）草創期の外国人別荘

第3節　避暑地以前の中禅寺

　中禅寺は男体山登攀の行を中心とした山岳宗教の地であった。修行者が泊まる行屋と呼ばれる建物と蔦屋，米屋，和泉屋，中村屋，山城屋，大木戸屋の6軒の長屋風の茶屋があった。茶屋は旅館へと変わっていく（口絵2-図-1）。

　地元の新聞は明治22(1889)年7月に司法省顧問のカークウッドが井上保三郎方，また8月にはオランダ臨時代理公使ファン・デ・ボルデル夫妻が伊藤文吉方に投宿したと伝えている。井上保三郎は米屋，伊藤文吉は蔦屋の主人である。恐らく外国人避暑滞在の嚆矢となるものであろう。

　当時の中禅寺を伝える資料は少ないが，第1章で見た明治25(1892)年の栃木県の調査では中禅寺に8軒の民家があると記されている（2-図-2）。6軒は前身が茶屋の旅館であろう。1軒は第5節第1項で述べるカークウッドの別荘であろう。最後の1軒は不明だが，当時中禅寺は旅館のみで民家はなかったと見てよいだろう。

2-図-2　各町村内道路地種目並住民家屋散綴之景状略図（中宮祠）

第4節　草創期の状況

　明治18(1885)年東京・宇都宮間，23(1890)年日光・宇都宮間が鉄路で結ばれた。中禅寺までの急坂も改良され24(1891)年には人力車が通れるようになった。これらアクセスの改善と前後して中禅寺は外国人社会に知られるようになる。明治14(1881)年には「旅館もありビールも飲める」，17(1884)年には「避暑適地」，そして24(1891)年には「夏季旅館では洋食

が食べられる⁽⁴⁾」、また27（1894）年には「神橋近くに西洋の日用品と生肉を販売
している店がある」と英文のガイドブックは伝えている⁽⁵⁾。

明治27（1894）年には湖畔に外国人専用のレイクサイドホテル、また30（1897）
乃至31（1898）年に米屋旅館が近隣の湖畔に米屋ホテルを開業した。

第5節　草創期の外国人別荘

第1項　別荘の出現

当時外国人の不動産所有は許されていない。ただし現実には日本人の名義で
不動産を所有している外国人もいた。外務省は「日本人の名義で土地家屋を所
有している外国人」の調査をおこなった。栃木県は明治25（1892）年6月に調査
結果を報告している。そこには英国人アレキサンドル・カークウッドが旅館米
屋の主人井上保三郎の名義で中禅寺に別荘を持っていると記されている（2-図
-3）。

このアレキサンドル・カークウッドと書かれた人物は司法省顧問のマンデー
グ・カークウッドと思われる。外国人の不動産取得は許されていない。それ故
日本人の名義を借りた。それにしてもカークウッドは司法行政担当官庁の顧問

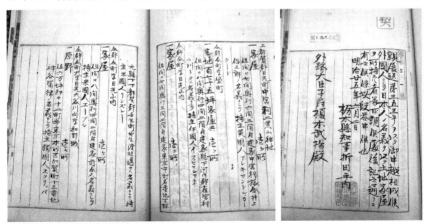

2-図-3　栃木県知事から外務大臣あての報告

2-図-4　井上保三郎の帳簿（小島喜美男氏保管）

である。アレキサンドルと言う名称はカークウッドの立場を考えた周囲の配慮かも知れない。

　一方名義を貸した井上保三郎が残した帳簿（2-図-4）には，「エム，カークウッド殿」と書いてある。「M」はマンデーグの略であろう。帳簿は自己完結型の資料で原則外には出ない。それ故配慮は無用であった。本名が記載されたのだろう。県の報告書にあるアレクサンドル・カークウッドは，司法省顧問マンデーグ・カークウッドと見るのが順当であろう。井上の帳簿を見ると24（1891）12月に祝儀，25（1892）年には地代等250円，また27年には船税等立替分をカークウッドから受け取っている。名義だけでなく建物の管理も行っていたことが分かる。祝儀は恐らく建築に関わるものであろう。建物は24年に建てられたようだ。

第2項　増加する別荘

　冒頭で述べたが本章は既発表論文に加筆したものである。加筆の多くの部分は新たに出会ったドイツ外交官カール・ゲオルク・フォン・トロイトラー作成の図面に依拠する。フォン・トロイトラーは明治28（1895）から明治31（1998）年まで駐日ドイツ公使館書記官を務めた外交官である。後にブラジルとノルウエーの大使を歴任し，第一次世界大戦中は大本営でドイツ皇帝代理を務めた。赴任翌年の明治29（1896）年中禅寺湖畔に別荘を建てた。彼は日本での生活を故郷へ書き送りそれが日記として残されている。そこには中禅寺湖畔に建つ別

荘の位置と滞在者，そして自分の別荘のスケッチが添付されている。筆者はフォン・トロイトラーの子孫の方からそれら資料の使用を許された。本章では湖畔の別荘の位置と所有者を記した図面（以下，別荘位置図という。口絵2-図-5)を取り上げる。日記と建物のスケッチは第5章第4節第6項で取り上げる。古い書体のドイツ語で書かれているが判読を試みた（2-図-6)。

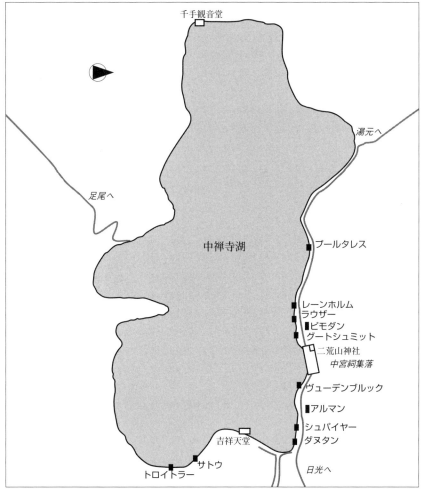

2-図-6　別荘位置図

別荘位置図には，プールタレス，レーンホルム，ラウザー，ピモダン，グートシュミット，ヴューデンブルック，アルマン，シュパイヤー，ダヌタン，サトウ，トロイトラーが滞在する建物の位置が落ちている。彼らの詳細を見てみる (2-表-1)。

別荘位置図に記載された人物全員が中禅寺に滞在出来るのは明治29 (1896) 年である。フォン・トロイトラーは別荘を建てた明治29年の湖畔の状況を別荘位置図に載せたと見てよい。

2-表-1　フォン・トロイトラーの別荘位置図に記載されている人物の詳細

番号	氏名	官職	着任	離任又は一時離日	明治29・30年夏^(註1) 29年	30年
1	Le Comte de Pourtalés-Gorgier	仏書記官	明治28年4月	明治31年7月 (註1)		
2	Ludwig H. Löhnholm	東大教授	明治22年	明治41年		
3	Gerard Lowther	英書記官	明治28年1月	明治32年5月		
4	Le Comte de Pimodan	仏武官	明治29年2月	明治31年5月		
5	Baron von Gutschmid	独公使	明治25年12月	明治30年3月		
6	Count Wydenbruck	墺太利洪牙利公使	明治28年12月	明治33年3月		
7	J.Harmand	仏公使	明治27年8月	明治30年10月		
8	Alexis de Speyer	露臨時代理公使	明治29年3月	明治30年8月		
9	Baron A. d'Anethan	白公使	明治26年10月	明治30年3月 (註2)		
10	Sir Ernest Satow	英公使	明治28年8月	明治30年5月 (註3)		
11	Karl-Georg v. Treutler	独書記官	明治28年8月	明治32年3月 (註4)		

註・仏はフランス，英は英国，独はドイツ，墺太利洪牙利はオーストリア・ハンガリー，白はベルギー
　　・フォン・トロイトラーは明治31年6月賜暇休暇で帰国そのまま帰日せずに離任，日光で夏を過ごすことが出来たのは明治29と30年だけである。この2年の夫々の年の夏を日光で過ごすことが可能な人物を塗りつぶした
　　・(註1) 離任の正式な日時は分からないが明治31年の日光滞在は無理があるだろう
　　・(註2) 明治30年3月から12月は賜暇休暇だが別荘はそのまま借りていたと思われる。明治39年まで在職
　　・(註3) サトウは明治30年5月から11月まで賜暇休暇で不在
　　・(註4) フォン・トロイトラーの離任の月日は詳らかではない

第3項 別荘の詳細

カール・ゲオルク・フォン・トロイトラーの日記と別荘位置図，英国公使アー

ネスト・サトウの日記[7]（以降「サトウの日記」と言う）, アルベール・ダヌタン
ベルギー公使夫人の日記[8]（以降「ダヌタン夫人の日記」と言う）, 下野新聞そし
て地元の資料[10]から読み取れる別荘の滞在者を「氏名」,「官職名」,「夏期日本に
滞在した期間」,「別荘所有期間」, そして別荘のあった「地区」の4つの視点で
整理し表にまとめる（2-表-2, 64頁）。

　グレーで染めた期間は「夏期日本に滞在した期間」, アステリスクは別荘入手
年, 矢線は別荘所有期間を示す。「地区」の欄の○印は別荘の場所が地区単位
で絞り込めるもの, ×印はできないものある。「夏期日本に滞在した期間」は,
外務省の資料（2-図-7）と "JAPAN DIRECTORY"（2-図-8）から個々の外交官の夏
季中禅寺に滞在することが可能な年を探した。

　2-表-2からは別荘が経年的に増加していることが分かる。おおよその場所が
分かる別荘も多い。明治32（1899）年の別荘の位置を見てみる（2-図-9, 65頁）。

　明治26（1893）年11月26日の下野新聞は「本年英国の代理公使が米屋政平[11]の
手配で湖畔の大崎に別荘を建てた」と報じている。この代理公使は明治24
（1891）年4月から28（1895）年2月まで在任した2-表-2の番号2（以下「表-2の
番号」は省略数字のみ）のド・ブンセンである。25（1892）年6月から27（1894）

年2月まで代理公使
を務めた。別荘は
カークウッドと同様の
手法で建てたのだろ
う。

　明治28（1895）年7
月サトウが着任した。
早々の8月20日の
「日記」には「滝口に
近い湖畔に快適では
ない小さな家」（*small
and not comfortable,*

2-図-7　外務省資料

2-図-8　JAPAN DIRECTORY

2-表-2　別荘滞在者と夏季日本滞在期間および別荘所有期間

番号	別荘滞在者	官職名等	滞在年									地区
			M24	M25	M26	M27	M28	M29	M30	M31	M32	
1	カークウッド	司法省顧問	*								→	○
2	ド・ブンセン	英書記官			*	→						○
3	ラウザー	英書記官					*	→				○
4	レーンホルム	東大教授					*				→	○
5	フォン・グートシュミット	独公使				*		→				○
6	ダヌタン夫妻	白公使夫妻						*		→		○
7	サトウ	英公使					*	→				○
8	アルマン	仏大使						*	→			○
9	プールータレス	仏書記官						*	→			○
10	ド・ボンディー	仏書記官								*	→	○
11	カロ	西公使						*				○
12	ピモダン	仏武官						*	→			○
13	ヴューデンブルック	墺・洪公使						*	→			○
14	フォン・トロイトラー	独書記官						*	→			○
15	フォン・ウェーデル	独書記官									*	○
16	ド・シュパイヤー	露臨時代理公使						*				○
17	ヘロッド	米書記官									*	×
18	デュ・ドレズネ	仏書記官								*		×
19	フォン・ライデン	独公使									*	×
20	オウゴーマン	大佐(詳細不明)						*		→		○
21	バック	米公使									*	×
22	メイ	白書記官					*	→				×
23	フレイタス	葡書記官									*	×
24	リズボア	伯公使								*	→	○
25	ポクレフスキー	露書記官									*	×
26	チャーチル	英武官									*	○
27	ネピア	英横浜領事義弟									*	×
	年　別　別　荘　数		1	1	2	3	5	14	12	11	18	

別荘滞在者に占める外交官の割合　23÷27×100＝85％

註・夏季に滞在した年のみ表示
　・別荘に滞在していると資料からと読み取ることができる氏名のみ記載
　・英国は英，フランスは仏，ドイツは独，ベルギーは白，ロシアは露，アメリカは米，ポルトガルは葡，スペインは西，ブラジルは伯，オーストラリア・ハンガリーは濠・洪と表示
　・6のダヌタン公使夫妻は明治30年賜暇休暇で帰国
　・7サトウの明治28年の別荘は借家，明治29年から自家，明治30年夏は賜暇休暇で帰国
　・10のド・ボンディーは明治27，28年台湾領事
　・14のフォン・トロイトラーは明治28年8月着任，31年賜暇で帰国そのまま離任
　・3のラウザーは2のド・ブンセン，10のド・ボンディーは9のプールタレス，15のフォン・ウェーデルは14のフォン・トロイトラー，19のフォン・ライデンは18のデュ・ドレズネの建物を継承した。同じ建物で避暑を過ごした。したがって「地区」の欄は○が一つである

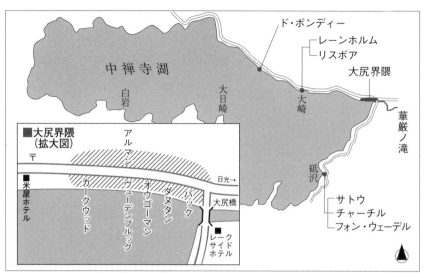

2-図-9　湖畔の別荘群（明治32年）

near the outfall of the lake) を北岸の旅館伊藤屋の主人伊藤浅次郎から借りたと
記されている。場所は湖水が華厳の滝へ流れ込む大尻と呼ばれる地区であろう
（2-図-9）。中禅寺の入口である。翌21日のサトウの書簡は, *1* のカークウッド,
5 のグートシュミット, *3* のラウザーそして名前の知らないドイツ人学者が中禅
寺湖畔に別荘を持っていると伝えている。サトウを含め5人である。

　カークウッドは24（1891）年別荘を取得した。別荘滞在の詳細は判らないが
「サトウの日記」は29, 31, 32年中禅寺に滞在したことを伝えている。ただ
し29年の情報を記載したトロイトラーの別荘位置図にはカークウッドの別荘は
落ちていない。トロイトラーは外交官の別荘に注目し, 外交官以外の避暑客が
滞在する別荘を見落としたのかも知れない。名前の知らないドイツ人学者は,
手紙執筆の8月の時点ではサトウは面識がなかったようだが東大教授ルードウ
イッヒ・レーンホルムである。

　明治29（1896）年9月12日の「サトウの日記」を見ると, 大雨直後中禅寺に着
いたサトウはまずダヌタン家の無事, ラウザーとレーンホルムの家の浸水を確
認している。これら3軒はフォン・トロイトラーの図面に見るように北岸に位

置していた。地元の資料を見るとレーンホルムは28年と33年に同じ家を借り
ている。28と33年以外は資料が残されていない。ただし29年のトロイトラー
の図面はレーンホルムの中禅寺滞在を伝えている。28, 29, そして33年の滞在
を考えると、30から32年も引き続き同じ家で避暑を過ごしたと推論したくな
る。

　グートシュミットは明治27（1894）年の夏を中禅寺で過ごす。「サトウの日記」
には28, 29年も中禅寺滞在が記されている。28（1895）年8月20日サトウは夜
8時に新しく借りた家に着いた。「そこでグートシュミットとラウザーと食事を
した」、また9月17日には「朝グートシュミットのボートを借りて別荘を建てて
いる場所まで12分で行った」と書いている。29年には「（中禅寺へ上る道を）上
り切ってラウザーの家へ泊る」とある。トロイトラーの図面に見るようにこれ
らの家は北岸にあったことを理解していると「サトウの日記」は読み易い。

　ラウザーは28（1895）年2月着任だが8月には別荘を持っていた。トロイトラー
の図面から見るとド・ブンセンの大崎の家を引き継いだと考えるのが一番納得
しやすい。29年8月12日サトウはボートで各家を訪問する。自宅からダヌタン
家、ラウザー家そしてレーンホルム家に寄っている。先にも触れたが29年9
月9日の「ダヌタン夫人の日記」には、（大雨で湖水が増水したので）オウゴーマ
ン家に行って夫人に家を捨てて避難するように説得したと、記してある。また
9月13日にはヴューデンブルック公使がきて、降り続く大雨で食料が底をつい
たので、夕食を摂らせてもらいたいと私に頼んだ、とある。また31（1898）年7
月11日サトウはボートで郵便局（2-図-9, 65頁）まで行き、そこから歩いてカー
クウッドとオウゴーマンの家に寄り、ダヌタン家の前を通り日光へ下る道の途
中迄行っている。サトウが立ち寄った3つの別荘はこのような位置関係で建っ
ていた。ここには同じ明治29年のトロイトラーの図面に載っていないカーク
ウッドとオウゴーマンの別荘が出て来る。先にも触れたがトロイトラーは同僚
の外交官の別荘だけを図面に落としたのかもしれない。カークウッドは英国人
の御雇外国人で司法省顧問であった。オウゴーマンは英国人の軍人であったよ
うだ。共に外交官ではない。レーンホルムもお雇い外国人の東大教授で外交官

ではない。だがトロイトラーと同じドイツ人である。故郷へ送る手紙には同郷の人の存在を伝えたかったのかも知れない。

　サトウやラウザーは着任早々別荘を手に入れる。貸別荘が用意されていたと見て間違いないだろう。米屋の帳簿など地元に伝わる資料の分析を進めている小島喜美男は米屋が壱号から五号と呼ばれ5つの建物を所有し，それらを外国人に賃貸していたようだと推論している。[16]

　前章で見たが明治22（1889）年日光では400人に及ぶ外国人がホテルだけではなく寺院や民家を借りて夏を過ごしたという現実を中禅寺の人々は当然知っていたであろう。いずれ外国人が訪れると予測し準備があったのかも知れない。ただし当時外国人は不動産の所有は認められていない。カークウッド以外の別荘は借家と考えるのが順当かも知れない。だが，自分で建てる人もいたようだ。

　筆者は縁あってカール・ゲオルク・フォン・トロイトラーの曾孫にあたるDr. Beltha von Ledeburの知遇を得ることができた。Dr. von Ledeburは曽祖父フォン・トロイトラーの日記の一部を送ってくれた。そこには赴任当時の中禅寺に触れた一文がある。そこには，

　In der heißen Jahreszeit übersiedelten wir in unser Sommerquartier Chuzenji, wohin sich das ganze Diplomatische Corps begab. Der Mikado erlaubte für jeden Diplomaten am Ufer des Chuzenji-Sees den Bau eines eigenen Häuschens von beliebiger Größe;

と記されている。
　フォン・トロイトラーは，
①暑い夏の3カ月の間私たちは外交官全員が行く中禅寺に移った
②ミカドは外交官全員に対して中禅寺湖畔に任意の大きさの自分の家を建てることを許した
と言っている。湖畔は宮内省御料局所管の御料地か，若しくは二荒山神社と輪[17]王寺の土地である。ヴューデンブルック，アルマン，シュパイヤー，ダヌタン

の別荘は二荒山神社の社有地，プールタレス，ラウザー，ピモダン，グートシュミット，サトウ，フォン・トロイトラーの別荘は御料地内に建っていた。後で触れるがド・ボンディーはプールタレス，ラウザーはド・ブンセン，フォン・ウエーデルはフォン・トロイトラーの建物を継承したと考えられるので御料地内の外交官の別荘は6つである。ただし，東大教授レーンホルムの別荘も御料地にあったので，御料地内の別荘は7つになる。それらは集落から離れた湖畔に建つ。別荘としては最適地であろう。御料地の開放は外交官に対する優遇なのか，母国と異なる高温多湿の地日本での勤務への慰労なのかは分からないが，この結果生まれた湖と別荘そしてヨットレースの風景は中禅寺を特徴づけることとなる。

　*6*のダヌタン夫妻はベルギー公使夫妻である。明治29（1896）年7月湖畔の別荘を入手した。夫人は「思ったより広い建物(18)」と書いている。借家であろう。「サトウの日記」には，31，32年の中禅寺滞在のダヌタンが紹介されている。

　*7*のサトウは30（1897）年の夏は賜暇で帰国中，中禅寺での避暑生活はない。

　*8*のアルマンは明治27（1894）年8月の着任である。29（1896）年7月24日の「日記」には「午後アルマン家とシュパイヤー家を訪ねてダヌタン家により日光に下る」とある。アルマンは31年の「日記」に登場するが32年には出てこない。

　*9*のプールタレスは明治28（1895）年4月付の任命である。サトウは29年8月4日にプールタレスの家を訪問した。「サトウの日記」に *"and went as far as the Pourtalès."* と書いている。また明治39（1906）年5月北京から帰国の途中に中禅寺を訪れ北岸を歩いた際「プールタレスの別荘を除く全ての別荘の前を通った」と書いている。プールタレスの家は離れていた。ド・ブンセンの家があった大崎より遠かった。更に1km程離れている。そのプールタレスの家をド・ボンディーが引き継いだ（2-図-9，65頁）。後に西十二番と呼ばれる建物である。拙著「観光地日光その整備充実の歴史」執筆時に外務省記録を見落とした。そこには明治31年7月「一等書記官伯爵プールタレス氏賜暇帰国」と記され，続いて「現在台湾領事ド・ボンディー氏ヲ一等書記官事務取扱トシテ在勤セシム」とある。明治31年夏プールタレスは不在であった。にもかかわらず同著188頁の5-

表2-3-2はプールタレスが31年夏別荘に滞在していることを示している。誤認であった。訂正したい。先にも書いたがプールタレスの別荘は後任のド・ボンディーが引き継いだ。

　10のド・ボンディーは明治24（1891）年8月着任，27年4月台湾領事に転出，29（1896）年3月再び日本に戻る。31年8月10日の「サトウの日記」には「元プールタレスの家だったボンディーの家へ行く」とある。

　11のカロは28年来日，30年離日である。29年8月5日の「日記」には「ラウザーとカロがボートをカロの家の方向に走らせた」とある。北岸の方向であろうがカロの家の所在は不明である。トロイトラーの図面にない所を見ると戸建てではなく間借りかもしれない。

　12のピモダンは明治29年1月着任31年5月離任である。13のヴューデンブルックは明治28年12月から33年3月までが任期である。明治29年のサトウとダヌタン夫人の日記には中禅寺でのヴューデンブルックが描かれているが以降の日記には出てこない。14のフォン・トロイトラーは明治28年8月着任，31（1898）年賜暇で帰国中転勤となり帰日はなかった。15のフォン・ウエーデルは32年3月来日である。同年8月9日の「日記」には「第一の岬（大日岬のこと）から白岩まで漕ぎその後ウエーデル家に寄る」（2-図-9，65頁）とある。白岩からサトウの家の間にはフォン・トロイトラーの建てた家だけである。フォン・ウエーデルはフォン・トロットラーの家を継承したと見て間違いないだろう。

　16のド・シュパイヤーは朝鮮の公使から日本の臨時代理公使として明治29年3月着任30年8月まで臨時代理公使，その後も38年8月まで日本で勤務，17のヘロッドは明治29年来日だが，31年の「サトウの日記」には出てこない。32年5月27日に「ヘロッドの家は間もなく出来る」，8月20日に「ヘロッドの家で夕食」とあるが場所は不明である。

　18のデュ・ドレズネは明治29年8月の来日である。31年5月14日の「サトウの日記」にはレイクサイドホテルから「北岸をドレズネの別荘まで歩く，また（日光へ下る道の）峠の頂上まで引き返す」と記されている。これだけでは場所は不明だが，第3章で見る米屋ホテルの旅客収入簿の7月9日の記録には米国人

デュモンドが「夜食はドレズネへ往」と記載されている[19]。デュモンドは夜食をドレズネの家で摂った。ホテルの近くであろう。ホテルから西方向は大崎まで別荘はない。大尻方面と考えるのが順当であろう。

　*19*のフォン・ライデンは31年3月に着任した。32年5月27日の「日記」には，「ライデンの家は去年までデュ・ドレズネが借りていた」とあるが場所は不明である。*20*のオウゴーマンの詳細は不明である。

　*21*のバックは明治30年7月に来日，翌31年8月20日サトウの別荘に招待され24日まで滞在し東京に帰る。この時点では別荘を持ってないと見ていいだろう。翌32年8月28日バックの家で昼食 *"We all went to Buck's Box to lunch,"* とある。この *"Box"*，つまり小屋をサトウが28年夏伊藤浅次郎から借りた小さな家（*small and not very comfortable*）と見ると *"Box"* が納得しやすい。

　*22*のメイは明治29年12月来日，日記には31年9月19日「メイの家で夕食」とあるが場所が不明である。*23*のフレイタスは明治32年にヨットレースに参加している。ヨットには艇庫が必要なので別荘を持っていたと考えられるが場所は不明である。*24*のリスボアは明治30年9月から32年12月までが任期であった。米屋ホテルの旅客収入簿の7月5日の欄には「ブラジル公使一行が夕食を摂りメドックを一本空けた」とある[20]。一行4人だが宿泊の記録はない。近くの別荘に滞在していたのだろう。大崎の別荘が考えられる。大崎にある2つの別荘は米屋の所有であった。夕食を米屋ホテルで摂るのも納得しやすい。*25*のポクレフスキーは明治31年3月に発令された書記官である。9月10日の「サトウの日記」には，「プーア嬢がポクレフスキーの家の向こう側の森に野生の芍薬を見つけた」とある。日記全文からはサトウの別荘からの散策の途中の出来事と読めるが場所は特定できない。*26*のチャーチルは明治31年6月着任，翌32年7月12日の「サトウの日記」には「夜チャーチル夫人が5株の鍾馗蘭を届けてくれた」とある。近所でなければできない。サトウの家の隣の建物であろう[21]。10月18日の日記には「チャーチルの別荘予定地の区画を決める」と書いてある。チャーチルはまだ自分の別荘はもっていなかった。隣の建物は借家だったのだろう。

　*27*のネイピア家だが32年10月18日の「日記」に「チャーチルのボートはネイ

ピアの桟橋に係留されている」とあるが場所は分からない。

　以上草創期の別荘と滞在者を見てきた。明治24年に最初の別荘が建った。28年には5軒，翌29年には14軒，32年には18軒に増えた。この期に見る別荘滞在者は家族を除くと27名で，内23名が外交官であった。国籍は10である。

第6節　草創期の別荘と最盛期の別荘

　これまで草創期に見られる別荘を見てきた。本節では草創期と最盛期に見られる個々の別荘の関係を見てみたい。第4章で述べるが最盛期は昭和戦前であった。その別荘群は第4章第4節の4-図-1（131頁）と4-表-1（134-135頁）に示されている。草創期と最盛期には40年近い時間の経過がある。その間に別荘に変化があることも考えられる。変化ないしは不変化を証す資料はない。関係性の判断は建物の建つ場所に頼らざるを得ない。建物の建つ場所から草創期にあった別荘と最盛期にある別荘の関係を推定することはきる。本章で取り上げた資料の中で別荘の場所を示しているのはフォン・トロイトラーの別荘位置図（2-図-6）だけである。そこにある別荘と最盛期の別荘の関係を探る。

　プールタレスの別荘は，最盛期には西十二番と呼ばれる。当時のままであるかどうかは分らないが今でも建物は建っている。レーンホルムの別荘は後に西十番と呼ばれ，英国武官が継続的に借りた。カークウッドやド・ブンセン同様井上保之助の名義で建てたらしい。[22]今も建物が建っている。

　ド・ブンセンの建物を引き継いだラウザーの別荘は後に西九番と呼ばれピゴットやヘーゲルが夏を過ごした。[23][24]ピモダンの別荘は西八番と呼ばれた。グートシュミットの別荘は後に西六番と呼ばれる別荘かも知れない。最盛期西六番はハンス・ハンターの所有であった。[25]以前そこにはトーマス・グラヴァー所有の建物があった。建てられた年は詳らかでない。直接的にそれを示す資料ではないが「サトウの日記」と「ダヌタン夫人の日記」に出て来るトーマス・グラヴァー[26]を見てみる（2-表-3，72頁）。

　サトウは明治28（1895）年7月28日公使就任のため横浜に到着した。その1か

2-表-3　アーネスト・サトウとエリアノーラ・ダヌタンの日記に見るトーマス・グラヴァー

日　　記	日　　付	記　　載　　内　　容
サトウの日記	明治28年10月14日	トム・グラヴァーと岩崎弥之助が訪ねて来る
	明治29年1月30日	トム・グラヴァーが訪ねてきた
	明治29年7月26日	トム・グラヴァーが訪ねてきた
	明治29年12月14日	T・B・グラヴァーが訪ねてきた
	明治30年2月13日	トム・グラヴァーが訪ねてきた
	明治30年3月23日	トム・グラヴァーと岩崎男爵に会う
	明治30年11月29日	T・B・グラヴァーに会った
	明治30年12月9日	トム・グラヴァーが訪ねてきた
	明治32年1月8日	T・B・グラヴァーが訪ねてきた
	明治32年5月21日	トム・グラヴァーが訪ねてきた
	明治33年4月15日	日本郵船近藤社長の宴会にグラヴァーもきていた
ダヌタン夫人の日記	明治33年8月13日	グラヴァーが鱒を3匹届けてくれた，2匹をティール家に分けた

月半後の10月14日の日記には，*"Tom Glover and Iwasaki Yanosuke called."* と記してある。岩崎弥之助とグラヴァーの訪問を受けた。グラヴァーの本名は *Thomas Blake Glover* である。日記には *"Thomas"* を *"Tom"* と愛称で書いている。以前からの知己であったようだ。サトウの明治28年の手紙には，中禅寺に別荘を持っている外国人はグートシュミット，ラウザー，カークウッド，レーンホルム，サトウの5人と書いてある。ここにはグラヴァーの名前はない。明治28年にはグラヴァーは別荘を持っていなかったと見ていいだろう。またサトウは明治29, 31, 32年の夏の中禅寺の生活を日記に残しているがそこにもグラヴァーは出てこない。トムと愛称で呼ぶ知人が中禅寺に別荘を持っていれば日記で触る可能性は高いと思うが出てこない。

　一方ダヌタン夫人の日記はダヌタン公使が横浜に到着する明治26（1893）年から始まる。日光が登場するのは明治27（1894）年からである。27, 29, 31, 32年は夏の中禅寺の生活が書かれている。そこにもグラヴァーは出てこない。グラヴァーが登場するのは明治33（1900）年8月13日である。そこには「グラヴァー氏が中禅寺の渓流で釣った立派な鱒を三匹届けてくれた」と記されている。グラヴァーの中禅寺滞在が初めて出て来る。

　先に見たが2-図-6（61頁）には西八番のピモドンの隣にグートシュミットの

別荘がある。グートシュミットは明治26年から日光で避暑を過ごす。26年の場所は定かでないが27年は中禅寺が避暑の場であった[28]。グートシュミットの別荘は後の西六番，若しくはその近傍と思われる。御料地内である。フォン・トロイトラーの日記にあるように外交官の避暑用住宅建設のため御用地が開放された。グートシュミットもその恩恵に浴したのだろう。グートシュミットは3年間夏の中禅寺を楽しんだ後明治30年に離任する。別荘は不要のものになった。明治32（1899）年には外国人も不動産の所有が可能になる。そのグートシュミットの跡にグラヴァーが別荘を建てたとも考えられる。エビデンスはないがトロイトラーの図面を現地に照らして見ればうなずける処もある。であれば明治33年8月のダヌタン夫人の日記も納得しやすい。

　ヴューデンブルック，アルマン，シュパイヤー，ダヌタンの別荘は御料地ではなく二荒山神社の土地に建つが具体的場所が特定できないので最盛期の別荘との関係は分からない。サトウとフォン・トロイトラーの別荘は御料地内に建つ。サトウの別荘は後に英国大使館の別荘になる。トロイトラーの建てた別荘は大正6（1917）年火事で焼失し再建された。その後外務省顧問トーマス・ベイティの所有となる[29]。

第7節　本章のまとめ

　中禅寺では明治24（1891）年に初めて外国人が滞在する別荘が建ち，その後数を増し明治32（1899）年には18戸に増えた。それらは自分で建てたものだけでなく地元が建てた賃貸しの建物もあったようだ。そこには多様な国籍の外交官を中心とした避暑客が滞在した。西洋諸国外交官の避暑別荘地と言ってよい。

【補注，引用・参考文献】
第2章　草創期の外国人避暑地中禅寺に見る別荘群
(1)『下野新聞』明治22年7月23日，8月15日
(2) 明治25年栃木県は県全域の道路と民家の調査を行い「各郡町村内道路地目並住民家屋散綴之景状略図」としてまとめた
(3) 手嶋潤一（2016）『観光地日光その整備充実の歴史』随想舎，178-179
(4) 前掲(3)
(5) *BAZIL HALL CHAMBERLAIN, W・B・MASON（1894）"A HANDBOOK FOR TRAVELLERS IN JAPAN, "KELLY & WALSH, LIMITED,* 162
(6) 資料使用の許可は筆者と大東文化大学准教授野瀬元子に与えられた
(7)・*Ian Ruxton（2003）"The Dairies of Sir Ernest Satow, British Minister in Tokyo（1895 - 1900）"Synapse*
　　・E・サトウ，長岡祥三訳（1989, 1991）『アーネスト・サトウ公使日記Ⅰ・Ⅱ』新人物往来社
(8) エリアノーラ・メアリー・ダヌタン，長岡祥三訳（1992）『ベルギー公使夫人の明治日記』中央公論社
(9) 明治11年創刊の栃木県の地方新聞，本社は宇都宮市
(10) 米屋主人井上保三郎が残した帳簿
(11) 米屋政平は米屋主人井上保三郎の父
(12) サー・ヒュー・コータッツィ（2007）『歴代の駐日英国大使』文眞堂，159
(13) サトウは明治30年賜暇で帰国。中禅寺の日記はない
(14) 日光の郷土史家で栃木県文化財保護指導委員，栃木県立日光明峰高校学校講師（非常勤）の小島喜美男は明治20年代から30年代にかけての中禅寺に見られる外国人別荘の状況を「西六番以前の四号館および五号館について」（未発表）と言う論考にまとめた。そこでは，レーンホルムが明治28年と33年に同じ家を借りた，と指摘している
(15) 前掲(3)，185-186
(16) 小島喜美男は前掲(14)の論考で米屋は5つの賃貸用別荘を所有していたようだ，と指摘をしている
(17) 奥日光一体の森林は明治21年御料地に編入された
(18) 前掲(8)，117
(19) 第3章第6節，97
(20) 第3章第6節，97
(21) アーネスト・サトウ，長岡祥三訳（1991）『アーネスト・サトウ公使日記Ⅱ』新人物往来社，268
　　ここにはチャーチル大佐夫人が，夜サトウの家に鍾馗蘭を届けに来たと書いてある。近所でなければできない。隣接地にあった建物がチャーチルの別荘であったと考えるのが自然であろう

(22) 第5章, 第3節, 第7項西十番

(23) F. S. C. Piggott, 英国の武官, 「断たれたきずな」の著者

(24) Hugo Hergel, デンマーク公使

(25) 神戸出身の英国人実業家

(26) 英国人実業家

(27) 前掲(12), 150

(28) 前掲(8), 185-186

(29) Thomas Baty, 法学博士, 国際法学の大家, 大正5(1916)年から昭和16(1941)年外務省顧問

■ 第 3 章 ■

草創期の外国人避暑地中禅寺に見る避暑の様相

第1節　本章の目的

　前章では別荘群の実相を探った。本章では避暑の様相を探る。

　草創期の外国人避暑地中禅寺はこれまでも取り上げた。[(1)]避暑生活の一端は明らかに出来たが，取り上げた資料もまた考察も十分であったとは言い難い。避暑の姿を十分に伝えているとは言えない。その思いは常にあった。

　フォン・トロイトラーの資料に出会った。これまで不明であった幾つかの事実が明らかになった。それが動機となった。背中を押されたのである。外国人避暑地中禅寺に再度チャレンジしようと思った。これまでの資料に新たな資料を加え一体として分析し考察を深めた。

第2節　研究の方法

　英国公使アーネスト・サトウの日記，[(2)]エリアノーラ・メアリー・ダヌタンベルギー公使夫人の日記，[(3)]ドイツ書記官カール・ゲオルク・フォン・トロイトラーの日記，[(4)]日光二荒山神社宮司早尾海雄の日記，[(5)]米屋ホテルの帳簿，英文のガイドブックなど当時の中禅寺に触れている資料を分析し考察を加えて草創期の外国人避暑地中禅寺の様相を探る。

　外国人が中禅寺に魅了されたのは夏の冷涼な大気と湖の風景であったことは間違いない。しかし，中禅寺の魅力は夏だけではない。秋の紅葉も外国人に感動を与えた。[(6)]夏秋ともに外国人が魅了された風景地であった。「外国人避暑地中禅寺」が本書のテーマではあるが，本章では夏だけでなく秋にも触れる。避暑地ではあるものの夏秋夫々の魅力を持つことが殊更避暑地中禅寺の魅力を高めたと考えるからである。

第3節　外国人の避暑

　冷房完備の現代とは違い当時の西洋人にとって日本の夏の暑さは苦痛そのものであったようだ。その苦痛をベルギー公使夫人は日記で述べている。

　明治32（1899）年8月5日には「昨日アルベールは条約改正を祝う宴会に出席するため東京へ向かった。それは舞踏会と言う事であった。もちろん8月の東京でダンスをすることなど不可能だ」と切り捨てている。蒸し暑い日本の夏の舞踏会は論外だと言う事であろう。夏の東京の蒸し暑さを象徴する一文である。

　また明治33（1900）年8月27日の日記には「アルベールが東京から帰る。東京の暑さと蚊についての彼の描写は全く真に迫っていた」と書いている。ダヌタン男爵が東京から避暑滞在先の日光に戻ってきた。夫人に東京の暑さを伝えたのだろう。直接的な表現ではないが夏の東京の苦痛が伝わってくる。

　西洋人は避暑を求めた。箱根や軽井沢などいくつかの避暑地が誕生した。日光もその一つであった。東照宮周辺だけでなく，登山道とも言える坂道を登った先の中禅寺も避暑地として注目されたようだ。前章で見たが明治24（1891）年から別荘が建ち始め，32（1899）年には18軒に増えた。地元が建てた賃貸別荘もあった。避暑滞在の希望が多かったのであろう。

　ここで中禅寺を避暑地として選んだ背景や動機を探ってみたい。もちろんアクセスや宿泊施設など利便の充実は必要な条件である。それだけでなく情報の存在が大きく影響したのではないかと考えられる。ガイドブックが大きな役割を果たしたと筆者は考えている。

　明治8（1875）年アーネスト・サトウは英文のガイドブック *"A GUIDEBOOK TO NIKKÔ"* で中禅寺の風景を賛辞の文章で紹介している。続いて明治17（1884）年には *"As Nikkō lies 2,000ft. above the sea, it is comparatively cool during the hot season. We recommended Chū- zen-ji as being preferable, height 4,375ft;"* と日光の冷涼さと中禅寺の避暑適地性を紹介した。翌18（1885）年には宇都宮まで汽車が開通した。東京から日光まで4日の日程が2日に短縮された。身近に感じられるようになったのではないだろうか。もちろん中禅寺も身近に感じら

れるようになったと見て間違いないだろう。

極め付けは明治24(1891)そして27(1894)年発刊の"A HANDBOOK FOR TRAVELLERS IN JAPAN"である。

24年版は日光について,

"Lying 2,000 ft. above the sea, Nikkō is a delightful summer resort, for which reason many foreign residents of Tōkyō have villas there, or else at Chū-Zenji (4,375 ft.) $7\frac{1}{2}$m. further on."

そして中禅寺について,

"Comfortable accommodation can be had at the inns-Kome-ya and Izumi-ya, -which has pleasant rooms looking out on the lake. European food can generally be obtained during the summer monthes."

と記されている。

ここでは,

①多くの外国人が日光に避暑用の別荘を持っている

②中禅寺には湖を目の前に見る快適な部屋を備えた米屋と和泉屋と言う二つ
　の旅館がある

③そこでは夏の間西洋料理を提供する

と伝えている。避暑地日光の状況,そして中禅寺での避暑滞在の快適さを伝えていると見てよい。

27年版には"Foreign stores and fresh meat can be obtained at Masajū in the villa., closed to the Red Bridge"と記してある。外国の品物と新鮮な生肉が神橋近くのマサジュウと言う店で手に入る,と書いている。ダヌタン夫人は明治29(1896)年9月13日の日記で「ここの食料は全部日光から運びあげている」と言っている。ダヌタン家では食料を日光から運んでいた。明治40(1907)年に発刊さ

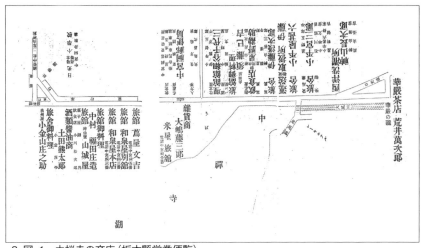

3-図-1　中禅寺の商店 (栃木縣営業便覧)

れた栃木縣営業便覧[14]には中禅寺の商店の配置と営業内容が載っている (3-図-1)。ただし西洋人が避暑生活で必用とする食料などの販売をイメージさせるような店は見当たらない。どの別荘も日光で調達したと考えるのが自然であろう。そのように考えると明治24年のガイドブックにある西洋の物品と生肉の販売店の存在は中禅寺での避暑生活を支え，また避暑生活に対する安心感を与えたと見てよいだろう。このようにガイドブックは避暑地中禅寺の充実に大きく影響したと見て間違いない。

　ガイドブックは文字による情報だが言葉で伝えられたものもあったに違いない。第1章で別荘滞在者は外交官が多いと書いた。ベルギー公使夫人メアリー・ダヌタンは明治27 (1894) 年に夏の中禅寺を体験する。その8月28日の日記には「明るい静かな湖の周りを，木がうっそうと茂った高い山々が取り囲んでいる景色は，実に美しく平和そのものであった[15]」と書いている。その際中禅寺で西洋人がはじめて建てた別荘，カークウッド邸も訪ねている。つまり中禅寺の魅力とそこでの避暑生活を実感した。

　それだけでなく翌28 (1895) 年10月に紅葉の中禅寺の美しさを実感した。21日にはボートで湖に乗り出す。日記には「湖の澄んだ静かな水に，紅葉の華や

かな色が映えている景色は言葉で表せないほどの美しさであった[16]。前年に続く中禅寺訪問で夏秋それぞれの魅力を体験した。そして29（1896）年には湖畔に別荘を手に入れる。借家であった。7月1日の日記には「美しい湖の端に建つ紙と木でできた小さな日本家屋はとても気に入った[17]」と書いている。この紙と木でできた小さな家で夫人は夏を過ごす。夫人は31年には外交団夫人の首席に就く。外交団夫人グループの中心であろう。夫人は義和団事件の北京籠城の開放を訴える詩「北京からの訴え[18]」に見る様に積極的な性格の女性であったようだ。中禅寺の魅力を折りに触れ外交団仲間に伝えたのではなかろうか。

　一方アーネスト・サトウだが，彼は29年に湖畔に別荘を建てた。場所は御料地である。当然宮内省の許可が必要であろう。サトウ以前にも26（1893）年にド・ブンセン，28年にレーンホルムの別荘があるが何れも旅館主の井上保三郎の名義で建てたものである。また29年にプールタレスの別荘があるが詳細が詳らかでない。外交官本人が建てたのはサトウとトロイトラーであったようだ。

　前章でも触れたが，フォン・トロイトラーは「天皇は湖畔に外交官の夏の別荘を建てることを許した[19]」と日記に書いている。外交官に御料地を使わせたという事であろう。それだけではなく，帝室林野局50年史には「（明治）39年に至り外国使臣御優遇の一助たらしめるべき趣旨の下に，当局は日光幸湖に養魚事業を開始する[20]」とある。「外国使臣御優遇[21]」は「外交官を手厚くもてなす」と読める。具体的には「外交官の希望を叶える」であろう。では「希望」とは何か。中禅寺での快適な避暑生活であろう。草創期（明治24〜32年）に外国人避暑地中禅寺は定着したと見てよい。ヨットレースも始まった。楽しい避暑生活の基盤が整備されつつあった。ただし外交団には更なる希望があった。アングリングである。釣りを楽しみたかった。明治35（1902）年と37（1904）年に英国公使サー・マクドナルド[22]は中禅寺湖に注ぐ湯川に放流するため川鱒約3万7千7百尾の稚魚を寄贈した。帝室林野局をそれをふ化して放流した[23]。マクドナルドの目的はアングリングであったと見て間違いないだろう。そのように考えると養魚事業に対する「外国使臣御優遇」は理解できる。「御優遇」の「御」は天皇に対する尊敬語であろう。養魚事業は天皇の意志でもあったのだろう。

フォン・トロイトラーの日記や宮内省御料局の養魚事業の説明を見ると宮内省サイドの外交団に対する配慮は一貫していたようだ。注意を持って中禅寺の避暑生活を見ていたのだろう。それ故に皇后陛下もサトウが別荘を建てていることを知っていた。[24] 当然外交官仲間もサトウやダヌタンの別荘に興味を持ったであろう。また本人から避暑地中禅寺の情報を入手したにちがいない。

　このように外交団には避暑地中禅寺の情報が伝わりやすかった。明治32 (1899) 年には18戸の別荘があった。その8割以上が外交官の別荘であった理由は「御優遇」と言う日本側の姿勢だけでなく外交官同志の口コミ情報の存在も考えられよう。

第4節　湖と避暑生活

　中禅寺湖なくしては避暑地中禅寺はあり得なかったと言ってよい。湖は中禅寺の風景の最大の要素である。それだけでなく *yachting, boating, angling* と言った野外レクリエーションの場でもある。風景として「見る」だけでなく避暑生活の「楽しみ」の空間でもあった。避暑地中禅寺の最大の特徴はヨット，ボートと言った野外活動だが，それらは湖あるが故に成立する。ここでは湖と避暑生活を見てみる。

　第2章でみたが，別荘は湖畔に点在している。それぞれに湖の風景を楽しむことができる。それだけではない。すぐ湖に乗り出せる。別荘から別荘，別荘から郵便局，別荘からホテルという連絡は徒歩よりボートの方が便利であったようだ。ボートは慰楽だけでなく交通機関でもあった。避暑生活の重要なツールであった。その具体をダヌタン夫人とサトウ，そしてフォン・トロイトラーの日記から見てみる。

　ダヌタン夫人は明治28年10月21日に「昼食後ボートで湖に漕ぎだした」と書いている。このボートは宿泊先の米屋の和船であろう。

　別荘を手に入れた明治29 (1896) 年の7月13日には「湖の向こうの端にある千手ヶ浜まで大人数の私たち一行は船でいった。（中略）森を抜けて気持ち良い散

歩をした跡。風雨にさらされた寺⁽²⁵⁾のそばの野外で昼食をした。それから2時間以上も急な坂道を登って小さな湖に達した」と書いている。千手ヶ浜に行き，千手堂の近くで昼食，その後西ノ湖まで歩いたのであろう。ボートを利用したピクニックである。ここでは「私たち一行」と書いてあるが名前は分からない。*"rowed to Senji"* とも書いてある。漕ぎ船であることは間違いないが和船であろう。雨の続いた後の晴天であった。一行は明るい気持ちで出かけたに違いない。その気持ちが西ノ湖まで歩かせたのかも知れない。16日は午前中舟遊びで過ごしている。

13日のピクニックは愉しかったのだろう。17日もまた千手ヶ浜に遠足である。フォン・トロイトラー夫妻，チャムリー師⁽²⁶⁾，パーレット⁽²⁷⁾，リード夫人⁽²⁸⁾そしてダヌタン夫妻が和船で出かけている。また9月1には「サトウとその一行が船を漕いで渡ってきた」とある。砥沢のサトウの家から大尻のダヌタンの家までボートで来たという事であろう。後に述べるがこのボートはサトウが新しく購入したスカルであろう。そして17日には「アルベールとボートで竜頭の滝を見に行く」。雨天後の水量豊かな滝の見物であろう。千手ヶ浜，竜頭といった湖畔の魅力地は徒歩よりボートの方が楽しく肉体的にも楽であろう。湖は水路でもあった。フォン・トロイトラーも「私の別荘までの道路は悪路だ。ボートに頼っている」と書いている⁽²⁹⁾。

アーネスト・サトウ公使は明治28（1895）年7月着任，8月には湖畔の大尻に別荘を借りた。グートシュミットの別荘と同じ北岸である。サトウの9月17日の日記には *"In the Morning rowed Gutshchmid's outrigger boat across to Tozawa, where my house is to build, in 12 minutes."* と記されている。サトウはグートシュミットからアウトリガー付きのボートを借りて別荘建設現場まで湖を横切った。この時点ではサトウは未だボートを持っていないと見てよいだろう。続いて *"In the afternoon sailed to Shōbunohama and walked with Lawthers and Parlett to Ryūzunotaki to digferns,"* と書いている。菖蒲ヶ浜まで帆走した。グートシュミットのボートは帆装していたようだ。

サトウは別荘を砥沢に建てた⁽³⁰⁾。ボートの無い生活は考えられない。29（1896）

年4月17日横浜にボートを注文した。[31] 6月16日にはそのボートを見に行く，製作途中であろう。7月24日には *"Rowed with Lowther and Parlett to Shōbu no hama to fetch Balz to lunch."* とある。昼食に招待したベルツ博士を乗せるため菖蒲ヶ浜まで3人でボートを漕いだ。このボートは和船であろう。

7月31日には「ボートが到着した。十分幅が広い」(*The boat has arrived: it is of enormous width.*) と書いている。後にサトウはスカルを1艘購入するが（明治32年5月28日）がそれに比べて十分幅の広いこのボートを *the large boat* と呼んでいた。イアン・ラックストン[32]は，*"This boat seems to have been for sailing and rowing, and carried passengers."* と説明している。自分の楽しみのsailingやrowingだけでなく，別荘来訪者の輸送に使うことを目的としていたと見ている。サトウが家族同伴で中禅寺の別荘を訪れたという記録はないが公使館員を始め様々な人々を招待している。多い時は数人を運ばなければならない。それゆえサトウは「十分な幅広さ」のボートを発注したのだろう。小型の一人で漕ぐスカルでも楽しめる。しかし，招待客の輸送には充分ではない。明治31年8月4日の日記には *"Churchill and I rowed Baroness d'Anethan and Miss Divers to Shūbu no hama."* とある。ダヌタンとミス・ダイヴァーズの二人を載せてチャーチルとサトウがボートを漕いだ。*"the large boat"* と呼ばれたこのボートは漕ぎ手2人が同時に漕げた。ダブルのスカルだったのかも知れない。

別荘にはボートハウスが建てられた。明治29年5月30日建築家で元工部大学校教授のジョサイア・コンダーに相談しボートハウスの位置を決めている。

3-図-2は湖上から見た英国大使館別荘である。湖岸の○印がボートハウスである。別荘が建ってから100年以上の時間が経過しているが，場所は変わっていないと見て間違いないだろう。恐らく大きさも形も変わっていないのではないだろうか。

3-図-3はボートハウスの近景，3-図-4 (88頁) はその大きさを表した図面そして3-図-5 (88頁) はボートハウスに備えられたウインチである。ボートハウスそのものは平成26年取り壊されたが中にあったウインチだけが残っている。

3-図-4には巾の記載はないが約2.5m×6mの建物であったようだ。開口部

はない。中のボートを風雪から守ることが出来る。サトウは"the large boat"と呼んだ，そして「幅も十分広い」と言った。5人が乗って湖に漕ぎ出している。⁽³³⁾別荘に泊まれる人数を収容できる大きさであったのだろう。ボートの具体的な大きさは分からないがこのボートハウスで格納できたのだろう。ウィンチが装備されている。⁽³⁴⁾サトウが設置したという証はない。しかし"the large boat"である。当初から設置されていたと言われても納得できる。

3-図-2　英国大使館とボートハウス（円内がボートハウス，隣の白いポールは桟橋のポール）

　大型ボートは扱いにくい。明治32（1899）年2月3日に"Ordered a sculling boat of A. Teck, 70 dolls. Without sculls."と書いている。ボートの船体だけを70円で発注し

3-図-3　ボートハウス

た。オールはthe large boatと供用であろう。5月28日には"A fine day, Went over to the end of the lake to fetch the new boat, wch. cost 70yen."と書いた。新しいボートを手に入れる。少人数の舟遊びも容易に出来るようになる。簡略な文章だが楽しそうな気持が伝わる。

　ただし人数が多い時はthe large boatの出番である。7月25日カークウッド夫人が同乗し，チャーチルとクローが漕いで湖を一周した。2時14分にカークウッド邸を出発し5時19分に湖を一周してもどってきた。3時間5分で湖を一周した。主なポイントと通過時間を3-図-6（89頁）に示す。このboatingは楽しみというよりチャレンジと見る方が実情に合っているかも知れない。

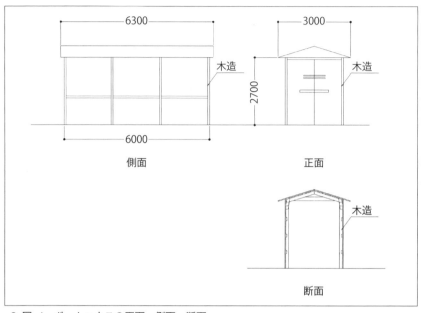

3-図-4　ボートハウスの正面・側面・断面

　一方サトウは10月18日には寺ヶ崎（八丁出島）周辺の紅葉をボートから楽しんでいる。翌19日も湖に乗り出す。少し長いが当日の日記を見てみる。

Fine morning, comparatively calm, in fact guite calm, brown leaves floating here and there on the surface of the lake. All the mountain quite clear, not a speck of cloud. At half past 9, the sea being perfectly smooth, we started all five in the boat, and rowed across to the First Point, then

3-図-5　ボートハウス内にあったウインチ

we went round the bays down to White Rock, a wind from Nikkō beginning to get up:
we turned and rowed to the teahouse point East of Shōbunohama, and then along the
shore to the post office by 11 . 30 , where Churchill and Napier landed to climb
[Mount] Nantai, while we came quietly home.

It was agreed nem con. [unanimously] that the bay to the S. of this house,going round
to Teragasaki shall in future be called and known by the name of the Bay of Maples.

以上をまとめると，
①晴天のおだやか朝5人が*the large boat*で漕ぎだした
②水面のそこかしこに紅葉の落葉が浮かぶ，空には雲一つなく山々はくっき
　りとその姿を顕す
③第一ポイント⁽³⁵⁾まで漕ぎ，湾を一回り白岩⁽³⁶⁾まで行く。風が出てきたので方向
　をかえ菖蒲ヶ浜の東にある茶屋⁽³⁷⁾まで行きその先岸沿いに郵便局まで漕ぐ
④チャーチルとネイピアはそこで降りて男体山登山，残りの我々は家に帰る
⑤そして全員一致で別荘の南に位置し八丁出島へ続く入江を紅葉の湾(*the*
　Bay of Maples)と名付けた

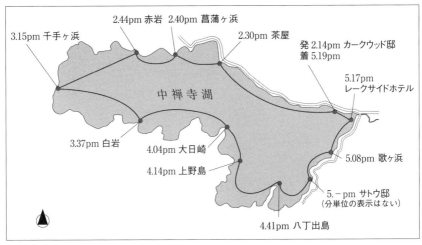

3-図-6　湖一周所要時間

と言う事であろう。

　サトウ一行は18, 19の両日，紅葉の風景に身を沈めた。淡々とした記述だが感動を包み込んでいる。それが"the Bay of Maples"の命名に繋がる。紅葉の風景から受けた感動の帰結であろう。眺めはボートの移動に伴い変化する。湖上は風景観賞の場であった。オンリーワンの風景と言ってよい。湖はさまざまな楽しみを提供する。

第5節　ヨットレースの始まり

　第6章と第7章で詳しく述べるが，外国人避暑地中禅寺を特徴づけるのはヨットレースであった。ヨットレースが何時から始まったかを明確に示す資料には出会っていない。関連する資料から探ってみたい。明治32（1899）年には外国人の別荘が18軒あった。別荘の滞在者は避暑客と見て間違いない。静養だけでなく風景観賞，散策，植物採取等の野外活動が楽しまれていた。しかし長い避暑生活の充実にはそれだけでは十分でなかったのかも知れない。そこでヨットレースが登場したと見るのが自然であろう。初期のヨットレースに触れている資料には，ベルギー公使夫人エリアノーラ・メアリー・ダヌタンの日記，アーネスト・サトウ英国公使の日記がある。

　先ずベルギー公使夫人の日記を見る。明治28（1895）年の夏は箱根宮ノ下滞在で日光には来ていないようだ。29（1896）年は7月1日から9月23日まで中禅寺滞在と読めるがヨットは出てこない。30（1897）年夏は賜暇で帰国。31（1898）年の夏は中禅寺だがヨットには触れていない。32（1899）年の8月16日には，"It was the first day of the regatta."と記してある。今日はヨットレースの初日，と明言している。またアーネスト・サトウの31年の日記にもヨットレースは出てこない。32年8月16日に"The sailing race came off today."と書いてある。「今日ヨットレースが開催された」，これまでなかったことが起きた，と言うニュアンスであろう。この2つの日記は明治32年にヨットレースが始まった事を示していると見てまちがいないだろう。

ただし開催の経緯は日記には記されていない。当時一般的なスポーツではなかったヨットレースがそれも内陸の高冷の地である中禅寺湖で行われた経緯はよくわからないが，少しでもその真相に近づくため関連する事柄を見てみる。

　先ず日本でのヨッティングの歴史を概観してみたい。現在の公益財団法人日本セーリング連盟の前身である財団法人日本ヨット協会の歴史をまとめた『日本ヨット協会60年史』の冒頭には黎明期の日本のヨッティングについて次のように述べている。「我が国のヨッティングは，他の近代スポーツの多くがそうであるように，幕末の開国後に来日した西洋人によってもたらされた。開港当時外国人が住み着いた長崎，神戸，横浜などでは相前後してヨットが浮かんだ」そして「その中でも横浜のヨッティングが最も盛んであった」と書いている。

　ヨットが浮かんだ3つの開港場の中では，日光に近く，そして最も盛んであったという横浜を見てみよう。

　『社団法人横浜ヨット協会125年史』には，横浜ヨットクラブ関連の出来事が整理されている。そこには，

①明治初期横浜アマチュア・ローイングクラブ（Y.A.R.C.）が設立され，ボートレースが現在の山下公園の前で開催された

②明治19年（1886）年Y.A.R.C.の春季レガッタの際色々な型のヨットが9艘集まってヨットレースがおこなわれた。さらに同年数回ヨットレースが行われると横浜居留地の住民の中では急速にヨットへの関心が高まった。その様な状況の中，横浜セーリングクラブ（Y.S.C. : Yokohama Sailing Club）が誕生した

③明治29（1896）年Y.S.C.が横浜ヨットクラブ（Y.Y.C.）と改称した

と書かれている。

　明治19（1886）年がヨットレース濫觴の年なのかも知れない。この年の中禅寺を見ると外国人が滞在できる別荘はない。また外国人が心地よく泊まれる旅館も整っていない。一方Y.S.C.がY.Y.C.に名称が変わった明治29（1896）年の中禅寺を見ると，外国人が滞在している別荘が14あった。レイクサイドホテルも開業している。米屋と和泉屋では洋食を提供し，また湖の風景を愉しめる部屋も

用意されていた。明治29年には外国人が心地よく避暑の時間を過ごすための設備はあったと見てよいだろう。言い換えればヨットレースを受け入れる地盤は整っていたとも言えよう。

当時のヨットレースに関する資料はほとんどないが，ダヌタン夫人とサトウ公使の日記がそれに触れている。明治32年8月16日の夫人の日記を見ると，

先にも触れたが，*"It was the first day of the regatta."* と書いてある。中禅寺湖での最初のヨットレースと言う意味であろう。

次いで，*"My boat, the Admiral, was sailed by Mr. Henry Keswick; I acting as cox."* とある。ヘンリー・ケズウィックが帆を操り，夫人が舵を担当した。ケズウックがキャプテンと言う事であろう。夫人は初心者でケズウックは経験者であったのかも知れない。

そして，*"There were nine boats sailing"* と続く。9艇の参加であった。ボート所有者が9人はいたとも読める。

続いて，*"We got safety round the island we call Formosa, and were well ahead, making a splendid run on the extremely rough lake, when in the distance we saw a boat capsize."* とある。大尻から *Formosa*⁽³⁸⁾ を一周して戻るのがコースであったようだ。ダヌタン夫人は *"the extremely rough lake"* と書いている。波が高かったのかも知れない。サトウも *"The wind is gusty from the W. end of the lake."* と書いている。風が強かった。そのような状況の中でダヌタン夫人の持ち船アドミラルは快走した。先頭を切って走った。ケズウックの技術が優れていたのだろう。

日記はさらに続く。「快走の途中で転覆した船が目に入った。ダヌタンはコースを外れオールで漕いで救出に向かう。転覆したのはドイツ公使ランデン伯爵とベルギー書記官メイの乗っているボートであった。メイはカークウッド夫人がライデンはダヌタン夫人が助け上げたが疲労困憊の状態であった」と記されている。

その後に続く文章は，*"Mr. Kesiwuck thought that, under the circumstances, the race must be off, so we went quietly home with our dripping burden."* である。

ケズウイックがレースの中止を判断しているかのようにも読める。レースの

運営に対して影響力があったのかも知れない。ヘンリー・ケズウックは香港に拠点を置くイギリス資本の極東最大の貿易商ジャーデン・マセソン社の創始者ウイリアム・ケズウックの息子である，同社で香港を中心に活躍したと言う。ヨットマンであったようだ。中禅寺のヨットレースに何らかの影響を与えたと想像したくなる。

16日のレースは中止になった。翌17日のダヌタン夫人の日記には，

①レースを再開するには波が強すぎた

②午後数隻のボートが湖に出たがメイとオゴーマン大佐のボートが転覆した。

　同乗者のカルセル夫人は岸からボートで来たアメリカの紳士に助けられたと記されている。

夫人はこの後，*"Sailing on Chusenji Lake with sails far too big for the boats, manipulated by people who know but little of the sport, is, in my opinion, an amusement best avoided."* と書く。

（風の強い）中禅寺湖では，ほとんど未経験の人たちによる大きすぎる帆の操作が必要なセイリングは避けるべきだ，と私見を述べている。この一文からは明治32（1899）年に初めてレースが行われた，と言う思いを更に強くする。

ヨットレースの初日には9艇の参加があった。日光以外からボートを運んできたとは考えにくい。中禅寺湖畔に住む外国人のボートであろう。ダヌタン夫人の8月16日の日記からはダヌタン，ライデン，カークウッドの3人，サトウの8月16日の日記からはフレイタス，ウェーデルの2人そして同じくサトウの8月20日の日記からはオウゴーマンがヨットを所有していると読める。計6人になる。残りの3名は不明である。日本ヨット協会60年史には「（明治期）日光の中禅寺湖と長野の野尻湖でも避暑に訪れる外人が，ヨッティングを楽しんでいた。艇は中禅寺湖では横浜から運ばれ，野尻湖では大阪から運ばれるものが多かった」と当時の状況が記されている。

日光に近い造船所は横浜であろう。もちろん製作には時間が必要である。また運搬にも何がしかの時間がかかる。因みにサトウの *"The Large Boat"* は4月17日に発注し，7月31日に中禅寺に届いた。3か月半ほどかかっている。サトウ

のボートは，5人は乗れる大型の手漕ぎボートである。ヨットと比べてどちらが製作に時間を必要とするかは分からないが，いずれも受注生産であろうからある程度の日数は必要であろう。確かに既存のヨットを購入するという方法もあろうがその可能性は極めて低かったのではないだろうか。

　ダヌタンは明治29（1896）年7月別荘を手に入れた。ヨットの手配には充分時間がある。ライデンは31（1898）年3月着任，翌年別荘を手に入れる。それまでのあいだにボートの手配もしたのであろう。カークウッドは明治24（1891）年に別荘を手に入れたと考えられる。ボートを手配する時間は十分ある。フレイタスは駐日ポルトガル代理公使として明治31（1898）年4月のサトウの日記に出て来る。ボート手配の時間は十分であろう。ウェーデルは明治32（1899）年2月着任でその年に別荘とボートを入手した。時間的余裕はあまりないが着任早々上司のライデンから誘いがあったのかも知れない。オウゴーマンは明治29年に別荘を入手しているのでボート入手の時間は十分ある。こうみると大半は明治32年のレースまでの間準備する期間はあったと見てよい。

　もう一度ダヌタン夫人の日記に戻ってみよう。そこには明治32年のレースの写真が載っている（3-図-7）。

　キャプションは *"A CALM DAY FOR THE CHUSENJI REGATTA."* と記され，撮影者はダヌタン夫人。写っているヨットは7艇，船首はフォルモサ（上野島）の方を向いている。コースは上野島一周であったようだ。スタート間もない時であろう。レースの初日は8月16日だが，*"the extremely rough lake"* と書かれた荒天であった。ダヌタン夫人はレースに出場しているので写真の撮影はできない。

A CALM DAY FOR THE CHUSENJI REGATTA.
Photo by Baroness d'Anethan.

3-図-7　"FOURTEEN YEARS OF DIPLOMATIC LIFE IN JAPAN"より

この写真はレースが再開された8月18日であろう。その日のサトウの日記には
"the wind was moderate." と書いてある。*"A CALM DAY"* と一脈通じる。

　先にも見たが『社団法人横浜ヨット協会125年史』には，明治19（1886）年に
初めて横浜でレースが行われた，当時ヨットマンは自分の好みのボートでヨッ
ティングを楽しんでいたのでレースにもいろんな型のヨットが集まった，と記
している。規格の統一なしのレースであったのだろう。

　一方明治32（1899）年のダヌタン夫人の写真に写る7艇は1本マスト1枚帆の
キャットボートに見える。同じ規格のボートであればレースの公正性が確保で
きるがこの写真からは統一されていると断定はできないだろう。レースを念頭
に置いてボートを用意したのかどうかは分らない。当初からレースと言う社会
性のある方法でセイリングを楽しむという意志があったかどうかは分らない。
レースありきとは明確には見えない。しかし，避暑客がレースに参加あるいは
応援することにより水運の空間であった湖を楽しみの空間として共有する様に
なったと見て間違いないだろう。と言うよりも湖畔の避暑客は湖と湖畔を含め
た空間を避暑地の空間として共有するようになったと言ってよい。その結果外
国人避暑地中禅寺と言う地域社会の連帯が醸成された。このように見ると明治
32年には避暑地中禅寺と言う地域社会がヨットレースを介して形成されつつ
あったと見てよいだろう。まだヨットクラブと言う組織は創設されてはいない
が，避暑地としてのまとまりが整いつつあると言ってよいだろう。

第6節　別荘滞在以外の避暑客

　これまで別荘とその滞在者を見てきたが別荘を持たず旅館やホテルで避暑を
過ごす人もいた。先にも見たが明治24（1891）年のガイドブックには快適な部屋
と洋食を提供する旅館が2軒あると書かれていた。和泉屋と米屋だが当時の宿
帳など宿泊客に関する資料は残っていない。

　明治27（1894）年のガイドブックを見ても宿泊施設に変化はない。明治32
（1899）年のガイドブックには中禅寺のホテルの情報が載っている。

そこには "There is European accommodation at the Lake Hotel and at the Kome-ya Inn." と書いてある。中禅寺には洋風の宿舎が2軒あると言っている。1つはレイクサイドホテルであった。レイクホテルと呼ばれていたようだ。明治27 (1894) 年4月開業だが残念ながら宿泊者名簿などの資料が残っていないので宿泊者の実態は分からない。もう1つは "Kome-ya Inn" と表記されている。米屋ホテルのことである。

米屋ホテル開業の時を直接示す資料には出会っていないが関連資料から探ってみる。明治29年5月29日サトウは別荘とボートハウスの場所を決める為コンダー⁽⁴¹⁾と中禅寺に行く，調査前日は米屋に泊まる。その時の日記は "To Chūzenji by 9 o'clock train, and stopped at Komeya." と書かれている。ここでの "Komeya" は洋食を提供する米屋旅館である。米屋ホテルはまだ建っていないと見てよいだろう。レークサイドホテルはオープン2年目になるがそこには泊まっていない。サトウは，明治17 (1884) 11月10日⁽⁴²⁾，コンダーは明治18 (1885) 年8月6日⁽⁴³⁾に米屋に泊まった。それゆえに身近に感じていたのかも知れない。若しくはホテルより旅館を好んだのか，湖に近い方を選んだのかも知れないが米屋旅館に泊まっている。

当時の中禅寺の様相を見てみる。明治29 (1896) 年の中禅寺を描いた「日光山中宮祠一覧全図」には米屋ホテルは描かれていない。6軒の旅館群だけである。また明治29年のサトウとダヌタン夫人の日記にも米屋ホテルは出てこない。外国人専用のホテルが出来るのであれば注目されるであろうが日記には出てこない。まだ建設も始まってなかったのだろう。翌明治30年夏は両者とも賜暇休暇で不在，夏の間の日記はないので米屋ホテルに関する情報はない。

明治31 (1998) 年5月14日のサトウの日記には，

Called with L. [Lisinka Satow] on Major and Mrs. Duffin and asked them to lunch. Met the Guy Hardys also at the Hotel. Then walked along the North shore as far as Du Dresnays house,

とあり，リジンカを連
れてダフィン少佐夫婦
を食事にさそった，そ
してガイ・ハーデーズ
にも *"the Hotel"* で会っ
た，と書いてある．若
し米屋ホテルが開業し
ているとすれば，*"the
Hotel"* だけでは米屋ホ
テルなのかレイクサイ
ドホテルなのか分から

3-図-8　米屋ホテル収入簿(小島喜美男氏保管)

ない。日記は「そのあと北岸をデュ・ドレズネの家の近くまで歩く」と続く。米
屋ホテルはデュ・ドレズネの家より北岸をさらに進んだ場所である。⁽⁴⁴⁾ *"the Hotel"*
が米屋ホテルであるならばサトウのような文章にはならない。*"the Hotel"* はレ
イクサイドホテルと考えるのが順当であろう。ホテルは1軒だけだったのでホ
テル名を記さなくても *"the Hotel"* で通じた。この時点では米屋ホテルはオープ
ンしていないと考えられる。明治31（1898）年の米屋ホテルの旅客収入簿には明
治31年6月29日オランダ人ケードで始まる（3-図-8）。米屋ホテルの最初の宿泊
者であろう。米屋ホテルは明治31年6月29日に営業を開始したと見てよいだろ
う。収入簿の表紙には「明治三拾壱戊戌歳」と干支で表し，「第七月米屋ホテル」
と書いてある。ケードがチェックアウトするのは7月2日であった。収入が発生
したのは7月になる。7月以前は収入がなかった。「第七月」が帳簿の始まる月
であった。

　この旅客収入簿には宿泊者個人別の支払いの内訳が記載されている。用紙に
は室名，宿泊者名，到着・出発日，そして宿泊代，酒代，洗濯代，按摩代，船
賃など宿泊に関わる料金の明細が記入しやすいように升目が印刷されている（3-
図-9，98頁）。ここからは名前のみを記した宿泊者名簿からは読み取ることがで
きない宿泊者の避暑生活の実態を垣間見ることもできる。旅客収入簿の内容を

3-図-9　旅客収入簿の記載内容
（小島喜美男氏保管）

表にまとめる（3-表-1，100-103頁）。

　部屋数は不明だが，部屋の表記には数字を用いている。ただし「上室」，「下室」と言う呼び方も混在いる。数字の後に記された文字は「室」もあれば「号」もある。一貫していない。開業したばかりのせいかも知れない。

　国籍は記載されているものもあり無記載のものもある。氏名はフルネームのものは少ない。宿帳にはフルネームが記載されているのであろうが，帳簿ゆえにそこまでは必要としなかったのだろう。チェックイン前日に泊まった宿舎の名称が記されたものもある。また米屋ホテル出発当日に宿るホテルの名が書かれているものもある。

　ここからは宿泊者と宿泊の詳細を見ていく。

　表番号1と2（以降「表番号」は省略）は一組の客であろう。1はオランダ国籍の「ケード氏及和婦人一名」と表記された2人と案内人と思われる深江の3人で6月29日にチェックイン（以降インと言う），7月2日にチェックアウト（以降アウトと言う）である。本論は避暑地中禅寺の様相を明らかにする論考である。避暑客に焦点を当てているので案内人であろう深江氏は分析の対象に取り上げない。

　ケードと婦人の宿泊代は1泊4円，因みに「ケード氏付深江氏」は3日分で2円25銭であった。ケードと婦人は前日金谷ホテル泊であった。米屋ホテルに3泊し7月2日金谷ホテルに戻ったようだ。金谷ホテルに滞在しその内の数日を中禅寺で過ごしたのかも知れない。6月末である。酷暑ではないが梅雨の蒸し暑さからの避難かも知れない。時代は進むが別荘に物資を納入していた中禅寺の土田商店の昭和5（1930）年の帳簿が残っている。そこには別荘毎の使用開始日が

3-図-10　土田商店の別荘口取帳（昭和5年）の表紙と裏面に書かれた別荘毎の滞在開始日（小島喜美男氏保管）

書いてある（3-図-10）。

　3-表-2（104頁）は，3-図-10を整理した。

　避暑は6月末から始まっていた。当然年により差はあるだろう。その上昭和5（1930）年のこの資料と明治31（1898）年の米屋ホテルの帳簿では30年以上の年月の経過がある。時代が違うとも言える。ではあるものの湿度の高い日本での避暑の始まりは時代により差はなかったのではないだろうか。「ケード氏及和婦人一名」も避暑と見てよいだろう。

　3の英国国籍の「マクロホン夫婦」と記された2人は，6月29日イン，13室に2泊して7月1日アウト，日光行と書いてある。日光での予定はわからないが8時に出発した。宿泊代の総額は11円1泊2円75銭になる。4の英国国籍で「スコット氏デヴァー氏」と記された2人の男性は7月2日イン，前日は金谷ホテル泊であった。夫々18,19室に3泊し5日にアウト，支払総額は26円10銭，内訳を見ると宿泊代15円であった。1人1泊2円50銭になる。明治30年の鰻重の代金は30銭であった[45]。1泊の代金は鰻重8人分とほぼ等しい。現在に比べても順当な金額であろうか。お酒が好きだったようだ。酒代が7円10銭になった。3日で鰻重24人分飲んだことになる。冷涼で澄んだ空気の中で酒量も増えたのかも知れない。それに旅館の立替が4円あった。詳細は分からない。これらの合

3-表-1 明治31年の宿泊者と宿泊の詳細

季節	番号	部屋名	国籍	氏名等	イン	アウト
	1	18,19室	蘭	ケード氏及和婦人一名	6月29日（金谷）	7月2日（金谷）
	2	14号	―	ケード氏付深江氏	6月29日（金谷）	7月2日（金谷）
	3	13室	英	マクロホン夫婦	6月29日	7月1日（日光ホ）
	4	18,19室	英	スコット氏デヴェー氏	7月2日（金谷）	7月5日
	5	17号	和	カーコッフ氏	7月3日	7月5日
	6	13号	米	ミルス氏	7月3日（金谷）	7月4日
	7	14室	英	ブレスコット氏	7月3日（金谷）	7月4日
	8	―	伯	ブラジル公使四人	7月5日	7月5日
	9	19室	米	デュモンド氏	7月9日（新井）	7月10日
	10	19号	英	ダブリュ・エフ・エス・ダグデール氏	7月16日（金谷）	7月18日
	11	17室	英	エイチ・エヌ・ロブソン氏	7月14日（新井）	8月14日
	12	15号	―	男一人	7月19日（日光ホ）	7月20日
	13	16室	和	ハーン氏	7月19日（日光ホ）	7月20日
	14	13号	英	アレン女	7月19日（日光ホ）	7月20日
避	15	14号	英	シー・エフ・アレン女	7月19日（日光ホ）	7月20日
	16	16室	英	ノー・セノ氏	7月20日（金谷）	8月14日
	17	15号	英	クイグレーセ外一人	7月23日	9月3日
	18	18,19室	英	グリューブル夫妻	7月23日（金谷）	8月6日
	19	本店3階	英	テーロアー外弐人	7月23日（金谷）	8月14日
		16室	英	テーロアー外弐人	8月14日（本店）	9月23日
	20	13室	独	シュリヒチング一人	7月27日（レイク）	8月15日
暑	21	14室	仏	アントワン・ピート氏及妻	7月28日（日光ホ）	8月11日
	22	不記載	英	ダブリュウ・アール・リットル	7月28日（日光ホ）	7月30日
	23	上室	―	レーコン外弐人	8月1日	8月8日
	24	下室	―	ストン氏妻及小児一人	7月30日	8月6日
	25	下室	―	ブランテル氏妻小児二	7月30日・（8月20日）	8月28日・（8月28
	26	12室	英	エー・ランホーン女・小児弐名	8月1日	9月17日
	27	7室	英	アー・ジー・パーカー氏	8月1日	8月8日
	28	上室	米	カスキニ女，ジョン・エフ・シーコン夫婦三名	8月8日	8月15日
期	29	本店21室	米	ホール妻及ビーテ女	8月1日	9月9日
	30	7室	―	アール・リットル氏	8月5日・（8日）	8月6日・（16
	31	6室	―	ホルフス氏	8月7日（和泉屋）	8月9日
	32	11室	―	南京一人	8月7日	8月11日
	33	7室	―	アール・ジー・パーカー氏	8月8日	8月16日
	34	18室	和	レウス外一	―	―
	35	下室	―	フヒスリ婦及娘一人	8月12日	8月15日
	36	下室	―	フレドランダー，ヤンガー両人	8月12日	8月15日
	37	12室	―	ジャコブ氏一人	8月12日	8月14日
	38	18,19室	―	グリッフル妻及娘	8月6日・（15日）	9月3日・（22
	39	―	―	トウイ，カルフ両人	8月13日	8月15日
	40	10室	―	ボーク氏	8月14日	8月28日
	41	22室	―	ストン氏娘一人	8月14日	8月20日
	42	12号	―	ボッゲス氏一人	8月15日	8月24日
	43	13号	―	ブライ女	8月15日	8月24日
	44	7号	―	ドルセン氏	8月19日	8月20日

宿泊者数	宿泊数	延べ宿泊者数	6泊以上	女性のみ	男性のみ	男女	親子	不明	支払額	宿泊代1泊
2	3	6				○			34.96円	4.00円
—	—	—	—	—	—	—	—	—	2.58円	—
2	3	6				○			13.45円	2.75円
2	3	6			○				26.10円	2.50円
1	2	2			○				5.81円	2.50円
1	1	1			○				3.05円	2.50円
1	1	1			○				3.00円	2.50円
			—	—	—	—	—	—	7.50円	—
1	1	1			○				1.85円	1.50円
1	2	2			○				8.10円	3.50円
1	31	31	○		○				116.71円	3.25円
1	1	1			○				4.20円	3.00円
1	1	1			○				3.80円	3.00円
1	1	1		○					3.00円	3.00円
1	1	1		○					3.00円	3.00円
1	25	25	○		○				93.87円	3.33円
2	42	84	○					○	248.96円	2.85円
(1)	14 (5)	33	○			○			147.70円	3.50円
3	22 / 20	126	○					○	281.01円	2.00円 / 2.33円
1	18	18	○	○					21.29円	3.25円
2	14	28	○			○			99.04円	4.00円
1	2	2						○	14.91円	3.50円
3	7	21	○					○	88.34円	4.00円
3	7	21	○				○		39.72円	2.00円
(1)	29 (8)	94	○				○		236.24円	3.50円
3	47	141	○				○		208.17円	4.00と5.00円
1	7	7	○		○				23.19円	3.00円
(1)	7 (6)	20	○		○				84.50円	4.00円
2	39	78	○	○					130.30円	2.95円
1	9	9	○		○				49.89円	4.00円
1	2	2			○				5.00円	2.50円
1	4	4			○				6.90円	1.50円
1	8	8	○		○				32.85円	2.50円
—	—	—	—					○	—	—
2	3	6					○		36.85円	3.75円
2	3	6						○	28.95円	3.20円
1	2	2			○				6.65円	3.00円
2	14	28	○	○					125.82円	3.50円
2	2	4						○	15.00円	3.50円
1	14	14			○				55.52円	3.50円
2	6	12	○	○					34.53円	2.87円
1	9	9	○		○				31.95円	2.85円
1	9	9	○	○					30.65円	3.00円
1	1	1			○				4.10円	3.50円

季節	番号	部屋名	国籍	氏名等(帳簿に記載のとおり)	着(前日泊)	発(行き先)
避暑期	45	—	英	レーン氏	8月22日	8月31日
	46	22室	—	ルイジ・テルニ氏	8月20日	8月28日
	47	—	英	レッド氏	8月24日	9月3日
	48	12号	—	ジューター・ピープランド夫妻	8月23日	9月1日
	49	—	—	ヘンリー・エーチ・リード氏	8月23日	8月31日
	50	5室	—	アチソン妻及小児一名	8月24日	9月1日
	51	13室	—	コーヘッド及妻	8月26日	9月5日
	52	12号	—	某A	8月27日	9月5日
	53	7室	—	某B	8月28日	8月29日
		避暑期計		51組		
紅葉期	54	16号	—	某C	9月4日	9月6日
	55	19号	—	某D	9月6日	9月8日
	56	17号	—	某E	9月6日	9月8日
	57	17号	—	ウワッド氏	9月11日	9月12日
	58	18号	—	ノイエ氏	9月11日	9月12日
	59	19号	—	ホワイド氏	9月11日	9月14日
	60	18号	—	某F	9月17日	9月19日
	61	19号	—	某G	9月17日	9月19日
	62	19号	英	キーブ氏	9月22日(湯元返り)	9月23日
	63	18号	—	ロブソン氏	9月22日(湯元返り)	9月23日
	64	17号	—	ジュンケス氏	9月22日(湯元返り)	9月23日
	65	19室	—	ライト及妻	9月24日(日光ホ)	9月26日
	66	別館2号	—	ボーイ一人	9月29日	9月30日
	67	16,18,19室	—	ベインブリッジ氏外三名(吉田氏付)	10月3日	10月4日
	68	10室	—	ベルノト氏外一名	10月12日	10月13日
	69	18室	—	スクリムサー氏外婦人三人(杉田氏付)	10月14日	10月15日
	70	18,19室	—	ブラウン氏外一名(○吉氏付)	10月17日	10月18日
	71	13,15,16,17室	—	某H, I, J, K	10月17日	10月20日
	72	15,16室	—	エヴェンス氏及妻(古神氏付)	10月21日	10月22日
	73	17,18室	—	ウエルス氏及婦人(古神氏付)	10月21日	10月22日
		紅葉期計		20組		

註・部屋名については，読み易さを考慮して漢数字で書かれた番号を算用数字で表記した
・イギリスは英，フランスは仏，ブラジルは伯，和蘭は和。ドイツは独と表記した
・氏名は旅客収入簿の氏名の欄に記載されている通り，ただし氏名の欄に記載がない11人は「某A」から「某K」と表記した
・氏名等の欄の人数は旅客収入簿に記載のとおり漢数字で表記した
・インとアウトの欄の文字の括弧書きは前日の宿泊先及び行先を示す。（金谷）は金谷ホテ
（新井）は新井ホテル，（日光ホ）は日光ホテル，（本店）は旅館米屋，（レイク）はレイクサ
ホテル，（中村屋）は湖畔の旅館中村屋，日光市街，また括弧書きの数字はメンバーの途中
の滞在，または滞在が中断された場合で再度のチェックインとチェックアウトの日を示す

泊数	宿泊数	延宿泊者数	6泊以上	女性のみ	男性のみ	男女	親子	不明	支払額	宿泊代1泊
1	9	9	○		○				48.24円	4.00円
1	8	8	○		○				35.20円	4.75円
1	10	10	○		○				59,33円	4.43円
2	9	18	○			○			82.02円	3.55円
1	8	8	○		○				37.30円	4.00円
3	8	24	○				○		84.61円	3.00円
2	10	20	○			○			73.82円	3.38円
1	9	9	○	—	—	—	—	○	41.04円	3.15円
1	1	1	○	—	—	—	—	○	3.20円	3.00円
人) (3人)	—	979人 (922人)	29組	7組 (5組)	23組 (11組)	7組 (5組)	5組 (4組)	9組 (4組)		
1	2	2		—	—	—	—	○	8.90円	3.70円
1	2	2		—	—	—	—	○	8,00円	4.00円
1	2	2		—	—	—	—	○	12.05円	4.50円
1	1	1			○				5.65円	3.00円
1	1	1			○				5.55円	3.00円
1	3	3			○				15.90円	3.66円
1	2	2			○				8.00円	3.00円
1	2	2			○				6.00円	3.00円
1	1	1			○				3.50円	3.50円
1	1	1			○				3.50円	3.50円
1	1	1			○				5.55円	3.50円
2	2	4				○			21.35円	4.00円
1	1	1		—	—	—	—	○	4.45円	3.00円
4	1	4		—	—	—	—	○	17.70円	4.00円
2	1	2			○				13.35円	4.00円
4	1	4				○			19.65円	4.00円
1	2	2			○				14.25円	5.00円
4	3	12		—	—	—	—	○	37.80円	4.00円
2	1	2				○			8,00円	4.00円
2	1	2				○			26.90円	4.00円
人	—	51人	—	—	10組	4組		6組		

・部屋番号の表記は「室」，「号」など統一性がないので，表記されているまま使った。数字は漢数字を洋数字に直した
・宿泊者数と宿泊数には括弧で括った数字が併記された表記がそれぞれ3つある。宿泊者数の括弧無の数字は宿泊数の括弧無の数字に対応し，また括弧の数字は括弧の数字に対応する。それぞれの数字の積の和が宿泊延べ数になる
・「避暑期計」欄の括弧内の数字は6泊以上滞在の29組に該当する数字である

計が支払金26円10銭である。5日の出発は午
後4時であった。日光泊まりであろう。

　5のオランダ国籍の「カーコッフ氏」と記さ
れた男性は7月3日イン，17号に2泊して5日
アウト，午後4時出発である。日光泊まりで
あろう。一人旅である。中禅寺を体験して見
たかったのかも知れない。宿泊代は2円50銭
であった。

　6のアメリカ国籍の「ミルス氏」と記された
男性は7月3日イン，前日は金谷ホテル泊，

別荘名	使用開始日
南壱番半	6月26日
ベルギー大使館	7月1日
南一番	7月5日
南四番	7月7日
南二番	7月8日
南四番半	7月10日
西菖蒲浜	6月29日
西九番	7月7日
西十一番	7月7日
西十番	7月9日
西十二番	7月9日
西七番	7月10日

3-表-2　別荘使用開始日　昭和5年

部屋は13号，宿泊代は2円50銭であった。4日朝食を摂った後午前3時の出発
である。薄明かりの中であろう。中禅寺宿泊の目的がよくわからないがホテル
はこの時間に朝食を用意した。早朝の汽車に乗るためかもしれない。

　7の英国国籍の「ブレスコット氏」と記された男性は7月3日イン，前日は金
谷ホテル泊，部屋は14号宿泊代は2円50銭であった。4日の昼食を摂って午後
3時にアウトである。6，7は中禅寺湖を一目見ようという旅であろうか。

　8は興味深い。第1章では「ブラジル公使リスボアは明治30年9月から32年
12月までが任期であった。31年7月5日の米屋ホテルの帳簿にはブラジル公使
一行が夕食を摂りメドックを一本空けたとある。宿泊の記録はない。近くの別
荘に滞在していたのだろう」と書いた。この一文は8に依拠する。帳簿には「ブ
ラジル公使四人，夜食六円○○銭，メドック壱本一円五○銭」と記載されてい
る。1人1円50銭の夕食であった。メドックは夕食と同価格である。支払い総
額7円50銭となった。

　次の9も興味深い。米国国籍の「ジュモンド氏」と記された男性は7月9日イ
ン，19室に1泊し翌10日アウトである。前日は新井ホテル泊⁽⁴⁶⁾であった。9日の
夕食と10日の朝食は近くのフランスの書記官デュ・ドレズネ家で摂った。素泊
まりの1泊2日である。支払額は1円85銭である。内訳はまず席料1円50銭と
書いてある。素泊まりの代金であろう。他にキリンビール大1本35銭とある。

寝酒であろうか。フランスの書記官デュ・ドレズネと米国人デュモンドの関係
は想像すべくもないが。ジュモンドはデュ・ドレズネに会いに来たのかも知れ
ない。

　*10*の英国国籍のダグデールは以前にサトウと会っている。7月10日のサトウ
の日記には *"Frank Dugdale, bearing a letter of introduction from Canon Gore called,
and I had him to lunch, also Paget. By 1 am train to Nikkō with the d'Anethans and
Paget."* とある。キャノン・ゴアの紹介状を持ってフランク・ダグデイルが訪ねて
きたので昼食に招待，午後1時の汽車で日光へ行く，と簡潔に書いているが昼食
時には午後に出かける日光，中でも中禅寺のことが話題になったに違いない。

　ダグデールも日光に向った。何時日光に着いたかは分からないが16日に米屋
ホテルにイン，ジュモンドの泊まった19室に2泊し18日アウト，帳簿を見ると
17日の昼食代が計上されていない。サトウの17日の日記には *"Brilliant morning.
Dugdale to lunch."* とある。ダグデールは17日の昼食をサトウ邸で摂った。彼の
身分など詳細は分からない。旅行の目的もわからないがサトウ邸の訪問はその
一つであったかもしれない。公使の避暑生活に対する興味だけでなく，更なる
親密さを求めたのかも知れない。宿泊代は初日が3円50銭，2日目が昼食の弁
当付きで4円であった。若干高額である。食事が上質であったのだろう。

　*11*の英国国籍の「エイチ・エヌ・ロブソン氏」と記された男性は7月14日イ
ン，前日は新井ホテル泊であった。17室に31泊し8月14日アウトである。避暑
目的であろう。宿泊代は総額100円75銭，1泊3円25銭になる。宿泊代の他は
酒代14円と洗濯1円95銭だけで湖上遊覧の船賃は計上されていない。涼風と部
屋から見る湖の風景だけで充分であったのだろう。

　*12*は国籍も氏名も記載のない男性であった。7月19日イン，前日は日光ホテ
ル泊である。15号室に1泊し20日アウトであった。湖を見に来たのだろう。日
光旅行の2日を中禅寺に割いたとも見れる。宿泊代は3円そして酒代が1円20
銭であった。涼風が肴の一人酒であろう。

　*13*はオランダ国籍の「ハーン氏」と記された男性は7月19日イン前日は日光
ホテル泊である。翌20日アウト，16室に1泊2日の滞在であった。湖観賞の旅

であろう。宿泊代は3円であった

　*14*のアレンと*15*のシー・エフ・アレンは英国国籍の女性である。日程も同じで7月19日イン，いずれも前日は日光ホテル泊であった。隣同士と思われる13号と14室の部屋に1泊し翌20日アウト，支払いは夫々が行ったようだ。宿泊代は両者とも3円であった。

　*16*の英国国籍の「ノー・セノ氏」と記された男性は7月20日イン，前日は金谷ホテル泊であった。16室に25泊し8月14日アウトである。宿泊代総額は80円，1泊3円33銭となる。他は酒代洗濯代だけである。船賃はない。湖上には出なかったのかも知れない。酒代は1日平均50銭になる。酒を友として涼気を楽しんだのかも知れない。

　*17*の英国国籍の「クイグレーセ外一人」と記された2人は15号の部屋に7月23日から9月3日まで42泊の滞在であった。宿泊代総額は239円40銭で1泊2円85銭となる。酒代は1日平均22銭であった。*16*同様船賃の支払いはないので涼気を楽しむ滞在であろう。

　*18*は英国国籍の「グリューブル夫妻」と記されている。7月23日イン，前日は金谷ホテル泊であった。18,19室で8月6日まで14泊し8月6日アウトであった。ただし内訳を見ると7月31日から5泊は「娘」も同行したようだ。2人が14泊，1人が5泊になる。宿泊代は1泊3円50銭，他に酒代，船賃の支払いもある。湖上遊覧も楽しんだ。支払額は147円70銭になる。手形で支払われた。

　*19*の英国国籍の「テーロアー外弐人」と記された3人の性別は不明である。前日金谷ホテルに泊まり7月23日に本店と言う名称で呼ばれていた米屋旅館にイン，8月6日まで米屋旅館3階に滞在した。食事はホテルから運んだようだ。14日にはホテルに移り9月20日まで16室で過ごす。本店22泊ホテル20泊計42泊の滞在であった。本店の宿泊代総額は132円なので1泊2円，ホテルは140円なので1泊2円33銭になる。他に酒代，洗濯代，船賃も払っている。湖上にも出たようだ。

　*20*のドイツ国籍の「シュリヒチング女1人」と記された女性は7月27日にレークサイドホテルから移り8月15日まで19泊13室に滞在した。宿泊代は1泊3円

25銭であった。他に酒代，洗濯第，船賃の支出もある。

21のフランス国籍のアントワン・ピート夫妻は7月28日イン，前日は日光ホテル泊であった。14室に8月11日まで14泊した。1泊4円の宿泊料であった。

22の英国国籍の「ダブリュウ・アールリット」と記された人物は性別は不明である。中禅寺の旅館山城屋の紹介の客のようだ。帳簿には「山城や依頼」と書いてある。7月28日イン，30日アウトである。部屋番号は記載されていない。宿泊代は1泊3円50銭，酒代が1円95銭，外にホテルの立替が5円95銭計上されているが内容は分からない。

23の国籍無記載で「レーコン外弐人」と記された3人は性別の記載がない。8月1日に山城屋から米屋ホテルに移り7泊し8月8日アウト，部屋名は番号ではなく「上室」と書いてある。宿泊料は3人7日分で84円であった。1泊4円になる。

24と25は両親と子どもの宿泊である。国籍の記載はない。いずれも7月30日に山城屋から移っている。24の「ストン氏妻及小児一名」と記された家族は7泊し6日にアウト，宿泊代は1泊2円であった。駕籠代5円25銭が支払われている。帰路は馬返まで急坂を下らなければならない。小児は駕籠に頼らざるを得なかったのだろう。2泊分以上の金額を片道分の駕籠代として払っている。酷暑の時，中禅寺滞在は小児の健康のためと考えると高額な駕籠代も納得できよう。また按摩を呼んだようだ。日光若しくは湯元から泊まりで呼んだのであろう。2日分で5円25銭払っている。宿泊代も込であろう。

25の「ブランデル氏妻及小児二名」と記された4人は8月28日アウト，奥さんと小児2人は7月30日インなので29泊，ブランデルは遅れて8月20日インで8泊の滞在である。母と子中心の避暑と言ってよい。子供の健康が目的と見てよいだろう。部屋名は番号ではなく「下室」と書いてある。宿泊代1泊3円50銭であった。

26は英国国籍の「エー・ランホーン女及小児弐名」と記されれいるが母子と見て間違いないだろう。8月1日イン，12室に47泊し9月17日アウトであった。母と子の避暑滞在であろう。途中部屋を12室から14号に変えている。12室の

宿泊料は3人で1泊4円，14号は5円であった。小児づれ故広い部屋を求めたのだろう。洗濯代も10円を超えた。

　24から26までは小児づれの避暑客を見てきた。第2章で見たが，湖畔の別荘には外交官を中心とした大人の姿が中心で子供の姿は出てこない。ただし，フォン・トロイトラーは赴任まもなく赤子が生まれた。赤子を連れての中禅寺への避暑であった。例外と言っていいだろう。一方，米屋ホテルには大人だけでなく小児の健康を気遣う親とその子の姿もある。当時日本でどのぐら数の外国人が育児に追われていたかはわからない。数はともかくクーラーのない時代である。大人のダヌタンも辟易した日本の酷暑から子を守る避暑もあった。

　27の国籍は「不利」と書かれている。「不利顛」を略した記載であろう。英国のことである。氏名は「アー・ジー・パーカー氏」と記されている。8月1日イン，8日アウトの7泊であった。帳簿の最初に「本店」と書いてある。本店から回された客であろう。7室に泊まった。理由は分からないが食事が不規則であった。8月1日は晩食無，2日は3食供無といった日が続く。従って宿泊代の明細も個別に計上されている。7日分の部屋代は10円50銭つまり素泊1泊1円50銭で7日分であろう。晩食の料金は2回で2円つまり1回1円，朝食の料金は6回で3円つまり1回50銭である。部屋代と晩食朝食で3円になる。

　28は米国国籍の「カスキニ女，ジョン・エフ・シーコン夫妻三名」と記された3人は8月8日イン，上室に泊まった。1人は6泊して14日アウト，他の2人は7泊して8月15日アウトであった。帳簿の最初に「山城や」と書いてある。山城屋から回されたようだ，宿泊料は1人4円であった。

　29の米国国籍の「ホール妻及ビーテ女」と記された女性2人は8月1日イン，9月9日アウトの39泊であった。2人は別会計であった。宿泊総額は1人115円40銭，39で割ると2円95銭になる。ビーテは湖上にでたようだが，ホールは船賃の支払いがない。

　30の国籍の記載のない「アール・リットル氏」と記された男性は8月5日イン，7室に1泊して6日湯本（現湯元）へ，湯元に2泊し8日に再びイン，8泊し16日アウトであった。帳簿の欄外に中村屋と書いてある。紹介してくれたのだろう。

船賃の支払いもある。湖上遊覧を楽しんだようだ。宿泊代は1泊4円であった。また9泊の間酒代は10円75銭である。涼しさの中美味しく頂いたに違いない。

　*31*の国籍の記載のない「ホルフス氏」と記された男性は8月7日和泉屋から移り、6室に2泊し9日にアウトであった。宿泊代は1泊2円50銭円である。

　*32*は国籍も氏名も記載されていない。ただ「南京一人」と書いてある。南京から来たのであろう。西洋人か中国人かは分からない。8月7日イン，11室に4泊し11日アウトである。宿泊代は1円50銭であった。11室は低料金なのかもしれない。これまでは使われたことがない。

　*33*の国籍の記載のない「アール・ジー・パーカー氏」と記された男性は8月8日イン，7室に8泊し16日アウトである。食事をとらない日も多いが宿泊代は2円50銭であった。「アール・ジー・パーカー氏」は*27*の「アージー・パーカー氏」と同一人物かも知れない。8月8日にいったん清算し食事の内容を変えて同じ部屋で連泊した。宿泊代が変わるので帳簿では新たに経理をしたとも考えられるが，同一人物であると言う確証がないので2人の人物として整理する。*34*はオランダ国籍の「レウス外一」と記された2人であるが記載が不鮮明で詳細が分からない。*35*は国籍の記載無く「フヒスリ婦及娘一人」と表記された2人である。フスヒリ婦人とその娘であろう。山城屋の紹介で8月12日イン，下室に3泊し15日アウトであった。宿料は1泊3円75銭であった。

　*36*の国籍無記載で「フレドランガー，ヤンガー両人」と記されている2人は性別はわからないが8月12日イン，下室に3泊し15日アウトである。支払額は19円20銭1人1泊3円20銭であった。酒代，船賃も払っている。滞在を楽しんだようだ。旅館が立て替えた6円の支払いもあるがその詳細は分からない。欄外に「山城や」と記載されている。山城屋の紹介であろう。

　*37*の国籍無記載で「ジャコブ氏一人」と記された男性は8月12日イン，12室に2泊して14日アウトであった。宿泊代は1泊3円であった。

　*38*の国籍無記載で「グリッフル妻及娘」と記された女性2人は8月6日イン，13日アウトの7泊，再び15日イン22日アウトで7泊計14泊であった。宿泊代は1泊3円50銭である。宿泊代に比べ支払総額が多い。ホテルの立替金が23円あっ

たからである。その内訳は帳簿からは読み取れない。船賃も1円35銭払ってい(48)る。母娘で湖上の涼風を楽しんだ。

39の国籍無記載で「トウイ，カルフ両人」と記された2人は性別は分からない。欄外に「中村屋」と記載されている。中村屋の紹介であろう。8月13日イン，15日アウトであった。部屋の記載はない。宿泊代は1泊3円50銭であった。

40の国籍無記載で「ボーク氏」と記された男性は8月14日イン10室に14泊し28日アウトであった。宿泊代は1泊3円50銭，船賃の支払いが3円20銭あった。和船であろうから船頭込の代金であろう。これまでになく多い。何回か湖にでたのだろう。

41の国籍無記載で「ストン氏娘一人」と記された親子は8月14日イン，9室に1泊翌15日に本店に移る。20日アウトなので合計6泊であった。和風の旅館を好んだのかも知れない。食事はホテルが用意したのだろう。宿泊代は総額34円53銭，1泊2円87銭になる。

42の国籍無記載「ボッゲス氏一人」と記された男性は8月15日イン，12室に9泊し24日アウトであった。宿泊代総額は28円65銭，1泊3円18銭になる。

43の国籍無記載で「ブライ女一人」と記された女性は8月15日イン，13号に9泊し24日アウトであった。宿泊代は1泊3円であった。

44の国籍無記載で「ドルセン氏」と記された男性は8月19日イン，7室に1泊し翌20日アウト，宿泊代は3円50銭だった。

45の英国国籍で「レーン氏」と記された男性は部屋名の記載はないが8月22日イン，9泊して31日アウトであった。宿泊代は1泊4円，酒代が9日で10円20銭であった。8月下旬である。中禅寺では酒が美味しく感じられる季節であろう。

46の国籍無記載で「ルイジ・テルニ氏」と記された男性は8月20日イン，22室に8泊し28日アウト，宿泊総額は38円で1泊4円75銭になる。酒代が7円10銭であった。

47の英国国籍で「レッド氏」と記された男性は8月24日イン，9月3日アウトの10泊だが部屋名の記載はない。宿泊代総額43円40銭なので1泊4円43銭に

なる。また酒代も総額が10円5銭であった。男一人の避暑生活である。酒がよき友であったようだ。

　48の国籍無記載で「ジューター・ピーブラント及妻」と記された夫妻は8月23日イン，12室に9日滞在し9月1日アウトであった。宿泊代は10日で71円，1泊3円55銭であった。酒代は6円70銭，特別食の注文もあったようだ。標高1,200mの中禅寺は秋の気配も漂い始まる。食欲も増す季節であろう。

　49の国籍無記載で「ヘンリー・エーチ・リード氏」と記された男性は8月23日イン，部屋名の記載はないが8泊して31日アウトである。宿泊代は1泊4円で酒代は総額5円30銭であった。

　50の国籍無記載で「アチソン妻及小児一名」と記された親子3人は8月24日イン，5室に8泊し9月1日アウトであった。宿泊代は72円，1泊3円になる。

　51の国籍無記載で「コーヘッド及妻」と記された夫妻は8月26日イン，13室に10日滞在し9月5日アウトであった。宿泊代は67円60銭，1人1泊3円38銭になる。船賃の支払いは2円40銭であった。これまでになく多い。湖上遊覧を楽しんだ10日間であったのだろう。

　52から56は情報が少ない。国籍，名前，性別に関する記載はない。泊まった部屋と滞在期間そして宿泊代の内訳だけが書いてある。他にも事例があるので便宜上「某」の後にA，B，Cを付けて識別を容易にする。52は「某A」と呼ぶ。「某A」は8月27日イン，12室に9泊し9月5日アウトである。宿泊代は28円40銭，1泊3円15銭になる。ただし特別食に4円酒代に7円50銭支払っている。男性であろう。サトウが「箱根の湖より美しい」(49)と評価した中禅寺湖の風景を眼前にして食事と酒を楽しむ男性の姿がイメージできよう。53は「某B」と呼ぶ。「某B」は8月28日イン，7室に1泊して29日アウト宿泊代3円であった。54は「某C」と呼ぶ。「某C」は9月4日イン，16室に2泊し6日アウト宿泊代は3円70銭であった。55は「某D」と呼ぶ。「某D」は9月6日イン，19号に2泊し8日アウト宿泊代は4円であった。56は「某E」と呼ぶ。「某E」は9月6日イン，17号に2泊し8日アウト，宿泊代は4円50銭であった。酒代を2円15銭支払っている。上質の料理でお酒を楽しんだのであろう。草鞋代と蝋燭代を払っている。夜分

の登山であろうか。

57は国籍無記載の「ウワッド氏」と記された男性である。9月11日イン，17室に1泊し12日アウト，宿泊代は3円であった。他にホテルの立替が2円25銭もあったが詳細は分からない。

58は国籍無記載で「ノイエ氏」と記された男性である。9月11日イン，18号に1泊し12日アウトであった。宿泊代は3円であった。

59は国籍無記載で「ホワイド氏」と記された男性である。9月11日イン，19室に3泊し14日アウト，宿泊代は11円1泊3円66銭になる。酒代が3日で2円5銭，また立替が2円85銭あったが詳細は分からない。

60と61は情報が少ない。国籍，名前，性別に関する記載はない。泊まった部屋と滞在期間そして宿泊代の内訳だけである。前回同様に「某」の後にアルファベットをつけて識別する。60は「某F」と呼ぶ。「某F」は9月17日イン，18号に2泊し19日アウト，宿泊代は3円であった。61は「某G」と呼ぶ。「某G」は17日イン，19号に2泊し19日アウト，宿泊代は3円であった。60と61は同行であったかも知れない。酒代がある分60の方が支払いが多い。

62は英国国籍の「キーブ氏」と記された男性だが9月22日イン，19室に1泊し23日アウト。宿泊代は3円50銭，63は国籍無記載で「ロブソン氏」と記された男性だが9月22日イン，18室に1泊23日アウト宿泊代は3円50銭であった。62と63は湯元返りと記載されている。湯元滞在の帰り中禅寺に1泊したという事であろう。湯元はこの時期紅葉にはまだ早い。温泉保養であろうか。2人は同行であったのかも知れない。

64は国籍無記載の「ジュンケス氏」と記された男性である。9月22日イン，17室に1泊し23日アウトであった。宿泊代は3円50銭である。また夫人本店分として1円が計上してある。夫人は本店に泊まった。ホテルより旅館が好きだったのかも知れない。ただし夕食だけはホテルで摂ったのだろう。

65も国籍の記載はない。「ライト及妻」と記されている。前日は日光ホテル泊で9月24日イン，19室に2泊し26日アウトであった。宿泊代は1泊4円であった。酒代も4円87銭とあり，夫婦の楽しい食事が想像できる。電信も利用した

ようだ。電信代を払っている。明治19（1886）年に時の逓信大臣榎本武揚が「日
光ハ我邦著名ノ勝地ニシテ夏季中内外ノ貴紳ノ遊観スルモノ不少随テ至急ノ通
信モ亦頻繁ナリ」とのべ電信の設置を訴えている。⁽⁵⁰⁾日光と言っているが中禅寺
も事情は同じであろう。明治29（1896）年夏季のみではあるが中禅寺で電信事務
の取り扱いが開始された。⁽⁵¹⁾もちろん避暑地にはインフラの整備は欠かせないが
特に電信は枢要な施設である。これによって避暑地としての利便と安心が整う
と言っていいだろう。「ライト及妻」もこの恩恵にさずかった。

　66 も国籍の記載はない。「ボーイ一人」と記されている。男女の別もわからな
い。9月29日イン，30日アウトであった。宿泊代は3円であった。部屋の名前
は「別館弐号」と書いてある。前章で見たが米屋は湖畔に貸別荘を持っていた。
建物は番号で呼ばれていた。「別館弐号」はその内の一軒であろう。ボーイが独
立の建物を希望したのは犬を帯同していたからと考えられる。支払いの中に「犬
食料」として50銭が計上されている。

　67 も国籍の記載はない。「ベインブリッジ氏外三名」と記されている。合計4
名であろう。10月3日イン，16，18，19室に4名が1泊し4日アウトである。名
前の下に「吉田氏付」と書かれている。案内人であろう。湯元の紅葉最盛期であ
ろう。案内人付きで湯元に向けてアウトしたのかも知れない。宿泊代は4円で
あった。

　68 も国籍の記載はない。「ベルノト氏外一名」と記されている。10月12日イ
ン，18，19室に夫々1泊し13日アウト，宿泊代は1泊4円，酒代が4円10銭計
上されている。秋の風景を愛でながらの楽しい食事が想像できる。

　69 も国籍の記載はない。「スクリムサー氏外婦人三人」と記されている。10月
14日イン，18室に1泊し15日アウトである。「杉田氏付」と書かれている。観
楓の旅の案内人であろう。この時期は避暑と違い宿泊数が少ない。宿泊代は1
泊4円であった。酒代は3円50銭支払っている。秋風の中ではお酒は欠かせな
いのだろう。

　70 は国籍の記載はない「ブラウン氏外一名」と記された男性2人であろう。10
月17日イン，昼食を摂る，18，19室で1泊し18日昼食を摂ってアウトであっ

た。宿泊代は17日と18日の昼食代を含めて1泊5円，酒代3円5銭，船代に1円20銭払っている。到着日の18日昼食後湖上に出た。紅葉の湖に浸った。感動が強かったと思われる。その感動が酒代に現れているののかも知れない。「○（判読不可）吉氏付」書かれている。案内人と考えられる。

71 は国籍はもとより宿泊者名の記載もない。ただし部屋は13, 15, 16, 17室の4部屋であった。4人であろう。性別は分からない。某H，I，J，Kと呼ぶ。4人は10月17日イン，18日は「昼食持チテ湯本（元湯元）行」，一行はお弁当持参で湯元に向った。湯元に1泊し，19日再びイン，翌20日アウトであった。奥日光の紅葉満喫の旅であろうか。ホテルには2泊である。宿泊代は1泊4円，お弁当代が1人1円であった。宿泊代の四分の一である。楽しい旅行の姿がイメージできよう。

72 も国籍の記載無く「エヴァンス氏及妻」と記されている。10月21日イン，15, 16室に1泊し22日アウト，宿泊代は4円であった。名前の下に「古神氏付」と書いてある。案内人であろう。

73 も国籍なく「ウエル氏及婦人」と記してある。10月21日イン，17, 18室に泊まり22日アウト，宿泊代は1泊4円であった。酒代が9円15銭である。宿泊代の合計8円より多い。湖に照る紅葉の影響であろうか。ここでも名前の下に「古神氏付」と書いてある。72と73の2組を同時に案内したのであろう。また按摩料3円50銭支払っている。泊まり代込みであろう。

3-表-1にはないが，米屋ホテルの旅客収入等の最後には「パーテー残り弐人」と記されている。11月10日1泊である。宿泊料は4円であった。何かのパーテーがあって帰らないで泊まった人が2人いたと言うことであろう。何のパーテーかは分からない。シーズンが無事終わった祝賀会であろうか，ホテルの旅客収入簿に載ってはいるが，避暑期の様相を明らかにする本論では取り上げない。

以上宿泊者全体を見た。

「旅客収入簿」には6月29日から10月22日までの収入の詳細が記されている。避暑期から紅葉期までの収入の状況がよくわかる。ただし本章は避暑地中禅寺の様相を探るものである。それは紅葉期の様相に照らして見るとより鮮明にな

ると考える。それゆえ紅葉期の考察も行う。

　7月，8月を避暑期と捉える。避暑期から続いて9月中旬までの滞在もある。残暑を嫌ったのであろう。3-表-3（116-119頁）は，宿泊のグループごとに宿泊した日をグレーで染めた。7月の初旬は長期滞在の宿泊はない。7月の下旬から8月の始めに投宿した宿泊者には長期の滞在が多い。8月一杯は1週間ほどの宿泊が多い。9月と10月は1泊から3泊が全てである。観楓の旅であろう。1年のみの分析だが避暑地中禅寺の実相と見て間違いないだろう。

　次に3-表-3の避暑期と紅葉期毎の宿泊者を，宿泊の組数（グループ数），宿泊者数，延べ宿泊者数，1組平均人数，1人平均宿泊数で整理した。また属性毎に同様の項目で整理した（3-表-4,120-121頁）。

　避暑期には51組の宿泊があり宿泊者数80人であった。延べ宿泊者数の合計は979になる。1組の平均人数は1人で平均宿泊数は12日になる。全体はこのようにまとめられるが避暑客の宿泊日数は個々それぞれに異なる。

　個々の宿泊者を生活の区切りである1週間，つまりインからアウトまで7日，宿泊数6泊と言う基準で整理する。51組の内6泊以上は29組で全体の57％である。その宿泊者数は53で全宿泊者数80の66％を占める。また延べ宿泊者数は922で全体979の94％になる。全体の延べ宿泊者数の大部分を6泊以上の宿泊者が占めている。6泊以上の宿泊者1組の平均人数は2人で平均宿泊数は17日になる。

　次に宿泊者を「女性のみ」，「男性のみ」，「男女」，「親子」の4つの属性で整理してみる。

　全宿泊者を見ると「女性のみ」が7組あった。宿泊者は10人，平均1人になる。延べ宿泊者数は147で1人平均15泊になる。「男性のみ」が23組あった。宿泊者は24人，1組平均1人になる。延べ宿泊者数は162で1人平均7泊になる。「男女」は7組あった。宿泊者は16人，平均2人になる。延べ宿泊人数は131で1人平均8泊になる。「親子」は5組で宿泊者は15人，1組平均3人，延べ宿泊者数286人で1人平均19泊になる。

　西洋人故，殊更家族単位の避暑を想定しがちだが「男性のみ」が多い。「女性

3-表-3 明治31年米屋ホテル宿泊状況

番号	氏　名　等	人数	イン	アウト
1	ケード・和婦人一名	2	6月29日	7月2日
2	ケード氏付深江氏	―	6月29日	7月2日
3	マクロホン夫婦	2	6月29日	7月1日
4	スコット氏デヴェー氏	2	7月2日	7月5日
5	カーコッフ氏	1	7月3日	7月5日
6	ミルス氏	1	7月3日	7月4日
7	ブレスコット氏	1	7月3日	7月4日
8	ブラジル公使四人	―	7月5日	7月5日
9	デュモンド氏	1	7月9日	7月10日
10	ダブリュ・エフ・エス・ダグデール氏	1	7月16日	7月18日
11	エイチ・エヌ・ロブソン氏	1	7月14日	8月14日
12	男一人	1	7月19日	7月20日
13	ハーン氏	1	7月19日	7月20日
14	アレン女	1	7月19日	7月20日
15	シー・エフ・アレン女	1	7月19日	7月20日
16	ノー・セノ氏	1	7月20日	8月14日
17	クイグレー外一人	2	7月23日	9月3日
18	グリューブル夫妻	3	7月23日	8月6日
19	テーロアー外弐人	3	7月23日	8月14日
	テーロアー外弐人		8月14日	9月3日
20	シュリヒチング女一人	1	7月27日	8月15日
21	アントワン・ピート氏及妻	2	7月28日	8月11日
22	ダブリュウ・アール・リットル	1	7月28日	7月31日
23	レーコン外弐人	3	8月1日	8月8日
24	ストン氏妻及小児一人	3	7月30日	8月6日
25	ブランテル氏妻小児二	4	7月30日	8月28日
26	エー・ランホーン女・小児弐名	3	8月1日	9月17日
27	アージー・パーカー	1	8月1日	8月8日
28	カスキニ，ジョン・エフ・シーコン夫婦　三名	3	8月8日	8月15日
29	ホール妻・ビーテ女	2	8月1日	9月9日
30	アール・リットル氏	1	8月5日	8月16日
31	ホルフス氏	1	8月7日	8月9日
32	南京一人	1	8月7日	8月11日
33	アール・ジー・パーカー氏	1	8月8日	8月16日
34	レウス外一	2	判読不可	
35	フヒスリ婦及娘一人	2	8月12日	8月15日
36	フレドランダー，ヤンガー両人	2	8月12日	8月15日
37	ジャコブ氏一人	1	8月12日	8月14日

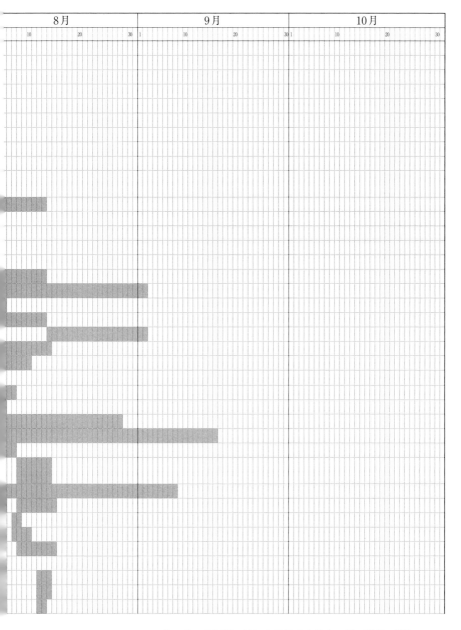

番号	氏　名　等	人数	イン	アウト	6月		7月		
					15	30 1	10	20	
38	グリッフル妻及娘	2	8月6日	8月22日					
39	トウイ，カルフ両人	2	8月13日	8月15日					
40	ボーク氏	1	8月14日	8月28日					
41	ストン氏娘一人	2	8月14日	8月20日					
42	ボッゲス氏一人	1	8月15日	8月24日					
43	ブライ女	1	8月15日	8月24日					
44	ドルセン氏	1	8月19日	8月20日					
45	レーン氏	1	8月22日	8月31日					
46	ルイジ・テルニ氏	1	8月20日	8月28日					
47	レッド氏	1	8月24日	9月3日					
48	ジューター・ピープランド及妻	2	8月23日	9月1日					
49	ヘンリー・エーチ・リード氏	1	8月23日	8月31日					
50	アチソン妻及小児一名	3	8月24日	9月1日					
51	コーヘッド及妻	2	8月26日	9月5日					
52	某A	1	8月27日	9月5日					
53	某B	1	8月28日	8月29日					
54	某C	1	9月4日	9月6日					
55	某D	1	9月6日	9月8日					
56	某E	1	9月6日	9月8日					
57	ウワッド氏	1	9月11日	9月12日					
58	ノイエ氏	1	9月11日	9月12日					
59	ホワイド氏	1	9月11日	9月14日					
60	某F	1	9月17日	9月19日					
61	某F	1	9月17日	9月19日					
62	キーブ氏	1	9月22日	9月23日					
63	ロブソン氏	1	9月22日	9月23日					
64	ジュンケス氏	1	9月22日	9月23日					
65	ライト及び妻	2	9月24日	9月26日					
66	ボーイ一人	1	9月29日	9月30日					
67	ベインブリッジ外三名（吉田氏付）	4	10月3日	10月4日					
68	ベルノト氏外一名	2	10月12日	10月13日					
69	スクリムサー氏外婦人三名（杉田氏付）	4	10月14日	10月15日					
70	ブラウン氏外一名（○吉氏付）	1	10月17日	10月18日					
71	某G,H.I.K	4	10月17日	10月20日					
72	エヴェンス氏及妻（古神氏付）	2	10月21日	10月22日					
73	ウエルス氏及婦人（古神氏付）	2	10月21日	10月22日					

註・30のアール・リットル女は，8月5日イン6日アウト，再び8日イン16アウト
　・38のグリッフル妻及娘は8月6日イン13日アウト，再び15日イン22日アウト

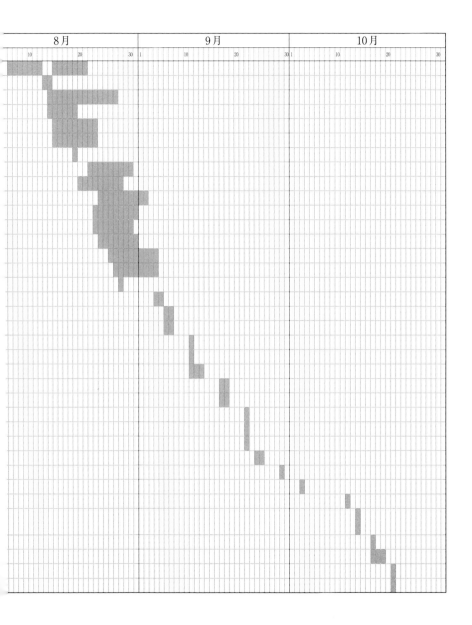

3-表-4　宿泊者の整理

季節	組数	宿泊者数	延べ宿泊者数	1組平均人数	1人平均宿泊数	全宿泊者 属性毎の内訳						
						属　性	組数	宿泊者数	延べ宿泊者数	1組平均人数	1人平均宿泊数	組
避暑期	51	80	979	1	12	女性のみ	7	10	147	1	15	
						男性のみ	23	24	162	1	7	
						男女	7	16	131	2	8	
						親子	5	15	286	3	19	
						不明	9	15	253	2	17	
						計	51	80	979	—	—	
紅葉期	20	33	51	2	2	女性のみ	—	—	—	—	—	
						男性のみ	10	11	16	1	2	
						男女	4	10	12	3	1	
						親子	—	—	—	—	—	
						不明	6	12	23	2	2	
						計	20	33	51	—	—	

註：1組平均人数は四捨五入して整数表示とした

のみ」は数も人数も少ないが平均宿泊数は15日と長い。男性は仕事があるので女性だけというケースもあったのかも知れない。「男女」は夫婦が多い。当然1組の人数も2人に近い。平均宿泊数は8日である。「親子」は数はすくないが平均宿泊数は19日と長い。先にも触れたが小児の健康維持の避暑であろう。「不明」は属性が分からない宿泊者である。

　次に6泊以上の宿泊を見る。

　女性のみは5組8人で，平均宿泊日数は18日と長い。男性のみは11組11人で平均宿泊数は13日，男女の組は5組で10日である。親子は4組13人で22日と長い。「不明」は属性が分からない宿泊者である。

　これまで避暑期の宿泊者を見てきた。つぎに紅葉期を見る。20組で33人の宿泊者があり延べ宿泊者数は51人になる。1組平均人数2人で平均宿泊数は2日になる。紅葉の観賞だけが目的であろうから滞在日数は短い。

　属性から見ると「男性のみ」と「男女」だけである。「男性のみ」は10組11人延べ宿泊者数は16である。1組平均1人平均宿泊数1泊である。紅葉観賞の個人旅行であろう。「男女」は4組10人である。延べ宿泊者数は12で1人平均1泊と

泊数	延べ宿泊者数	1組平均人数	1人平均宿泊数	6泊以上の宿泊者の内訳 属性毎の内訳					
				属　性	組数	宿泊者数	延べ宿泊者数	1組平均人数	1人平均宿泊数
				女性のみ	5	8	145	2	18
				男性のみ	11	11	138	1	13
3	922	2	17	男女	5	12	119	2	10
				親子	4	13	280	3	22
				不明	4	9	240	2	27
				計	29	53	922	—	—
-	—	—	—		—	—	—	—	—
-	—	—	—		—	—	—	—	—
-	—	—	—		—	—	—	—	—
-	—	—	—		—	—	—	—	—
-	—	—	—		—	—	—	—	—
-	—	—	—		—	—	—	—	—

なる。いづれも紅葉を見るだけの旅であろう。「不明」は属性が分からない宿泊者である。

　以上明治31年の米屋ホテルの帳簿を分析した。当時の外国人避暑地中禅寺の様相の一端を垣間見ることができた。31年以外の帳簿はない。米屋ホテルはレイクサイドホテルは協定を結んだ。米屋は日本人向けの旅館，レイクサイドは外国人専用のホテルとして営業することを決めた。米屋は本店と呼んだ旅館を和泉屋に譲り米屋ホテルを米屋旅館として日本人専用の宿舎とした。ただしいつからかは分からない。それを示唆する資料がある。明治34（1901）年の米屋の「宿泊人名簿」である（3-図-11, 122頁）。水による汚れと思われるシミがついている。大火を潜り抜けて残った資料かも知れない。

　表紙には井上保三郎と書いてある。米屋の当主である。名簿の用箋は月日と時間の数字を記入するだけの2段の欄，次は民族と書かれた欄，その次は「業」と印刷された職業表示の欄，そして在住地・身分等を記入する欄，最後が氏名を記入する欄が用意されている。日時を記入する欄はインとアウトの時間記入であろう。民族と書かれた欄は国籍の表記であろう。

「宿泊人名簿」には
4人の外国人の名前
が載っている。最初
は8月15日午前11時
と書かれた商業を生
業とする英国から来
たピール26歳である。
次は8月19日午後2
時と書かれた東京の
フランス公使館のア

3-図-11　明治34年の宿泊人名簿(小島喜美男氏保管)

ンドレ夫妻, その次が8月24日午後5時と書かれた英国人で商業を生業とする
上海在住のトエンチーマン, そして最後が8月29日午後5時と書かれた函館在
住の44歳の英国人医師コルボーンと妻であった。この宿泊人名簿は, 宿泊者本
人が記載したのではない。米屋の当主井上保三郎が整理したものであろう。米
屋ホテルという文字は何処にも出てこない。ホテルをやめて旅館に変わったが
止む無く泊めざるを得ない外国人がいることを予測して用箋を用意していたの
かも知れない。当然日本人の宿泊客もいたであろう。それは別冊の「宿泊人名
簿」があったと考えるのが自然である。米屋は明治34(1901)年以前にホテルを
廃業していたと見るのが順当であろう。

第7節　本章のまとめ

　これまでアーネスト・サトウの日記, メアリー・ダヌタンの日記, フォン・
トロイトラーの日記, 米屋ホテルの帳簿, 外人向けのガイドブックそして小島
喜美男の論考などから草創期の外国人避暑地中禅寺の様相を探ってきた。最後
にそれらを整理する。

　サトウ, ダヌタン, トロイトラーの日記を見ると, ボート・ヨット・ピクニッ
ク・植物採取・登山・会食・茶会などさまざな活動が描かれている。楽しみ満

載の避暑生活と言える。一方米屋ホテルの帳簿からはそれらの存在を感じ取ることは難しい。別荘は個人権利の建物である。人を招待しようが宿泊させようが自由である。お茶や食事など社交の場ともなる。一方ホテルは部屋のみに権利があると言ってよい。仮住まいであることは否定できない。行動に制限がある。別荘滞在の避暑生活とは自ずと異なる。とは言え，チェンバレンが居心地のよい部屋（*Comfortable accommodation*）と評価した旅館に身を置くことは出来る。子供を酷暑から守ることもできる。避暑の目的を達することはできた。

　先にも触れたが別荘での避暑生活はサトウ，ダヌタン夫人，フォン・トロイトラーの日記から読み取ることは出来る。ただし外交官の日記は立場上，自ずとコントロールが働いていると見てよいのかもしれない。一方ホテルの帳簿には，宿泊者の行動が金銭と言う形で記されている。サトウやダヌタン夫人の日記からは食事や酒を楽しむ姿はイメージできない。一方米屋ホテルの帳簿からは涼風の中で飲食を楽しむ姿がイメージできる。湖上の風景を愉しんだ，食事や酒を愉しんだ，と言うことが船賃，食事代，酒代と言う形で伝えられる。

　たしかに米屋ホテル宿泊者の職業身分などの詳細は分からない。しかし帳簿を見る限り，飲食を楽しんだり按摩にかかるなど庶民的な印象を受ける。これだけのことでは別荘は貴族的そしてホテルは庶民的な避暑の場を提供したと軽軽に結論づけることは出来ない。しかし，草創期の外国人避暑地中禅寺では，別荘滞在の外交官を中心とした人々と米屋ホテルに宿泊する一般の外国人のそれぞれの避暑生活があった，と言うことは出来るだろう。

【補注，引用・参考文献】

第3章　草創期の外国人避暑地中禅寺に見る避暑の様相

(1) 手嶋潤一(2016)『観光地日光その整備充実の歴史』随想舎，140-206

(2) アーネスト・サトウ，長岡祥三・福永郁雄訳(1989,1991)『アーネスト・サトウ公使日記Ⅰ・Ⅱ』新人物往来社

(3) エリアノーラ・メアリー・ダヌタン，長岡祥三訳(1992)『ベルギー公使夫人の明治日記』中央公論社

(4) 駐日ドツ公使館書記官カール・ゲオルク・フォン・トロイトラーが明治29年の日本の生活を書き残した日記，中禅寺湖畔の外国人別荘の位置と滞在者を記した図面がついている

(5) 『言幸舎日記』：日光二荒山神社宮司早尾海雄の日記

(6)・*BASIL HALL CHAMBERLAIN* と *W.B. MASON* は *"A HANDBOOK FOR TRAVELLERS IN JAPAN"* (1891,1894) で *"Nikkō is a delightful summer resort"* そして *"Nikkō is noted, among other things, for the glorious tints of its autumn foliage"* と日光の夏と秋の魅力を指摘している

・エリアノーラ・メアリー・ダヌタンは明治28年10月21日の日記で中禅寺へ上る途中の山肌と中禅寺湖の紅葉を絶賛している

・アーネストサトウは明治32年10月16，17，18日の日記で中禅寺へ上る途中の山肌と湖の紅葉を絶賛している

(7) 前掲(3)，161

(8) 前掲(3)，207

(9) 前掲(1)，177-180

(10) *ERNEST SATOW* (1875) *"A GUIDE BOOK TO NIKKÔ "* Japan Mail, 33

(11) *ERNEST SATOW&A.G.S. HAWSES* (1884) *"A Handbook For Travellers in Central & Northern Japan "* Kelly & Walsh, Limited, 441

(12) *BASIL HALL CHAMBERLAIN &W.B. MASON* (1891) *" A HANDBOOK FOR TRAVELLERS IN JAPAN"* Kelly & Walsh, Limited, 152

(13) *BASIL HALL CHAMBERLAIN &W.B. MASON* (1894) *" A HANDBOOK FOR TRAVELLERS IN JAPAN"* Kelly & Walsh, Limited, 162

(14) 栃木県営業便覧は明治40年に発刊された栃木県の地理，商店，工場等の状況を説明している書物。略図が作られており，店舗の配列，工場の位置などが分かる

(15) 前掲(3)，64

(16) 前掲(3)，97

(17) 前掲(3)，117

(18) 前掲(3)，197-199，212-213

(19) 第2章第5節第3項，67

(20) 当時中禅寺湖は「幸湖」(サチノコ)と呼ばれた

(21) 『帝室林野局50年史』833

(22) 明治33 (1900) 年駐日公使，明治38 (1905) 年駐日大使

(23) 林野會 (帝室林野局内，昭和10年) 『明治大正御料事業誌』318

(24) アーネスト・サトウ，長岡祥三・福永郁雄訳 (1989年) 『アーネスト・サトウ公使日記
Ⅰ』新人物往来社，149-150
明治29年5月28日サトウは下記の様に書いている
「プラー夫妻，ヘンダーソン夫妻，ブラッドショウを連れて皇后陛下の謁見を受けに行
く。皇后陛下はことのほかご機嫌麗しく，懸案になっている私の京都旅行や中禅寺の家
の事などをお訪ねになった」

(25) 原書には *temple* とある。千手堂であろう

(26) L.B.チャムリー　聖アンデレ教会牧師

(27) ハロルド・ジョージ・パーレット：英国公使館通訳生

(28) 横浜のストラカン商会支配人夫人

(29) カール・ゲオルク・フォン・トロイトラーの曾孫にあたる *Dr. Bertha von Ledebur* は曽
祖父フォン・トロイトラーの日記の一部を英訳し送ってくれた。そこには，
*"A forest watersource is led through bamboo cane into kitchen and baths and 10 steps from
the house is the shore of the Lake. Large beaches shadow us, and jetty is attached to the
front. Our traffic will be mainly to water, as the road is very romantic but bad and 40
minutes to the village. Nearby (1.5 minutes) is only the English Envoy (Sir Ernest Satow),
who builds just such a Japanese house only much larger."*
と記されている

(30) 第2章第5節第3項，2-図-9

(31) アーネスト・サトウ，長岡祥三・福永郁雄訳 (1989) 『アーネスト・サトウ公使日記Ⅰ』
新人物往来社，128

(32) Ian Raxton：九州工業大学教授，アーネスト・サトウの研究者で『アーネスト・サト
ウの生涯』の著者

(33) アーネスト・サトウ，長岡祥三・福永郁雄訳 (1991) 『アーネスト・サトウ公使日記Ⅱ』
新人物往来社，135

(34) 平成26年にボートハウスは撤去された。その時点でもウインチは固定されていたが高
さはもっと低かった

(35) 大日岬のこと

(36) 大日岬と千手ヶ浜の中間に位置する湖水から白い岩が立つ場所

(37) 後に西13番別荘と呼ばれる建物が建つ場所には以前茶屋があった，第5章　第1節
図-1参照

(38) 前掲 (1)，190
明治から昭和戦前まで，中禅寺で避暑を楽しむ外国人は上野島を *"Formosa"* (台湾島) と
呼んでいた

(39) 論文「明治・大正期におけるヨットの伝搬と需要基盤」(佐藤大祐『地理学評論』76-8 599-615　2003) によるとジャーデン・マセソン社の日本支店長H.ケズウックは Y.Y.C.(Yokohama Yacht Club)の役員に名を連ねているという

(40) 財団法人日本ヨット協会(平成5年)：日本ヨット協会60年史，9

(41) 英国人の建築家。明治10(1877)年来日，帝国工科大学で建築学を教えた。また日本人建築家を育成し，日本建築界の基礎を築いた。後建築設計事務所を開設，多くの建築を設計した

(42) 日光二荒山神社の早尾海雄宮司が残した日記『言幸舎日誌』に，この日にアーネスト・サトウが米屋に泊まったと記されている

(43) 前掲(42)には，明治18年8月6日ジョサイア・コンダーが米屋に泊まったと記されている

(44) 明治31年の中禅寺を描いた「日光中禅寺之真景」(口絵2-図-1)を見ると米屋ホテルは北岸にあり旅館群に隣接している。米屋ホテルより先は二荒山神社の境内で大崎までは別荘が存在する場所はない。ジュ・ドレズネの家は米屋ホテルより大尻川方向にあった，と考えるのが順当であろう

(45) 朝日新聞社(平成元年)『値段史年表』，12

(46) 明治25年5月7日,日光町四軒町にできた客室16のホテル

(47) 明治期英国を「不利顛」と漢字標記した

(48) 船頭に払う賃金，時間当たりの金額のようだ。直接船頭に払うのではなくホテルを通じて払ったようだ

(49) *Ernest Satow (1875) "A GUIDE BOOK TO NIKKO" Japan Mail, 33*

(50) 前掲(1)，158-159

(51) 日光市(昭和54年)『日光市史(下巻)』70

(52) フランス公使館通訳官 A André,

(53) *BASIL HALL CHAMBERLAIN &W.B. MASON (1891) "A HANDBOOK FOR TRAVELLERS IN JAPAN" Kelly&Walsh, Limited, 165*

第 4 章

最盛期の外国人避暑地中禅寺に見る別荘群

第1節　本章の目的

　外国人避暑地中禅寺を特徴づけるのは湖畔の別荘⁽¹⁾とヨットレース⁽²⁾と言ってよい。別荘滞在とセイリングが避暑生活の中心を占めるものであった。それらが最も活発に行われたと考えられるのが昭和戦前である。昭和戦前期が外国人避暑地中禅寺の最盛期と見ることができる。本章では昭和戦前期の中禅寺に見る外国人別荘群の実相を明らかにするよう試みる。

第2節　外国人避暑地中禅寺の最盛期

　明治24（1891）年から32（1899）年を草創期と位置付けた。第2章と第3章で草創期の様相を探ってきた。それ以降昭和戦前までの資料は乏しく，その間の様相を詳しく見ることは出来ない。一方昭和戦前期の別荘やヨットレースに関する資料は残っている。この時期の外国人避暑地中禅寺の様相を知ることは出来る。

　第1節で外国人避暑地中禅寺の最盛の時は昭和戦前だと述べた。その根拠を明らかにするため草創期と昭和戦前期の中禅寺を比較してみる。

(1) 草創期には外国人避暑客の滞在する別荘が18あった。昭和戦前期には28になった⁽³⁾。この間10軒の別荘が増えた。その10軒の中で昭和になってから建てられたのは西一番，西二番，西八番半，ベルギー大使館別荘⁽⁴⁾，イタリア大使館別荘⁽⁵⁾，ジェームズ邸⁽⁶⁾，ドイツ大使館別荘⁽⁷⁾の7つである。昭和戦前に別荘は一気に増えたと見てよい。

(2) レース開催の告知など運営上の業務を行う場所であるクラブのボートハウス⁽⁸⁾は昭和初期に建てられた。

(3) 草創期の明治31（1898）年に開催されたレースに参加したヨットは9艇で⁽⁹⁾

あった。当時の中禅寺のヨットの全数と見て間違いないだろう。昭和10(1935)年には24に増えた。参加数が一番多いレースでは15艇の出場があった。

(4) 草創期のレースは年4回の開催であったが，昭和戦前期には20回以上開催される様になる。

　以上見るように，昭和戦前期にはボートハウスも建てられ，レース運営体制が充実した。そして草創期に比べ別荘数，ヨット数及びレースの開催数が大幅に増えた。これらから昭和戦前を外国人避暑地中禅寺の最盛期と考える。

第3節　研究の方法

本章はこれまでの研究にその後の研究の成果を踏まえて加筆したものである。取り上げた資料は下記の4点である。
  1. 地元で雑貨・物産業を営む大島久治が作成した図面（4-図-1）
  2. 別荘を3軒所有していた土田商店の帳簿（4-図-2，132頁）
  3. 男体山ヨットクラブのレースの記録（4-図-4，138頁）
  4. 外務省顧問トーマス・ベイティの自伝 *Alone in Japan*（4-図-5，138頁）

第4節　外国人別荘

　4-図-1には中禅寺湖畔の別荘の名称とそこに滞在する避暑客の名前が記されている。図面の右が北方向になる。右下方は湖水が華厳の滝へ流れ込む出口近傍の大尻と呼ばれる地区，右上方は竜頭滝を経て湯川が湖水に流れ込む菖蒲ヶ浜になる。

　地元では，北岸の別荘を大尻から西方向に「西」を冠した番号で，それに続く菖蒲ヶ浜の別荘は「菖蒲」を冠した番号で呼んだ。また，東岸の別荘を大尻から南方向に「南」をつけた番号で呼んだ。明治42（1909）年にフランスが購入した大使館別荘は，南三番と南四番の間にあるので南三番半と呼ばれた。少なくと

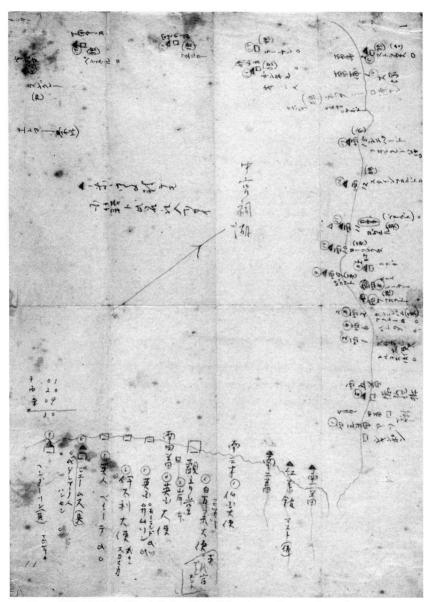

4-図-1　別荘と避暑客（福田和美『日光避暑地物語』平凡社，1996 年より）

も明治42（1909）年までに別荘となった建物は番号で呼ばれていた。

　時代が進み昭和3（1928）年に建てられたベルギーとイタリアの大使館別荘には番号が付いていない。後から建てた建物をこれまで通りに番号で呼ぶと順不同になる。その混乱を避けたのかも知れない。

　4-図-1（131頁）の中央には「▲ノ処御手数デモ国籍ト氏名記入下サイ」と書かれている。大島久治が別荘の所有者など地元の関係者に依頼したのであろう。当然依頼を受けた人は返答した。資料がない場合は記憶に頼ったかもしれない。

　西八番半，西十番，西十二番の別荘の所有者であった土田商店の帳簿（4-図-2の別荘控）には建物の借り受け人，期間，家賃が記されている。帳簿の表紙は文字が重なって見える。後から張り付けたようだ。最初の標題は2行で，右が「昭和弐拾六年」，左が「六月三拾日書」であった。その後「別荘西十二・西十・西八半控帳」と書いた紙を貼った。昭和26（1951）年6月30日に帳簿をまとめたのであろうが，26年以降の出来事も記載されている。

　帳簿を見ると，西十番は大正10年（1921）年から昭和28（1953）年まで英国大使館付武官が継続的に借りたと記されている。そこにはローリングスの名がある。英国の武官ローリングス大佐であろう。昭和11（1936）年から13（1938）年まで在任，その間西十番を借りてヨットレースに参加している。ローリングス大佐の前任者はビビアン大佐で昭和9（1934）年と10（1935）年に西十番を借りて

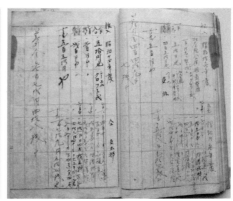

4-図-2　土田商店の帳簿（小島喜美男氏保管）

レースに参加した。昭和14（1939）年からタフネル大佐がローリングスの後任となる。ローリングスの前任者も後任者も4-図-1には名前がない。4-図-2には西十番の歴年の借り受け人の名前が載っているので借り手の全容がわかる。それにも拘わらず4-図-1には昭和11年から13年まで在任した武官名だけが記されている。恐らく大島久治の依頼の内容は昭和11年から13年までの滞在者の国籍と氏名であったのだろう。ただし4-図-1には昭和17（1942）年の滞在者の名前もある。調査の依頼は開戦後の17年秋かも知れない。依頼の理由は分からないが4-図-1は，昭和11年から13年の間湖畔の別荘に滞在した避暑客の国籍と氏名を記したものであろう。第2節で見たように外国人避暑地中禅寺の最盛期は昭和戦前であるが4-図-1を分析対象とする本章では昭和11年から13年に限ってその間の避暑客の実相について考察する。

　図面上の別荘と氏名を丸付数字の順に位置，別荘名，独立家屋，別棟または間借，旅館・ホテル，氏名乃至官職名，国籍，属性そして日本に滞在した年で整理する（4-表-1，134-135頁）。図面の別荘名は漢数字と洋数字混交だが漢数字に統一する。なお昭和8年（1933）年に建設された西一番と昭和10（1935）年に建設された西二番は順番を乱している。かつては大尻近くにあった別荘が役目を終えた。後に建てられた別荘が番号を引き継いだのだろう。

　また，個々の外交官の「日本に滞在した年」は，外務省編集の外交団名簿（"LISTE DE MM. LES MEMBERS DU CORPS DIPLOMATIQUE A TOKIO"，4-図-3，136頁）および「日本外交年表竝主要文書　外務省編纂」に拠った。

　4-図-1と4-表-1を詳しく見てみる。表内の○は「該当」を表す。

　①の西三番はヤソとある。キリスト教関係者であろう。「シャンポン」と記されている。人名であろうが詳細は不明。次は丸付番号がない。ここにはドイツ人女医ベッカーが通年で住んでいた。

　西四番は「新」とあるが詳細は不明，かつてのカークウッド邸である。

　⑤は西五番，「徳弘紀樹」という日本名が書いてあるが詳細は不明。

　②の西一番はハンス・ハンター所有の西六番の附属邸だが東京アングリングアンドカントリークラブの会員の利用が中心であったようだ。「スイス大使」，

4-表-1　別荘と避暑客

別荘						避暑客			日本滞在年(昭和)						
丸付数字等	位置	別荘名	独立家屋	別棟間借	旅館ホテル	氏名乃至官職名	国籍	属性	9	10	11	12	13	14	15
①	北	西三番	○			シャンポン	不明	不明	不明						
—		ベッカー邸	○			ベッカー	独	女医	○	○	○	○	○	○	○
—		西四番(1)	○			新(不明)	不明	不明	不明						
⑤		西五番	○			徳弘記樹	不明	不明	不明						
②		西一番	○			スイス大使	瑞	大使		○	○	○	○		
						トルコ大使	土	大使			○	○	○		
⑥		西六番	○			ハンター	英	実業家	○	○	○	○	○		
③		西二番	○			カニンガム	英	参事官	○	○	○	○	○		
						マックレイ	英	書記官	○	○	○	○	○		
—		西七番	○			フォクド	独	不明	不明						
—		西八番	○			ミュラー	瑞	不明	不明						
⑧ 1/2 (2)		西八番半	○			クロフト(3)	加	書記官				○	○	○	
⑨		西九番	○			ピゴット	英	武官							
⑩		西十番	○			ローリングス	英	武官							
⑪		西十一番	○			コベル(4)	米	書記官	○		○	○	○		
						ベアルド	不明	不明	—						
⑫		西十二番	○			スタインフェルド	独	不明	不明						
⑬		西十五番	○			シェパード	不明	不明	不明						
						芬公使	芬	公使	○	○	○	○	○		
—	岸	源サン		○		ネッケ(5)	独	不明	不明						
						ケネデー(5)	不明	不明	—						
⑭		菖蒲一	○			大塚	不明	不明	不明						
⑮		菖蒲二	○			ストラウス	独	不明	不明						
⑯		神山方		○		ギンネル	独	不明	不明						
⑰		ラチエン邸	○			ラチエン	独	実業家	○	○	○	○	○	○	○
⑱		星の方		○		フェルカー	独	不明	—						
⑲		丁田屋		○		ペンネル	独	会社員(7)	不明						
⑳		室根方		○		ラングレー	加	書記官	○	○	○				
—	南	南一番			○	記載無	不明	—	—						
—		紅葉館			○	マスト	仏	武官	○	○	○	○			
—		南二番	○			記載無	不明	—	—						
①		南三番半(8)	○			記載無	不明	—	—						
①と②の間	岸	不明	不明			クロッカー	米	書記官	○	○	○	○	○	○	○
②のそば		不明	不明			ブライアント	英	武官					○	○	
②		白大使館	○			不明(9)	—	不明			○	○	○		
③		岸本	○			記載無(日本人)	不明	—	—						
④		南四番(10)	○			大使(11)	英	大使	○	○	○	○	○	○	○

| | 別荘 | | | | | 避暑客 | | | 日本滞在年（昭和） | | | | | | |
丸付数字等	位置	別荘名	独立家屋	別棟間借	旅館ホテル	氏名乃至官職名	国籍	属性	9	10	11	12	13	14	15
⑤	南	記載無	○			モーランド(12)	英	書記官	○						○
						サンソム	英	商務参事官		○	○	○	○	○	
⑥		伊大使館	○			スカマッカ	伊	参事官				○	○		
⑦	岸	記載無	○			ベイティ	英	外務省顧問	○	○	○	○	○	○	
⑧		記載無	○			ジェームズ(13)	英	武官	○	○					
						ハンセン(14)	丁	参事官	—						
⑨		記載無	○			ヘンダーソン(5)	英	書記官	—						
計		35	28	5	2	34（外国人30）	10	属性判明21（外交官17）							

註・ドイツは独，スイスは瑞，トルコは土，英国は英，カナダは加，アメリカは米，フィンランドは芬，フランスは仏，イタリアは伊，デンマークは丁と表示
・塗りつぶされた6つの「氏名乃至官職名」，「国籍」，「属性」は下記に示す理由で分析対象から除く
・日本滞在年は昭和9年から14年まで記載されているが塗りつぶされた昭和11年から13年が分析対象年である
・表中の括弧付き数字の付いた項目の註は下記の通り
(1) 図面では「西」が省略されているがここでは付けた
(2) ⑧1/2は八番と九番の間に建てられたので八番半と呼ばれた
(3) 図面に人名は記されてないが昭和13と14年はカナダの書記官C.M.Croftが借りている
(4) コベルの後に（英）と書かれている。英国人という表記であろうが米国人を誤認したものであろう
(5) 「源サン」宅のネッケとケネデー及び南岸⑨のヘンダーソンには16年と記されている。昭和16年の情報を後から追記したものであろう。この3人は分析対象から除く
(6) 図面にはラーチンとし字されているが正しくはラチエン（Rudolf Ratien）である
(7) スタンダード・バキューム石油会社社員
(8) 図面では「番」が省略されているがここでは付けた
(9) ⑧はベルギー大使館別荘。大使はバロン・ド・バッソンピエール。昭和11年夏は賜暇，12・13年は日本滞在。だが日光滞在を示す資料は見つかっていないので分析対象からの除く
(10) 英国大使館別荘は南四番と呼ばれた
(11) ヨットレースの記録には，昭和9・10・11年クライヴ，13年クレイギーの両英国大使の名がある
(12) 昭和10年から14年は中国勤務で離日。分析対象から除く
(13) 昭和11年5月ピゴットと交代するが帰国の時期が不明。夏在日かどうかは確認できないので除く
(14) Thomas Batyの"Alone in Japan"にはデンマーク参事官ハンセンは昭和17年に中禅寺に滞在したと書いてある。後から追記したものであろう。分析対象から除く

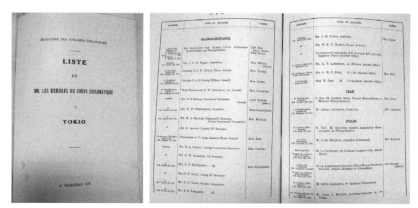

4-図-3 "LISTE DE MM. LES MEMBERS DU CORPS DIPLOMATIQUE A TOKIO"

「トルコ大使」と書かれている。前者は昭和10（1935）年から14（1939）年まで在任のWalter Thurnheer，後者は昭和11（1936）年から14年まで在任のHüsrev Geredeであろう。

　⑥の西六番はハンス・ハンターの別荘，③の西二番も西六番の附属邸だがカニンガムとマックレイ（4-図-1にはマクレーと表記されている）の名がある。前者は昭和7（1932）から15（1940）年まで在任した英国大使館の参事官W. B. Cunningham，後者は昭和9（1934）年から15（1940）年まで在任の書記官H. A. Macreaであろう。西七番と西八番は丸付番号が消されている。西七番のドイツ人のフォクドと西八番のスイス人のミーラーの詳細は不明。

　⑧$\frac{1}{2}$と記された西八番半はカナダとあるだけで人名は記されていないがカナダ公使館書記官C. M. Croftであろう[23]。

　⑨の西九番は，昭和11（1936）年から14（1939）年まで在任した英国の武官F. S. G. Piggot少将，⑩の西十番は昭和11年から13（1938）年まで在任の英国の武官H. B. Rawlings大佐である。

　⑪の西十一番は，英国と書いてあるが昭和10（1935）年から13（1938）年まで在任の米国の書記官C. Covilの誤記であろう。括弧書きのベアルドの詳細は不明である。

　⑫の西十二番のドイツ人スタインフェルドの詳細は不明，⑬の西十五番は地

元では西十三番と呼ばれていた。ここに記載されているシェパードの詳細は不明，フィンランド公使は昭和8（1933）年から14（1939）年まで在任のHugo Valvanneであろう。

「源サン」宅のネッケとケネデーは16年と書かれている。昭和16（1941）年の滞在であろうから分析対象から除く。二人の詳細は不明。

⑭の菖蒲一番の大塚，⑮の菖蒲二番のストラウス，⑯の「神山方」のギンネルはいずれも不明，⑰のラチエンはドイツ人の実業家，⑱の「星の方」のフェルカーは不明，⑲「丁田屋」のペンネルはスタンダード・バキューム石油会社社員だったと伝えられている。

⑳の「室根方」のラングレーはカナダの書記官James A. Langleyであろう。隣に「エンマー（不明）」と記してあるが詳細は不明である。

南一番はレイクサイドホテル。南二番の所在は不明，その間にあった旅館紅葉館にフランスの武官Chales Emmanuel Mast大佐が逗留した。南三番は図面には記されていないが地元ではロシア大使の別荘であったと伝えられている。南三半と書かれた①はフランス大使館の別荘，隣にクロッカーと書かれているが米国の書記官E. S. Crockerであろう。滞在別荘は特定できない。

②はベルギー大使館別荘である。バッソンピエール大使は昭和13（1938）年まで在任だが11（1936）年は賜暇で離日，12と13年は日光滞在の記録がないので分析対象から除く。隣に英武官ブライアントとある。英国の武官W. E. G. Bryantであろうが滞在別荘は特定できない。③の岸本は日本人の別荘である。

④は英国大使館別荘であるが滞在者の名前は記されていない。ただし地元にはヨットレースの記録（*Race Record*）が残っている。そこには出場者の名前が記されている。昭和11年と13年の記録には英国大使出場と記してある。13年の記録帳を見てみる（4-図-4，138頁）。汚れがあり不鮮明だが，左が表紙で右が9月4日のレースの記録である。表紙には "Rough Race Record Book 1938" と記してある。

右にはレースの出場者が記載されている。名前の前にボートナンバーが記されている。下から5行目は "1 The British Ambassador" と読める。サー・ロバー

4-図-4　"Race Record"

ト・クレイギー大使である。ボートナンバーNO.1のヨットでレースに出場した。別荘に滞在しレースに参加したのであろう。

　⑤にはモーランド，サンソムとある。前者は英国書記官O. C. Morlandだが昭和10年から14年は中国勤務で不在であった。ただし日本在任中の昭和9年にはヨットレースに参加している。そのことの記憶違い，つまり誤記と考えられるので分析対象からは除く。後者は商務参事官G. B. Sansomであろう。

　⑥のイタリア大使館別荘にスカマッカと記されている。参事官Baron Michele Scamacaであろう。⑦のベイーテは外務省顧問の英国人Thomas Baty，⑧のジェームズは英国の武官E. A. H. Jamesだが昭和11（1936）年離任なので除く。ジェームズの隣に書かれたハンセンはデンマークの外交官である。ベイティの手記（4-図-5）に昭和17（1942）年に夫妻でベイティの別荘に逗留したとある。[26]

　⑨のヘンダーソンは英国の書記官だが16年と記されている。「源サン」宅のネッケ同様除く。

　以上，外国人避暑地中禅寺の別荘を見てきた。

中禅寺湖畔には昭和11年から13年にかけて35の
別荘があった。独立家屋は28，別棟乃至間借は5，
旅館・ホテルが2である。別荘に附帯して記されて
いる避暑客の氏名は34である。ただしこの資料か
らは同伴者の数はわからない。もちろん避暑客の
全数は分からない。34の内訳は日本人が3，外国人
が30でその国籍は10にわたる。外国人で属性を明
らかにできたのは21で外交官が17を占める。

4-図-5 "Alone in JAPAN"

第5節　本章のまとめ

　第2章では，外国人避暑地中禅寺の草創期に当たる明治30年代初めに18戸
の外国人用の別荘があったことを明らかにした。そこには外交官を中心とした
避暑客が訪れていた。本章では，最盛期と位置付けられる昭和戦前には独立家
屋の外国人用別荘が28戸あり，避暑客は草創期同様外交官が多かったことを明
らかにした。

【補注，引用・参考文献】

第4章　最盛期の外国人避暑地中禅寺に見る別荘群

(1) 第5章に詳しい

(2) 第6章，第7章に詳しい

(3) 本章第5節，139

(4) アルベール・バッソンピエール，石貝辰徳訳（昭和47年）『バッソンピエール大使回想録 在日十八年』鹿島研究所出版会，154

(5) 飯野達央（平成24年）『天空の湖と近代遺産』随想舎，82

(6) ジェームズ邸のジェームズは，英国の陸軍武官E. A. H. James大佐である。昭和11年に赴任するF. S. G,Piggot少将の先任の武官である

外務省顧問トーマス・ベイティの回想録 "Alone in Japan" には表-1の南岸の⑧の建物について "a bungalow built by the Buddhists at the request of Captain James R. N." と書いている。「英国海軍のジェームス大佐の依頼で仏教徒が建てた小屋」と言う意味であろう。ジェームスは陸軍軍人である。同じ大佐でも Captain ではなく Colonel である。誤認であろう。⑧はジェームズ大佐の別荘であった

(7) 4-表-1の南岸⑨の建物は昭和6（1931）年当時はドイツの大使館別荘であった。ドイツ大使館別荘は昭和9（1934）年に軽井沢に移転した。その後この建物は各国の外交官が使ったようだ。南岸に建つ別荘の一番端に位置した。ベイティは "Alone in Japan" に "and last, rather large house, of whitch the occupants had been the Hendersons" と書いている。太平洋戦争が始まる直前である。ベイティはこの別荘の最後の居住者は英国の書記官ヘンダーソン一家であった，と伝えている

筆者は⑨の前身であるドイツ大使館別荘が昭和6年には現地に建っていたことを『観光地日光その整備充実の歴史』（197頁）で明らかにした。中禅寺湖東岸と南岸には幾つかの大使館別荘が建っている。英国大使館別荘は明治29（1896）年に建てられたサトウ個人の別荘を引き継いだものである。フランスは明治42（1909）年に駐独公使を務めた外交官青木周蔵の別荘を購入した

イタリア大使館別荘は昭和3年に建てられた。英国の隣接地と言ってよい。ベルギーの大使館別荘は他とは若干事情が異なる。昭和2（1927）年大倉財閥の大倉男爵から別荘贈呈の申し出があった。場所はフランス大使館別荘の隣接地である。ベルギーはこの申し出を受け入れ建築が始まり昭和4（1929）年から利用開始された。この地域一体は大使館の別荘の多い。居留地のイメージがあると言ってよい。当然ドイツも大使館別荘を求めたであろう。先に述べたがドイツ大使館別荘は昭和6（1931）年も含めそれ以前に建てられたものである。ベイティは "the last" と書いた。別荘地帯の最後の場所，はずれである。利便も悪く他の別荘に比べ湖水から若干離れる。他の大使館別荘の場所が決まり最後に残った場所と見てよいだろう。ドイツ大使館別荘もイタリア，ベルギーと同時期の昭和初期に建てられたと見て間違いないだろう

(8) 男体山ヨットクラブ，第6章に詳しい

(9) エリアノーラ・メアリー・ダヌタン，長岡祥三訳(1992)『ベルギー公使夫人の明治日記』中央公論社，162

(10) 第6章第5節第3項，213

(11) ヨットレースの初年である明治32(1899)年には8月16日，18日，19日，20日に開催された。下記に詳しい
アーネスト・サトウ，長岡祥三訳(1991)『アーネスト・サトウ公使日記Ⅱ』新人物往来社，283-284

(12) 第6章第6節，6-表-7

(13) 手嶋潤一・小島喜美男(2017)「外国人避暑地日光中禅寺湖畔」(第32回日本観光研究学会全国大会学術論文集)，397-400

(14) ハンス・ハンターの相談役で東京アングリングアンドカントリークラブの世話人。下記にくわしい
・福田和美(1996)『日光避暑地物語』平凡社
・福田和美(1999)『日光鱒釣紳士物語』山と渓谷社

(15) 中禅寺の酒類雑貨販売業

(16) 男体山ヨットクラブのレースの記録，本書第6章第2節．196

(17) 英国人，国際法学の大家，1916-41年外務省顧問

(18) *Thomas Baty*(昭和34年)"*ALONE in JAPAN*"丸善株式会社
図-1の東岸に位置する⑧のジェームズとハンセン及び⑨のヘンダーソンの官職は"*Alone in Japan*"で判明した(168-169)

(19) 日光の研究者飯野達央氏は西一番の建設を請け負った大工の棟梁の子孫からの聞き取りと竣工時の写真の分析により西一番が建てられたのは昭和8年(1933)年である，と考察している

(20) 第5章第3節第2項，149

(21) 英国人の実業家，鯛生金山や見立錫鉱山など鉱山開発を行う。中禅寺湖畔に別荘を持つ

(22) 中禅寺湖畔千手ヶ浜に計画された釣りとゴルフを中心とした社交クラブ
手嶋潤一(2006)『日光の風景地計画とその変遷』随想舎，145-149

(23) 別荘控には昭和11(1936)と12(1937)年に英国武官ローリングス大佐，13，14，15年はカナダ書記官クロフトが西八番半を借りたと記されている

(24) Rudolf Ratien，ドイツ人貿易商

(25) 大尻川沿いのホテル，「南」で呼ばれる地域の最初の建物

(26) *Thomas Baty*(昭和34年)"*Alone in Japan*"丸善株式会社，169

■ 第 5 章 ■

別荘と滞在者

第1節　本章の目的

　第1章では中禅寺に先行する外国人避暑地日光の様相を探った，第2章以降は外国人避暑地中禅寺を取り上げてきた。第2章では草創期の外国人別荘の実相，第3章では同じく草創期の避暑の様相，第4章では最盛期の別荘群の実相を明らかにした。

　本章では各別荘について詳述したい。別荘の所有者とそこで避暑を楽しんだ人々を明らかにしたい。ただし，英国，フランス，イタリア，ベルギーの各大使館別荘はその帰属と利用者が特定しているので概略を書くにとどめる。各別荘の呼称は第4章と同様とする[^(1)]。取り上げる別荘の位置を5-図-1に示す。

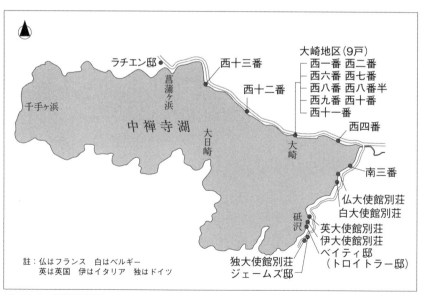

5-図-1　別荘位置図

第2節　研究の方法

　資料分析による。分析対象資料は湖畔で酒類醤油商を営んでいた土田熊太郎
商店の「別荘控帳」と「口取帳」である。前者には土田商店が管理をしていた三
つの別荘の借り主や家賃そして井戸掃除など管理の状況が記してある。後者は
別荘からの注文（日付，品物，数量，価格）を記載した帳簿（5-図-2）である。大
正9（1920）年と15（1926）年，そして昭和2（1927），4（1929），5（1930）年に受
けた注文について年ごとに冊子にまとめられてある。

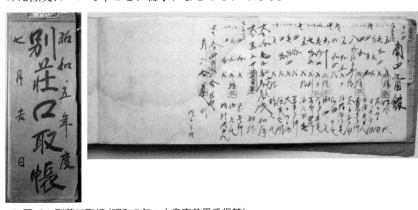

5-図-2　別荘口取帳（昭和5年：小島喜美男氏保管）

第3節　北岸の別荘

　第2章で触れたが明治29（1896）年湖畔に14軒の別荘があった。その内4軒が
大崎と呼ばれる地区に建っていた。アーネスト・サトウは明治31（1898）年の日
記で大崎を外国人の別荘地帯（*the group of foreign houses*）と呼んでいた。その
後別荘は数を増し昭和10年代には7軒になる（5-図-3）。

　5-図-3は貸別荘建設用地（中央塗りつぶし部分）の借地申請に添付された図面
である。申請者は中禅寺の酒類醤油商の土田恵三，申請先は帝室林野局であっ
た。申請日は昭和12（1937）年8月1日である。図面には周辺の既設の別荘も落

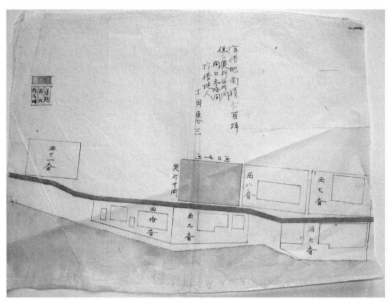

5-図-3　昭和12年当時の大崎の別荘群（小島喜美男氏保管）

ちている。西六番から西七，西八，西九，西拾，西十一番の六つの別荘の位置関係がよくわかる。西六番は建物が二棟ある。名前は記載されていないが左の建物が西二番，右が西六番である。西六番の隣接地は二荒山神社有地なので図上には書かれていないが建物があり西一番と呼ばれた。西一番と西二番は西六番の附属邸である。この図面で申請された土地に建てられた別荘は西八番半と呼ばれた。既設の西八番と西九番の間に立地する故の西八番半である。

　北岸の別荘を順に見てゆく。

第1項　西四番

　西四番は井上保三郎の名義を借りてカークウッドが建てた別荘である。第2章でも触れたが，明治25（1892）年の栃木県の報告書に詳しい。[4]国は，外国人が日本人名義で土地や建物を所有している実態の調査を行った。栃木県には該当者が4者いたようだ。カークウッドは「日光町中宮祠二荒山神地」，つまり二

荒山神社境内に間口八間奥行六間の2階屋を建てた。建坪42坪である。当時地元の新聞は『日本風二階の高楼なり，地所は二荒山境内地になるを同地旅店米屋政平の名を以って借り受け一ヵ年地料その他米屋の外人より受領する金額二百五十円なりという[5]』と報じている。この地元の新聞

5-図-4　湖上苑(旧カークウッド邸)（写真提供 飯野達央氏)

は「米屋政平の名を以って借り受け」と書いているが明治25年の栃木県の報告書には「中宮祠旅舎井上保三郎ノ名義ニシテ」と記されている。米屋政平は米屋の主人井上保三郎の父である。地元井上一族が便宜を計ったと言う事であろう。地元の伝承によるとその後イタリア大使が別荘として使っていたという。現在湖上苑(5-図-4)と言う名称の旅館になっている。

第2項　西一番・西六番・西二番

　西六番はハンス・ハンター邸[6](旧グラヴァー邸)[7]である。グラヴァー邸は明治30年代の建設のようだが，ハンターの所有になってから昭和初期に改築されたという。西一番，西二番は西六番の附属邸である。西一番について日光研究家の飯野達央氏は昭和8(1933)年に建てられたと考察している[8]。

　西六番は地元の大島久治が管理していたようだ。昭和10(1935)年5月大島久治から別荘を隣接地に移転改築したいという申請が栃木県にあった。移転改築したいという建物は西六番本邸ではなく附属邸の西一番であったようだ。土地所有者の二荒山神社に96坪の土地の使用願いも出している。建物の目的は「参拝人ノ便ヲ計ル為」とある。二荒山参拝者の休憩施設であろうか。であれば別荘とは呼びにくい。県からは，計画地は国立公園計画上重要な場所なので公園

計画が決定するまでは工事を見合わせること，と記された文書が届く（5-図-5）。日付は昭和10年6月29日である。その後どのような経緯があったかは分からないが西一番の改築移転はなかった。

一方，3棟のなかでは西二番が一番新しく昭和11（1936）年若しくは12（1937）年に建てられたと伝えられている。前項で見た西八番半の借地申請は昭和12年8月1日に出された。その添付図面上に西二番の建物が載っていることを考える地元の伝承は納得できる。しかも前章で見たが西二番には昭和11から13年の夏には英国大使館参事官のカニンガムと書記官のマックレイが滞在している。西二番

5-図-5　県からの文書

は昭和10から11年にかけて建てられたと見るのが順当であろう。本邸の持ち主は英国人のハンターである。同じ英国人なので建てたばかりの建物でも借りやすかったのかもしれない。

第3項　西七番

西七番の詳細を示す資料には出会っていない。誰が何時建てたかわからない。土田商店の「別荘控」を見ると大正10（1921）年に西七番からの井戸掃除費の入金記録が載っている。大正15（1926），昭和2（1927），3（1928）年にも入金がある。ただし「別荘控」には西七番の滞在者の情報はほとんどない。大正12（1923），13（1924）年にはポーエミと言う名前と思われる記載があるが，詳細は判らない。また昭和2年の口取帳には西七番に納品した品目が載っているが誰が滞在していたかはわからない。第4章で見た4-図-1（131頁）には西7番にドイツ人のフォクドが滞在していると記されている。昭和11（1936）年から13

（1939）年の間にフォクドが滞在した。そのほかの資料は見つかっていないが，今まで見てきた資料からは少なくとも大正10（1921）年から昭和戦前までは別荘として使われていたと見てよいだろう。戦後どのような変遷を経たかは判らないが現在は民間会社が保養所として使っている。

第4項　西八番

　　カークウッドの別荘の名義人であった井上保三郎の孫，井上志朗の口述を記録した文書がある。その一部を抜粋する（5-図-6）。

　明治になって修行者だけでなく観光客も来るようになり六軒茶屋は宿屋の機能も持つようになった。
　異人さん用のホテルができたころはまだ別荘はできていなかった。
　ヨーロッパの人が多かった。アメリカ人は軽井沢へ行った。
　夏だけの家を建てて欲しいというので二荒山に土地を借りて初めて異人さんに別荘を立てた。イタリーの人。
　あちこちで別荘建築。8番，9番は2代目またべえがつくった。古い順ではなく，西から1番というふうによんだ。

5-図-6　井上志朗の口述記録の抜粋

　この口述記録では政平を「またべえ」と誤記しているが，「8番と9番は2代目政平が建てた」と伝えている。2代目政平は井上保三郎の事であろう。

　井上保三郎は明治24（1891）年に西四番と呼ばれるカークウッドの別荘を建てた。ただし，志朗はカークウッドをイタリア人と誤認している。続いて8番，9番も建てた。8番は西八番，9番は西九番であろう。

　明治26（1893）年11月8日の『下野新聞』は，

　　①中宮祠には2か所の外国人別荘がある。一つはカークウッドの別荘

　　②他の一つは大崎の地に米屋政平の名前で借地し英国代理公使某が建てた

　　③この二つの別荘は「湖水の北岸にして眺望最も佳なる処」

と伝えている。

　カークウッドの別荘は湖水の傍で「眺望最も佳なる処」である。もう一つの別荘は，西八番と西九番のいずれかだが，西九番が湖水に面し「眺望最も佳」と評

価される。西九番が「英国代理公使某」の別荘と見るのが自然であろう。英国代理公使某はド・ブンセン[9]である。一方西八番は湖水から若干離れるがフランスの武官ピモドン伯爵が建てた別荘であろう[10]。

土田商店の口取帳を見ると大正15（1926），昭和2（1927），3（1928），5（1930），6（1931）年に西八番から井戸掃除費の入金記録がある。また大正15年，昭和2及び5年には西八番への納品の記録がある。これらの年は西八番は使われていた。それ以外の年も使われていたであろうが，土田商店の別荘控帳には避暑客の名前の記載はない。ただ第4章で見た図面（4-図-1，131頁）には西八番にスイス人ミューラーと記載されているが詳細は不明である。

第5項　西八番半

この建物は西八番と西九番の間に建てられたので西八番半と呼ばれた。昭和11（1936）年に土田恵三が建てた。土地は御料地である。用地を借用しなければならない。昭和11年は1年間の借地だったようだ，翌昭和12年に5年間の借地申請（5-図-7）をし，継続借地が許可されている（5-図-8，152頁）。

湖畔の別荘群の中では新しい建物と言える。「別荘控帳」から賃貸の状況を見

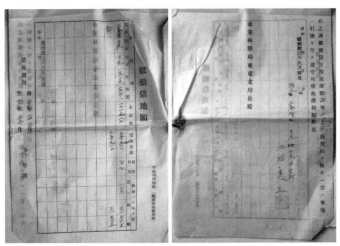

5-図-7　継続借地申請書（小島喜美男氏保管）

てみる（5-表-1）。

　この建物は昭和11（1936）年7月に完成した。構造は不明だが坪数は43坪であった。その年に英国大使館付海軍武官 H. R. RAWLINGS 大佐，そして翌12（1937）年も同じく RAWLINGS 大佐が借りている。13（1938）年から15（1940）年はカナダ領事館の商務官 C. M. CROFT が借りた。16（1941）年の欄の文字は不鮮明だが豪州一等書記官と読み取れる。オーストラリア連邦公使館は昭和15（1940）年12月に開設された。だが翌昭和16（1941）12月8日の日本の対英宣戦により閉鎖される。一夏だけだが

5-図-8　許可書

オーストラリアの書記官が中禅寺で避暑を過ごした。氏名は不明である。17（1942），18（1943）年は借り手がなかったのだろう，休みと記載されている。太平洋戦争の真最中である。19（1944）年にはドイツ人と思われるハインリッヒ・シュナイダーが借りている。枢軸国の一員であるが故に中禅寺での避暑も可能であったのだろう。戦時中も3,000人程度のドイツ人が日本に滞在していたと

5-表-1　西八番半（昭和11年7月工事完了坪数43坪）の賃貸の状況

年	借り手氏名	官職等	備　考
昭和11年	ローリング	英国大使館付海軍武官	
12年	〃	〃	
13年	クロフト	カナダ公使館商務官	
14年	〃	〃	
15年	〃	〃	
16年	豪州オフィサー	豪州一等書記官	
17年	休み		
18年	休み		
19年	シュタイナー	不明	東京都渋谷区あおば町七番地
20年	増田善彦	不明	横浜市
21年	休み		

いう。

　昭和20（1945）年には日本人が借りている。20年のいつ借りたのかはわからないが空襲が続いている。避難であろうか。外国人避暑地中禅寺が完全に幕を下ろした時と言えよう。終戦翌年の昭和21（1946）年は休みと書かれている。避暑どころではなかった。その後どのような経緯をたどったかは判らないが，現在は民間会社の寮となっている。

第6項　西九番

　井上保三郎は後に西四番と呼ばれるカークウッド邸，そして西八番，西九番と呼ばれる建物も建てた事を見てきた。一つは英国書記官ド・ブンセンの別荘であった。後の西九番である。

　駐日英国大使館駐在武官を4回計15年務めたフランシス・ピゴットは著書 *"Broken Thread"*（5-図-9）で中禅寺での避暑生活に触れている。*"Broken Thread"* は，長谷川才次訳で『断たれたきずな』（1951年，時事通信社）の邦訳があるが，ここでは原文を見てみる。

　そこには *"In 1911 my wife and I rented No. 9, West, from Mr. Yasunosuke Inoue, and we reoccupied the same house on no fewer than six subsequent occasions, the last one in 1939."*[11] と書かれている。「西九番」を *"No 9, West"* と書いてある。外国人も建物を番号で呼んでいた。明治44年から昭和14年の間に6回以上も井上保之助から西九番を借りた，と言っている。井上保之助は，ド・ブンセンの家を建てた井上保三郎の息子である。建物を引き継いだのであろう。ここに見る

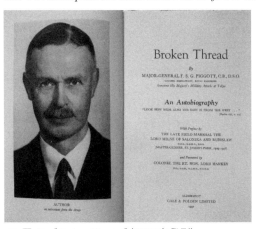

5-図-9　"Broken Thread"（1950年発刊）

5-図-10　湖上から見た西九番("Broken Thread"より)

5-図-11　西九番でくつろぐヘーゲル公使夫妻
（『NIPPON』[復刻版]国書刊行会より）

ように西九番（5-図-10）は断続的ではあれピゴットが借りている。建物を建てたのは英国の外交官ド・ブンセンである。英国の外交官が西九番で避暑生活を始めた。次の居住者はド・ブンセンの後任ラウザーである。そしてピゴットの後も英国の外交官が借りたとなれば納得しやすいが資料がなく不明である。ただし昭和9（1934）年の資料が残っている。[12] デンマーク臨時代理公使ヘーゲル夫妻が借りたようだ。雑誌『NIPPON』に西九番でくつろぐデンマーク臨時代理公使ヘーゲル夫妻の写真が載っている（5-図-11）。他にはヘーゲルが西九番に滞在したことを直接示す資料はない。

　ただし，男体山ヨットクラブの"Race Record"を見ると，昭和8（1933），9（1934），10（1940）年のレースにヘーゲルが参加している。ピゴット不在の年である。ヘーゲルは西九番に滞在しレースに参加したと推測したくなる。

　このように時々の外交官に使われた西九番だが，外国人避暑地中禅寺消滅後どのような経緯を経たかは分からないが現在は銀行の寮となっている。

第7項　西十番

　西十番は保三郎が建てたようだ。明治27（1894）と思われる。[13] 土田商店の別荘

控帳を見ると，保三郎の次の米屋の当主国三郎が明治45年7月27日西十番を
ブウルガーへ売却したと記している。ブウルガーの詳細は不明である。また別
荘控帳には，大正元（1912）年から7（1918）年までの間西十番から修繕代，大工
への礼金そしてそれとは別の内容は分からない礼金が入金されている。土田商
店は西十番の管理をしていたのだろう。土地は大正3（1914）年4月から土田熊
太郎の名義になっていた。別荘控には大正8（1919）と9（1920）年は「休み」とあ
る。翌年の大正10（1921）年には仏国武官，11（1922）年は学生，12（1923）年は
公使，13（1924）と14（1925）年は武官が借りたと書かれている。いずれも氏名
の記載はないが当該年にこの5人が別荘を使ったという事であろう。大正10年
に土田は井戸掃除の代金を受け取っている。土地が土田商店の名義になった後
のいつかの時点で西十番を入手したのだろう。大正8年と考えられる。2年間準
備して大正10年から貸別荘を経営したのであろう。以降土田商店の帳簿には
サンフランシスコ平和条約発効翌年の昭和28（1953）年までの賃貸の内容が記載
されている。それを表にまとめる（5-表-2, 156頁）。

　大正10（1921）年から14（1925）の名前は記載されていない。大正15（1926）年
から昭和16（1941）年までの間7人の英国海軍武官が継続的に借りた。太平洋戦
争開戦の16年にも借りている。戦争直前の緊迫した状況の中にあっても日光の
魅力は変わらなかったのだろう。18（1943）年はルドルフ・ワイゼが借りてい
る。ドイツ人であろう。戦争も3年目だが外国人が借りることができた。枢軸
国の人故であろう。

　戦後の昭和22（1947）年には(株)三和組が借りている。会社が借り主である。
敗戦3年目の物資不足の時，社員の保養休養は想定しにくい。ではあるが他の
目的も想定できない。昭和23（1948）年から昭和26（1951）まで英国大使館内の
関係者の名がある。昭和27（1952）年4月まで日本は占領下にあった。ただしく
は英国大使館ではなく連合国軍最高司令官総司令部英国連絡事務所であろう。
27年からは大使館となる。28（1953）年に借りているコータッツイは昭和55
（1980）年から59（1984）年まで駐日英国大使をつとめたHugh Cortazziであろ
う。

5-表-2　西十番の賃貸の状況

年	借り手氏名	官職等	備　考
大正10年	不明	仏国武官	
11年	〃	学生	
12年	〃	公使	
13年	〃	武官	
14年	〃	武官	
15年	ロイル	英国大使館付武官海軍大佐	
昭和2年	ロビンソン	〃	
3年	〃	〃	
4年	〃	〃	
5年	レッグ	〃	
6年	〃	〃	
7年	〃	〃	
8年	ヴィヴィアン	〃	
9年	〃	〃	
10年	〃	〃	
11年	ローリングス	〃	
12年	〃	〃	
13年	〃	〃	
14年	タフネル	〃	
15年	〃	〃	
16年	ボイエズ	英国大使館付武官海軍少将	
18年	ルドルフ・ワイゼ	不明	麻布区単筒町独逸電報局
22年	三和組	不明	
23年	ゼーター	英国大使館連絡使節庁	
〃	エーデーター		
24年	フィンゲス	英国大使館内陸軍大佐	
〃	マクファレン	横浜市英国政治顧問	
25年	フィンゲス	英国大使館内陸軍大佐	
〃	グレー	英国大使館内海軍中佐	
26年	ブラウニング	英国海軍大佐	
27年	テラマー	英国大使館内	
〃	ソロー	イタリア大使館内	
28年	コータッツイ	英国大使館書記官	
〃	タフネル	英国大使館付武官海軍大佐	
〃	フィゲス	英国大使館付武官陸軍大佐	

註：氏名は別荘控に記載の通り

西十番をピゴットは *"the Embassy house"* と呼んでいる[14]。英国大使館御用達であろうか。大使館の寮のようなものであったのだろう。この建物は中禅寺湖のヨットレースとは切り離せない。5-図-3（147頁）に見るように西十番には二つの建物があった。ただし別荘は右の建物、左は男体山ヨットクラブのクラブハウスである。中禅寺湖は天空の湖と呼称される。1,200mの高所にある。天候が変わりやすい。レース開催の是非はその時の状況判断による。ボートハウスの桟橋先端のポールに白い球を上げてレースの開催を知らせたという。中止は赤い球であった。その判断は西十番の滞在者であろう。クラブの会長はイギリス大使が務めることが多かった。セイリングは海軍の専門である。英国の歴代海軍武官は西十番を宿舎と定めレースの運営にあたったのだろう。水平線のない風景の中、潮風とは異なる高地の涼風を帆に受けて、彼らもセイリングを楽しんだ。

　クラブハウスは昭和の初期に建てられたという。ピゴットの著書『絶たれたきずな』にある写真にその姿が残っている（5-図-12）。昭和11から13年の間のレースの写真と記されている。写真の左端ほぼ中央に屋根のある建物が見える。男体山ヨットクラブのクラブハウスである。湖上にはコースを示す旗の付いたブイがある。ブイの隣の3艘のヨットの帆に隠れて西十番、真ん中の帆の陰が西九番、右のヨットの帆の陰が西六番である。

　クラブハウスは大きな建物ではなかった。建物の敷地が今でもよくわかる（5-図-13～18、158頁）。

5-図-12　ヨットレース（『断たれたきずな』より）

5-図-13　西九番（2010年当時）

5-図-14　クラブハウスの敷地（湖へ傾斜している土地に石積を施工し敷地を確保している）

5-図-15　クラブハウスの敷地

5-図-16　クラブのボートハウスの残骸（5-図-15のクラブハウスの敷地左奥に見えるのはクラブのボートハウスの残骸）

5-図-17　クラブハウスの敷地とクラブの桟橋

5-図-18　西九番から見るクラブの桟橋

5-図-13の中央の建物が西十番，右隣にある建物が西九番である。クラブハウスはこの写真の左に隣接して建っていた。5-図-14と5-図-15はクラブハウスの敷地である。湖に向って緩い勾配の土地に2段済みの石積で水平の土地を造成した。間口7.5m奥行9.7mの敷地である。5-図-14の右側のポールは現在の桟橋の杭である。5-図-15の左奥林の中に見える廃材のようなものはかつてのクラブのボートハウスである。

　5-図-16の正面の林の右隣にクラブのボートハウスがあった。5-図-17クラブハウスの敷地越しに見る旧クラブハウスの桟橋である。5-図-18はクラブの桟橋の現在の姿である。

5-図-19　"Race Record"（小島喜美男氏保管）

　戦争と同時に外国人避暑地中禅寺は過去のものとなった。ヨットレースも姿を消した。西十番も使われることはなかった。西十番は男体山ヨットクラブの事務所的存在であった。そこには外国人避暑地の姿を今に伝える書類が残っていた。"Race Record"（5-図-19）である。

　その後使われることがなかった西十番にレースの記録を記した手書きの"Race Record"が4年分4冊保存されていた。戦争へ向かうというあわただしい時代，離日が必然であるにも関わらず焼却処分されることはなかった。異国の地で楽しんだ避暑生活の思い出を消し去ることは耐え難かったのかも知れない，それだけでなくその一端を後の人に伝えたいと思ったのかも知れない。

第8項　西十一番

　西十一番の建設年と建設主，そして滞在者は詳らかでない。別荘控帳には，大正14（1925）年に西十一番から井戸掃除費の入金があったことが残されてい

る。それは昭和2 (1927)，3 (1928)，5 (1930) 年にも入金されている。また大正
15 (1926)，昭和2そして5年の口取表には西十一番への納品の状況が残されて
いる。少なくてもこの時期西十一番は使われていた。残念ながら大正14 (1925)
年以前の資料は見当たらない。また口取表も昭和5年以降はない。資料がない
ので断定はできないが継続的に使われていたと推測したくなる。なぜなら，借
り受けた年の確定はできないが昭和11年から13年の間も米国の書記官コベル
が借りている。戦争で外国人避暑地中禅寺が幕を下ろすまでは中断することな
く使われていたのではないだろうか。

第9項　西十二番

　第2章で見たが明治29 (1896) 年にフランスの書記官プールタレスが住んだ建
物が後に西十二番と呼ばれる。プールタレスが明治29年に入手したものと思わ
れる。転任後は後任者のド・ボンディー書記官が建物を継承した。
　後に土田商店の所有になったようである。貸別荘として使われた。以降の経
緯を別荘控から整理する (5-表-3)。
　明治39 (1906) 年にコールヒナーフから入金がある。「修繕費立替」と書いて
ある。貸借期間に発生した修繕は借り受け人が払うという契約だったのだろう。
コールヒナーフの情報はない。明治41 (1908) 年には東京のマルチニから家賃の
入金がある。借主が変わった。43 (1910) 年まで続く。明治44 (1911) 年はノウ
イル公使から家賃の入金がある。ただし，この時期ノウイルと言う駐日公使は
見当たらない。大正元 (1912) 年にアーロホールから家賃の入金がある。アーロ
ホールの詳細は判らない。大正2 (1913) にマルチニ，大正5 (1916) 年はバルモ
ンと言う名前と礼金の記録がある。6 (1917) 年と7 (1918) 年はバルモンの記載
はないが礼金の記録がある。
　大正8 (1919) と9 (1920) 年は休みとある。修繕等が必要であったのだろう。
大正10 (1921)，11 (1922) 年はヘルリナー，12 (1923) 年はレデラーと言う借主
の名前が載っている。何れからも礼金として30円の入金がある。大正10年か
ら12年は短期の滞在であって，その家賃を礼金として計上したのかも知れない。

5-表-3　西十二番の賃貸の状況

年	借り手氏名	官職等	備　考
明治39年	コールヒナーフ	不明	修繕費建て替
41年	マルチニ	〃	家賃入金
42年	〃	〃	〃
43年	〃	〃	〃
44年	ノウイル	公使	〃
大正元年	アーロホール	不明	
2年	マルチニ	〃	掃除代等
4年	バルモン	〃	
8・9年	休み		
10年	ヘルリナー	不明	
11年	〃	〃	小石川大塚町33
12年	レデラー	〃	
13年	レイボルト商会		9月21日売却
14年	スタエン，スタインフェルド		礼金，桟橋料，ヨット税，船
昭和21年	レイボルト商会		税，ヨット保管料
22年	某代将	英国大使館内	
23年	ファガソン	英国陸軍代将	
24年	内山某	不明	
25年	〃	〃	
26年	満27年間で終わり		
27年	スタンダードバキューム石油会社　日本総支配人シーデーデビス氏購入		

註：氏名は別荘控に記載のとおり

当時の家賃は年150円程度であったようだ。

　大正13（1924）年には状況が変わる。9月に東京丸の内のレイボルト商会に売却された。14（1925）年の欄に書かれているスタイン，スタインフェルドはレイボルト商会の担当者かも知れない。その後の帳簿を見ていくと，売却はしたものの維持管理は土田商店が行っていたようだ。昭和21（1946）年までの間，随時に桟橋料や修繕費，ヨット保管料，ヨット税の入金がある。

　昭和22（1947）年には英国大使館内の軍人が借りている。建物の所有者が変わったのだろう。土田商店に戻ったのかも知れない。23（1948）年は英国陸軍代将のファガソン，24（1949），25（1950）年は日本人の内山が借りている。26（1951）年の記載は興味深い。「十二月二十日　満二十七年間で終わり」と書いてある。土田商店の管理の仕事は終わったという事であろう。

翌27（1952）年スタンダードバキューム石油会社日本総支配人C・D・デイビス氏の所有となる。昭和40年代まで氏が別荘として使ったという。

西十二番は建物の見取り図が残っている（5-図-20, 21）。

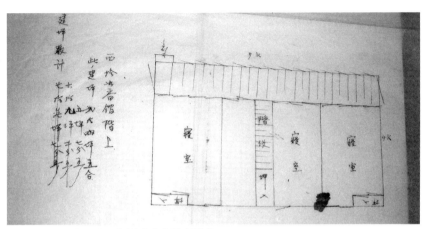

5-図-20　西十二番２階（小島喜美男氏保管）

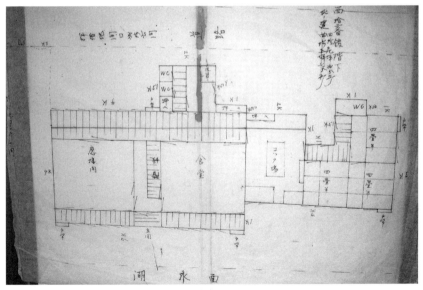

5-図-21　西十二番１階（小島喜美男氏保管）

この図面は建設当時のものではない。図面全体からは，既存の建物を図面におこしたという印象を受ける。例えば持ち主が変わるなど何かの理由で図面が必要になったのかも知れない。湯元に通ずる道路に面して間口26間，湖の方向に奥行10間，面積260坪の借地に建てられた1階42坪2合5勺, 2階24坪5合計65坪7号5勺の2階屋である。玄関は湖に面している。ボートが交通の手段であったのだろう。玄関を入ると左に16坪の応接間がある。右には12坪の食堂，そして6坪のコック場その奥に4畳半の部屋が3つある。2階は寝室が3つである。

　広い応接間と食堂は，ゲストへの準備であろう。また3つの寝室の一つはゲストへの用意かも知れない。調理場をコック室と書いてある。それに接して4畳半が三つある。コックや他の従業員のためのスペースであろう。別荘控の入金記録を見ると昭和8 (1933) 年の欄に「七月一金六十一円五拾銭　コック場食堂修理料」とある。図面と同様コック場という言葉を使っている。

　この図面にはボートハウスがない。住居だけである。借地の広さを考えるとボートハウスは十分用意できる。別荘の全景を写真で見ても建物周辺にはボートハウスはない (5-図-22, 23, 24, 164頁)。先にも見たが別荘控帳には，桟橋料，ヨット税，ヨット保管料が計上されている。桟橋は自己所有ではなかったのだろう。ヨット税を払っている。ヨットは所有していた。ただし，保管料を払っている。オフシーズンは土田商店に保管を委託したのだろう。ボートハウスは必要なかった。

第10項　西十三番

　西十三番は地元では西十五番とも呼ばれていた。二つの呼び方があった。経緯は分からない。前章では取り上げた地元の資料 (4-図-1, 131頁) に西十五番と表記されているので，西十五番と呼んだ。ただし本章では県の行政でオーソライズされている西十三番と呼ぶ。西十三番は中宮祠の集落から2.5km離れた湖畔にあった。菖蒲に近い。明治32 (1899) 年の「サトウの日記」にある *"the tea house point East Shoubunihamsa"* のあった場所であろう[16]。湯元への道中中禅寺を

5-図-22　現在の西十二番（筆者撮影）

5-図-24　現在の西十二番（筆者撮影）

5-図-23　現在の西十二番（筆者撮影）

発した旅人は一息入れたくなる距離かもしれない。

　西十三番は何時誰が建てたかはわからない。前章で見たが戦前に国籍等詳細不明のシェパードそしてフィンランドの公使が滞在している。西十三番に関するそれ以外の資料には出会っていない。

　地元の人がサマーハウスとして使っていたこともあった。県がその跡地を園地として整備した。当時の西十三番の様相は，見取り図（5-図-25），写真（5-図-26, 166頁）のとおりである。建物に手を加えたことも考えられるが敷地の状況から見て大きな改変はなかったと考えられる。

　1階5部屋，2階2部屋の木造2階建て建坪45坪の建物であった。

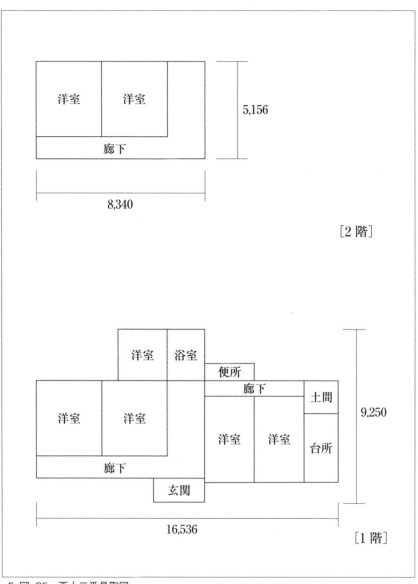

[2階]

[1階]

5-図-25　西十三番見取図

5-図-26　西十三番　正面（写真提供 栃木県）　　西十三番　側面（写真提供 栃木県）

第11項　ラチエン邸

　日光国立公園の特別地域は昭和13（1938）年にその計画が決定する。区域が明らかになった。栃木県はその境界に杭を設置し，区域を示す図面を作成した。5-図-27は菖蒲地区の図面である。68と69の杭が落ちている。杭番号68のそばの家屋に「ラチエン」と表示してある。ドイツ人貿易商ルドルフ・ラチエン[18]の別荘である。何時から別荘として使われたかは不明だが，大正15（1926）年の「別荘控」にはラチエン邸への納品の記録が残っている。

第12項　その他の菖蒲地区の別荘

　菖蒲地区には独立の建物ではなく間借りの別荘もあったようだ。5-図-27と第4章第4節の4-図-1（131頁）から家主と借主を整理すると，神山方にはドイツ人ギンネル，杭番号69そばの星野方にはドイツ人フェルカー，丁田屋にはスタンダードバキューム石油会社社員のドイツ人ペンネル，室根方にはカナダ書記官のラングレーが滞在していた。また独立家屋と思われる菖蒲一には日本人大島，同じく菖蒲二にはドイツ人のストラウスの名があるが場所が特定でいない。昭和戦前期だけをみると，菖蒲地区はドイツ人の避暑客が多かったと言ってよいだろう。民間人であろうか，外交官の多い湖畔沿いの別荘には空きはなかったのだろう。若しくは馴染みにくかったのかも知れない。外交官とは一線

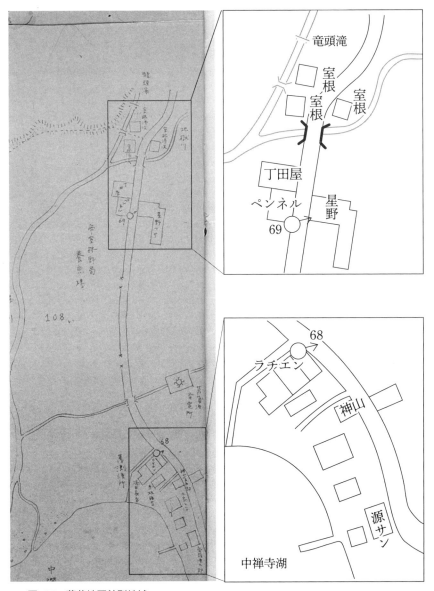

5-図-27　菖蒲地区特別地域

を画したと見えなくもない。菖蒲地区の別荘は湖畔沿いの「西」を冠した別荘より歴史は浅いと見てよいだろう。

第4節　東岸及び南岸の別荘

第1項　南三番

大正2(1913)年から3(1914)年まで駐日大使館二等書記官，大正5(1916)年から大正9(1920)年まで一等書記官，そして大正10(1921)年から13(1924)年まで駐日ロシア代理大使を務めたドミトリー・アブリコソフは回想録を残している[19]。

アブリコソフは日本駐在以前の北京在任中日本を訪れ日光に遊んだ。その後，東京の大使館へ転勤となるがそこでの生活の一面を書き残している。少し長いが引用する。

I missed energetic and active life in Peking. In Japan, especially during the heat summer, we were half asleep. When the weather was hot, most foreigners went to the seaside or into the mountains. Our Ambassador stayed at Chuzenji, a place above Nikko, near a beautiful lake. In later years Chuzenji became my favorite place too, but at the time we were not allowed to leave Tokyo, the Ambassador insisting that Secretaries stay in the Chancery to handle dispatches which he might send from the mountains. Thus we sat in the shade of the trees outside the Chancery, drinking innumerable cups of tea and cursing our Chief, who enjoyed himself in the coolness of Chuzenji. Once in a fortnight we climbed the mountain with a typewriter, and the Ambassador would dictate dispatches about imaginary conversations with the Japanese Foreign Secretary. Sometime fog drifted into the room and his voice, sounding as if it came from a cloud, was very impressive. As a great honor he invited us for a walk along the lake. We passed through the village, the small children of which had been taught to bow to the Ambassador politely; he beamed at such

attention. The foreigners had their regattas on the colorful lake, but all that was not
for us; we had to go back to Tokyo with the typewriter and the dispatches which
probably no one in the Foreign Office would read.[20]

ここでは,
①日本の夏の暑さに閉口している
②夏の間ほとんどの外国人は海か山に避暑に行く
③大使は避暑のため中禅寺湖畔に滞在している
④大使からの文書を外務省に届けなければならないので書記官は東京を留守にできない
⑤ある時大使の口述をタイプするため中禅寺に登った
⑥霧が家に流れ込み大使の声は雲の中から聞こえてくるようだった
⑦外国人はヨット競技に興じていたが我々は参加できなかった
と言っている。

次章でも触れるがアブリコソフは帝政ロシア崩壊後も日本に残った。夏には外務省顧問のトーマス・ベイティの湖畔の別荘に滞在し,ヨットレースにも参加するようになる。中禅寺は彼の手記にあるように *"my favorite place"* になったのである。

ではロシア大使が夏を過ごした別荘はどのような別荘であったろうか。

湖畔の旅館米屋の2代目井上保三郎の孫にあたる井上文雄が「私の一生」と言う手記を残している。文雄は明治42(1909)年生まれである。米屋は北岸にあった。大正3(1914)年風上で失火があり風下の旅館群まで延焼した。『私の一生』を抜粋する。

「火災に遭ってとりあえず,空き別荘の西四番館に住むことになりそこに一年半ばかり過ごしてから今度は湖水の南側にあたる対岸の空き別荘の南三番館に引っ越した。この別荘はそれまで帝政ロシアの大使が夏別荘として使用していたものだが,その前年にロシアで革命が起こり大使が来なくなっていたものである。—中略— 今度のところ(註:新しく建てた旅館)はそれまでとは反対側

の中禅寺湖の南岸なので，そこへゆくには東岸の湖水の唯一の排水口である大尻川を渡らなければならない。渡りきったところがレークサイド・ホテルでその前を通りすぎると2，3軒の外人用の夏別荘がありその次が我が家であった。我が家の先はフランス大使の別荘でその先が中禅寺の立木観音堂である。」

　ロシア大使の別荘南三番は2階屋の大きな建物であったようだ。平成16(2004)年6月に小島喜美男が撮影した写真が残っている(5-図-28)。廃虚である。長らく使われていなかった。5-図-29は昭和初期の場景であろう。左側の建物が南三番，その右隣の二棟の建物が，かつて北岸にあった米屋を新築したものであろう。いずれも湖水に面している。アブリコソフの「霧が流れ込む」と言う文章が納得できる1枚である。

5-図-28　南三番(2004年6月小島喜美男氏撮影)

5-図-29　南三番と米屋(絵葉書 日光市立図書館所蔵)

第2項　フランス大使館別荘(南三番半)

　南三番半の建物は青木周蔵[22]の別荘であった。明治42(1909)年にフランスが大使館別荘として購入した。青木邸が建設された年を示す資料には出会っていない。年月の記載はないがピゴットの「断たれたきずな」には明治38(1905)年の出来事と思われる次の一文がある。

　「わたしは毎年夏にはたいてい，歓待してくれる友人の家を泊まりあるいて以上のところを全部回ったものだ。中禅寺では青木邸，軽井沢ではガビンズ[23]邸に，

箱根ではヒーリング邸泊まった」と言っている。

　ピゴットは中禅寺の青木邸に泊まっている。青木邸は明治30年代後半には建っていた。ただし28年から32年まで夏の中禅寺を描写したサトウの日記には出てこない。33年以降に建てられたのであろう。

　フランス大使館別荘の利用の状況は詳しくは判らないが，地元の新聞や男体山ヨットクラブのレースレコードなどを見ると大正期にはGeorges Regnault大使，大正から昭和にかけてPaul Claudel大使，昭和にはde Lens臨時代理大使そしてPila大使が滞在したようだ。

第3項　ベルギー大使館別荘

　ベルギー大使館別荘の建物は，昭和2（1927）年大倉喜七郎からベルギーに寄贈された。当時の大使はAlbert de Bassonpierreであった。バッソンピエールは大正10（1921）年5月特命全権公使として赴任，9月に特命全権大使に信任され昭和14（1939）年2月まで大使を務めた。バッソンピエールの回想録『在日十八年』には，「大使の中には，大使館の文書の一部や事務所員の一部を夏期避暑地の別荘に移し，酷暑の間，東京には稀にしか出なくても済むようにする人もあった。しかし私は，個人的に暑さにはかなりなれたし，それに，そういった同僚たちの真似ができるほど館員が多くなかった。私は時に少し延長することがあっても週末しか中禅寺で過ごさないようにした。」と書いている。そしてその後に「湖畔の生活は実に快適であった。」と続く。状況さえ許せば長期に滞在したいという気持ちが伝わるような一文である。ヨットレースは週末と週の中間に開催された。バッソンピエールが参加した昭和10（1935）のレースの記録が残っている。開催日数20日の内，16日のレースに参加している。集合9時45分スタートは10時であった。前日は中禅寺に滞在していなければ参加できない。レースに参加するには最低2日の滞在が必要となろう。昭和10年の夏に限って言えばバッソンピエール大使は「快適な湖畔の生活」を享受したと見てよいだろう。

第4項　イギリス大使館別荘

　アーネスト・サトウ個人の建物が大使館の別荘になった経緯は詳らかではない。湖畔から見る湖の風景は素晴らしい。中でもサトウの別荘からの眺めは秀逸である。ベランダから見る湖と対岸の山並みは絶景と言わざるを得ない。別荘は絶好の視点場である。ただし敷地は傾斜地であった。湖水側に三段の石積を施工し用地を確保した。人力に頼った工事であった。能力は高いが画一的施工になりがちな機械ではなく，人間の肉体が自然と問答して作り上げた空間と言っていいだろう。風景の中に納まっている（口絵5-図-30）。点景として風景に緊張感を与えている。とは言えこの場所での風景を愉しめるのは限られた人たちだけであった。その限られた人々を見てみる。初代の滞在者サー・アーネスト・サトウは明治33（1900）年北京公使に転出する。次の公使はサー・クロード・マクドナルドであった。明治45（1912）年に離日だが最初の5年間は公使，次の7年間は大使をつとめた。日記を残していないようなので別荘での生活はよくわからない。ピゴットの手記にはマクドナルドがヨットクラブの会長であると書いている。[29]頻繁に滞在したのではないかと想像したくなる。

　次の大使は大正2（1913）年から大正8（1919）年まで在任のサー・ウイリアム・カニンガム・グリーンであった。彼は大正4（1915）年下野新聞の記者に「別荘でお嬢さんのピアノやボートを楽しんでいる」と避暑生活の一面を伝えている。[30]

　グリーンの後任はサー・チャールス・エリオットであった。大正8（1919）年から14（1925）年まで在任だが日英同盟破棄とその後の新たな日英関係構築の時期であった。エリオットの避暑生活を伝える資料には出会っていない。一方ベイティの手記には「エリオットは暖かいところが好きで中禅寺には関心を持たなかった」旨の記載がある。[31]中禅寺には足を運ばなかったのかも知れない。

　エリオットの後任は大正15（1926）年から昭和6（1931）年まで在任のサー・ジョン・ティリーである。安政6（1859）年就任の初代駐日公使サー・ラザフォード・オルコックから昭和42（1967）年に駐日大使に就任したサー・ジョン・ピルチャーまで20名の駐日公使及び大使の個性と行動を綴った「歴代の駐日大使」[32]

でジョン・ティリーを担当した後藤晴美は，「彼（テイリー）は日光や中禅寺行⁽³³⁾
楽を享受した。中禅寺では1890年代末に駐日公使サー・アーネスト・サトウが
最初に利用した二階建て和風建築，英国大使用山荘を再開して住んだ⁽³⁴⁾」と書い
ている。グリーンは中禅寺の別荘を利用したが，次のエリオットは使わなかっ
たのだろう。それゆえにティリーが再開した，と書いたのだろう。

　次の大使は昭和6（1931）年から昭和9（1934）年在任のサー・フランシス・リ
ンドリーである。6年7月に赴任した彼はその夏の大部分を中禅寺の大使館別荘
で過ごしたという⁽³⁵⁾。翌7（1932）年に別荘に滞在したことを示す資料には巡り合っ
ていない。8（1933）年の夏は賜暇で帰国，賜暇中の臨時代理大使はスノウであっ
た。リンドリーは翌9年4月離任である。2夏の滞在だが，少なくてもひと夏は
別荘で過ごした。

　リンドリーは賜暇帰国中だが，昭和8年の英国大使館員の避暑の状況を伝え
る資料がある（5-図-31）。

　内務と外務両大臣あての警視総監の報告である。日付は昭和8年7月26日と
あり，そこには，

(1) 英国大使館は夏休暇に入ったので
　　代理大使スノウを始め陸海軍武官
　　などは中禅寺湖畔に避暑滞在，
　　時々帰京し執務している
(2) 例年の通り，英国大使館別荘内
　　に夏季臨時事務所を設置する承
　　認を得るため本国政府と交渉中で
　　あったが，7月27日から夏季臨時
　　事務所を設置することとなった
と英国大使館の内情が伝えられている。

　ここでは夏季大使館別荘を臨時事務
所にすることを「例年の通り」と書いて
いる。いつからかわ分からないが夏の

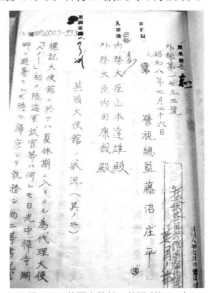

5-図-31　英國大使館ノ状況（其ノ二）

間大使館業務は中禅寺でおこなわれていた。先に見た「英国大使用山荘を再開して住んだ」と書かれたティリー大使以降は夏の間は中禅寺の別荘が大使館業務の中心であったのだろう。

　ちなみに昭和8年8月25日付の報告には「(中禅寺の別荘で)スノウ代理大使，参事官カニンガム，商務参事官サンソム，海軍武官ヴィヴィアン大佐，陸軍武官ジェームズ大佐が毎日のように会議を開いている」と記されている。

　次の大使は昭和9(1934)年6月から昭和12(1937)年5月まで在任のサー・ロバート・クライヴである。クライヴも別荘生活を楽しんだようだ。昭和9年のレースに大使夫妻が参加している。キャプテンとしての参加した日数をみると大使は7日夫人は12日である。クルーとして同乗した日が何日かは判らない。翌10(1935)年も夫妻で参加している。キャプテンとしての参加日数は大使15日，夫人3日である。⁽³⁶⁾

　昭和12(1937)年5月から9月まで代理大使を務めたドッズは8月に2泊と1泊⁽³⁷⁾と言う短期の滞在で別荘を訪れている。7月に盧溝橋事件勃発という緊張下では通常の避暑生活はおくれなかったかも知れない。大使だけでなく他の館員も同様であったようだ。昭和12年の警視総監の報告を見ても中禅寺滞在の大使館員の記録はない。そして12年のヨットレースの記録もない。

　戦前最後の大使は昭和12(1937)年9月から昭和16(1941)年12月まで在任のサー・ロバート・クレーギーである。13(1938)年はレースが開催された。夫妻で出場している。キャプテンとしての参加は大使が8日夫人も8日であった。⁽³⁸⁾

第5項　イタリア大使館別荘

　イタリア大使館別荘は昭和3(1928)年に建てられた。設計者はアントニン・レーモンドである。⁽³⁹⁾大使の使う母屋(本邸)と附属邸の2棟の建物があった。翻って大正4(1915)年8月6日の下野新聞を見ると中禅寺に避暑滞在中のイタリア大使のコメントが載っている。大使は「駐日7年になるが毎年避暑に来る」と言っている。明治41(1908)年1月から大正5(1916)年3月までが任期のMarquis Guiceloliであろう。まだ大使館別荘は建っていない。カークウッドが建てた西

四番を使っていたようだ。大使の避暑体験が後の大使館別荘建設と脈絡があるのかどうかはわからないが，昭和の初期にはイタリア大使館別荘が建った。すでに英国，フランス，ベルギーの大使館別荘はあった。昭和6 (1931) 年には現地でドイツの大使館別荘も確認できる。列強諸国が肩を並べた。⁽⁴⁰⁾

そのイタリア大使館別荘を平成10年に栃木県が購入した。イタリア大使館記念別荘公園として整備し一般に開放された。往時の大使館別荘の雰囲気を今に伝えている。

第6項　ベイティ邸

イタリア大使館別荘の隣にベイティ邸と呼ばれる建物があった。大正5 (1916) 年に来日，以降外務省の法律顧問を務めた国際法学の権威である法律家トーマス・ベイティの別荘であった。

時代はさかのぼるが，明治28 (1895) 年8月着任したドイツ書記官カール・ゲオルク・フォン・トロイトラーが湖畔に別荘を建てた。フォン・トロイトラー離任後，後任のフォン・ウェーデル書記官に引き継がれた。大正6 (1917) 年火事で焼失したが再建された。その後ベイティが入手したようだ。それがベイティ邸と考えられる。詳しく見てみる。

まずフォン・トロイトラーと彼の別荘から見てゆく。第2章でも触れたがフォン・トロイトラーは家族あて多くの書簡を残した。子孫の方がそれを一冊の日記に編集した（口絵5-図-32）。その日記と附帯する図面を見てみる。

フォン・トロイトラー夫人ヴェラは妊娠していた。日本に着いてから出産している。蒸し暑い日本の夏は母子ともに苦痛であると考えたのだろう。フォン・トロイトラーは中禅寺に別荘を建てた。本章第1節の5-図-1に見るように集落から離れた場所である。

この図面では場所は分かりにくいが，日記には具体的な記述がある。要点を整理すると，

　①別荘の建っている場所は中禅寺の集落から徒歩40分の距離にある

　②隣の建物はアーネスト・サトウの別荘で，私の家から徒歩で1分半の距離

にある

　③サトウ邸からの途中小川を超えると私の家である

　④家の玄関から10歩先に湖がある

　⑤家の前の湖畔はブナの木が木陰をつくる

となる。この別荘の建つ場所に該当するのは後のベイティ邸である。

　フォン・トロイトラーの別荘を彼が描いたデッサンから見てみる。

　5-図-33は全体の立面，5-図-34は立面と平面のスケッチである。1階には客間，食堂，使用人の部屋，2階は寝室が用意されている。定規を当てて描いた図面ではないが全体がよくわかる。

　フォン・トロイトラーの日記はドイツ語で書かれている。理解を深めるため訳文を見てみる。フォン・トロイトラーは下記の様に記している。

　「山荘は湖岸から10歩の処にある。高いブナの木に囲まれ，家の前には小さな桟橋が設けられている。ここでの移動は船に頼る。道は趣はあるが悪路で集落まで40分かかるからだ。近所（1分半の距離）にはイギリス公使（アーネスト・サトウ）宅がある。我が山荘のように日本家屋である。ただし，はるかに大きい。

　重要なことを話し合い，取り決めた後，私は集落まで歩き，他の外交官たちが建てている山荘を見に行った。ベルギー，ロシア，フランスの公使達や書記官，武官までも中禅寺湖畔に建てているのだ。しかし，立地的に，わが山荘ほど気に入るものはなかった」

　フォン・トロイトラーは山荘が気に入った。先にも述べたが，そのお気に入りの山荘はフォン・トロイトラー離任後後任のフォン・ウェーデル伯爵が引き継い

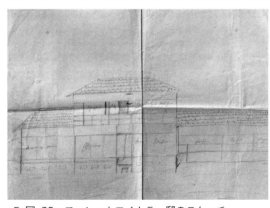

5-図-33　フォン・トロイトラー邸のスケッチ

だようだ。その後トーマス・ベイティの所有になるがそれまでの経緯は詳らかでない。

ベイティは，日本政府の要請を受け外務省顧問に就任すべく，大正5 (1916) 年5月母と妹と3人で日本に到着した。母は航海中に体調を崩した。9月にその母を中禅寺で喪う。[41] 彼の手記には *"In Japan acquired a cottage on the borders of the Lake Sati-no-ko, and sailed and rowed a good deal."* とある。[42] *"the Lake Sati-no-ko"* は中禅寺湖の古い呼び方で幸湖と書く。湖畔にコテジを手に入れたとベイティは言っている。*"built"* ではなく *"acquired"* とある。「既存の建物を入手した」と読むのが

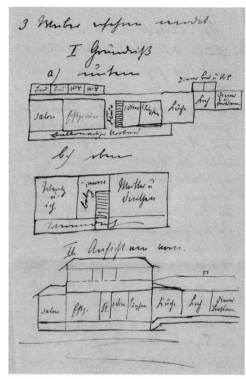

5-図-34　フォン・トロイトラー邸の立面平面のスケッチ

自然であろう。しかし，その詳細は詳らかでない。

さらに詳しく見てみる。ベイティの別荘に関わる昭和戦前の資料が3つ残っている。

(1) 土田商店の「別荘口取帳」

昭和5 (1930) 年の「口取帳」にはベイティ邸への納品の記録がある (5-図-35，178頁)。昭和5年にはベイティ邸はあった。

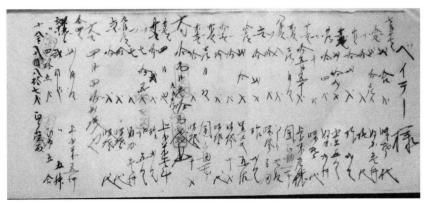
5-図-35　ベイテイ邸口取帳（昭和5年，小島喜美男氏保管）

(2) Revelations of a Russian Diplomat

亡命露国外交官ドミトリー・アブリコソフ[43]の残した回想録 *"Revelations of a Russian Diplomat"* [44] (5-図-36) がある。この回想録は米国に移住後に出版された。晩年にまとめられたものだろう。

そこにはベイティ一家との交遊が書かれている。少し長いが引用する。

They never thought of leaving Japan, and built a summer house near Lake Chuzenji, in the mountains above Nikko. Every summer they invited me to come and stay with them, and as I watched the gorgeous sunsets or relaxed in a sailboat, I forgot all my misfortunes and lived only in the present. I shall always remember those evenings when Miss Baty and I played solitaire, Dr. Baty dozing with two cats on his lap. All that is now past. [45]

5-図-36　"Revelations of a Russian Diplomat"

ここではベイティの別荘で過ごした生活を述懐している。アブリコソフは「ベイティが別荘を建てた」(built) と書いているが，ベイティ本人は回想録に「別荘を手に入れた」(acquired) と書いている。購入したのだろう。アブリコソフの誤認かも知れない。

　先にも述べたがアブリコソフは帝政ロシアの外交官である。大正6 (1917) の社会主義革命で帝政ロシアは滅びた。国の体制が変わった。当時アブリコソフは東京のロシア大使館の1等書記官であった。

　革命後のロシア帝国の外交官の状況をポダルコ・ピヨートル著『白系ロシア人とニッポン』[46]に依って整理してみる。

①新政府とは相いれない形で海外諸国に勤務していたロシア帝国外交官はパリに大使会議を設立した。そこが帝政ロシア外交官の活動を束ねるコーディネーター的機関になった

②在日ロシア大使館のスタッフも大使会議と定期的連絡を維持していた

③大正7 (1918) 年から大正14 (1925) 年までの7年，在日ロシア大使館は在日ロシア人の代表的機関であった

④そのスタッフは，ソビエト政権に反対する立場を守り，自分たちは亡命生活を送りながらも，日本当局から以前通りロシアの代表機関と認められていた。ロシア大使館は "Embassy Without Government" であり，アブリコソフは代理大使という立場であった

⑥そのロシア大使館閉鎖後もアブリコソフは日本で亡命生活をおくった

　アブリコソフはベイティの友人であった。夏には別荘に招待された。彼はそこでセイリングを楽しんだ。次章で明らかにするが，男体山ヨットクラブの "Race Record" を見ると，昭和8，9，10，11，13年のレースにはベイティが持ち船 "The Ark" でキャプテンとして出場している。アブリコソフはコックスを務めたに違いない。10，11，13年はアブリコソフも "The Ark" でキャプテンとして出場している。ベイティはコックスだったのだろう。少なくともこれらの年の夏はベイティもアブリコソフも中禅寺滞在であった。

(3) 日光登山鉄道株式会社の給電路線図

　日光登山鉄道株式会社作成の給電路線図が残っている。昭和9（1934）年の別荘の位置が明示されている図面である。日光登山鉄道株式会社は昭和7（1932）年から馬返明智平間の登山鉄道，その先明智平から中宮祠までのバス運輸そして中宮祠地区への給電事業を開始した。[47]5-図-37は，昭和9年に中禅寺の立木観音より奥の別荘地帯に給電区域を拡張するための電柱と電線の位置を明示した図面である。当然供給対象の個別の建物が載っている。

　5-図-38（182-183頁）はその一部を拡大した。給電先の建物の所有者の国籍もしくは氏名が記されている。一番左側の建物には「英吉利」と書いてある。英国大使館別荘である。次の建物には記載がない。当時別荘としては使われていなかったからであろう。アーネスト・サトウの日記に出て来るチャーチル大佐の家と思われる。[48]次は「伊太利」と書いてある。イタリア大使館別荘である。その次は「ベイテ」と表示されている。トーマス・ベイティの別荘である。最後の施設は「加奈陀」と書いてある。

　図面に描かれた英国大使館別荘とイタリア大使館別荘の形を現実の建物を比較すると同じ形状である。現実の建物を小縮尺で書いたものと思われる。建物を含め現地の様相を正確に写していると見てよい。

　5-図-38に描かれたベイティの別荘とフォン・トロイトラーが描いた彼の別

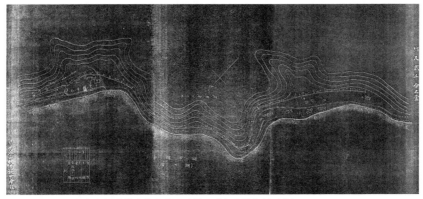

5-図-37　日光登山鉄道株式会社給電路線図（東武博物館所蔵）

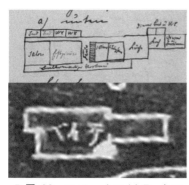

5-図-39　フォン・トロイトラーとベイテイの別荘

荘を比較してみる（5-図-39）。

　上段はフォン・トロイトラーが明治29（1896）年にフリーハンドで描いた平面図，下段は昭和9（1934）年の日光電気軌道株式会社の給電施設位置図にあるベイティの別荘である。38年の時間経過はあるが形の類似性は否定できない。先にフォン・トロイトラーの日記の内容から彼の別荘の場所は後のベイティ邸の場所であると述べた。そして，ベイティが別荘として使った建物は，フォン・トロイトラーが建てた別荘が消失した後，復元した形で再建されたと推測した。5-図-39を見ても，少なくても外形はフォン・トロイトラーの別荘を模して造られたと思いたくなる。

　ベイティ邸は今はない。建物跡はイタリア大使館記念公園に取り込まれている。その跡地から眼前の中禅寺湖を見る（口絵5-図-40-1, 40-2）。

　この2枚の写真は，*"and as I watched the gorgeous sunset or relaxed in a sailboat, I forgot all my misfortunes. and lived only in the present."* と手記に残した亡命外交官につかの間の幸せを与えた風景である。アブリコソフの思い出の最後にある *"All that is now past."* には哀切をの情がこもっている。

　ではあるがこの風景を愉しんだのはベイティやアブリコソフが最初ではない。フォン・トロイトラーとその家族が最初の体験者である。フォン・トロイトラーは日記に，

　「私たちの自慢の山荘。立地が抜群に良い。湖岸からすぐに稜線が延びる。低めの緑の山々に囲まれて湖がひろがり，その遠くに聳え立つ白根山を筆頭とする山脈がはっきりと見えるのだ。右側には入江がいくつも続き（その全部が原生林で覆われている），男体山（火山, 2484 m）へと連なり，その麓には集落と8人の外交官が山荘を構えている。そこまでは徒歩でほぼ35分程かかるが，和船を漕いでも同じくらいかかる。しかしその距離感故に，心地よい，夏の休暇

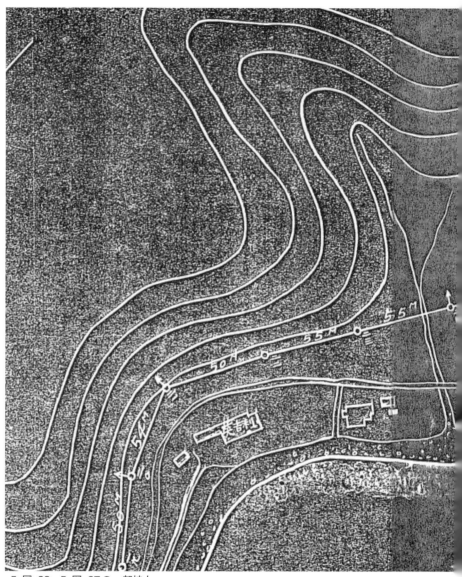

5-図-38　5-図-37の一部拡大

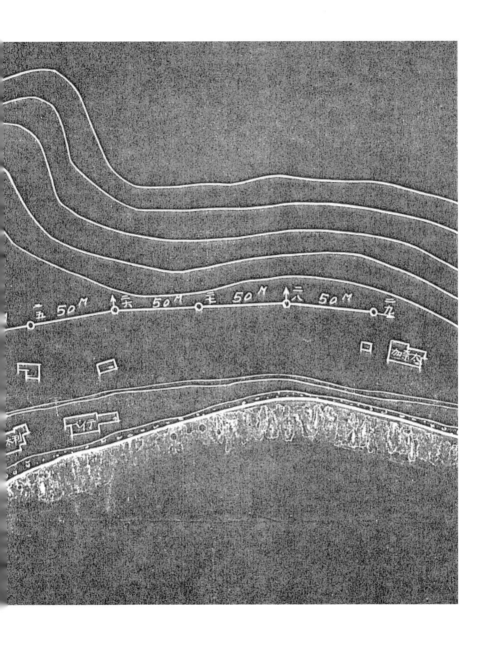

をより一層楽しめるというものだ。それでも私たちの処へは途切れることなく来客がある。夕食，朝食，ピクニックなど，とても愉快である。

　湖から数メートルばかり，ほんの少し高く上がり，手づかずの森の真っただ中に建っているばかりの山荘は正に理想だ。」
と書いている。

第7項　ジェームズ邸
ベイティは，自宅周辺の様相を手記に残している。

there is a little colony of half-a-dosen foreign houses: first, the British Embassy and its Satellite: then, after a bridge crossing a brook which comes down in flood after heavy rain, the Itallian two: next, our own, at the lake edge:then a bungalow built by the Buddihists at the request of Captain James, R. N.: and last, a rather large house, of which the last occupants had been the Hendersons.[49]

　ここでは，
　①付近一帯は六軒の別荘から成る小規模な外国人居留地である
　②（立木観音からくると）最初にイギリス大使館の別荘と附属邸
　③次が大雨の時氾濫する小川[50]に架かる橋を渡ると2棟の建物があるイタリア[51]
　　大使館別荘
　④そしてイタリア大使館別荘隣の湖の縁に建つのが我がベイティ邸
　⑤ベイティ邸の隣に英国海軍武官のジェームズ大佐[52]の依頼を受け仏教徒が建
　　てた平屋の住宅
　⑥最後の建物は，英国書記官のヘンダーソン一家が最後の住人であった居留
　　地の外れにある大きめの家
と言っている。
　5-図-38はベイティの描く "a little colony" と重複する。ただし図にはジェー
ムズ邸は載っていない。ジェームズ邸は5-図-38（182-183頁）が描かれた昭和9

年にはなかった。少なくとも5-図-38を作成している段階ではまだなかった。その後ベイティと「加奈陀」の間に英国武官ジェームズ大佐が別荘を建てた。ジェームズ大佐は陸軍の武官である。ベイティは海軍の武官と誤認したようだ。最初にベイティは6軒の別荘と言っている。イタリア大使館の2つの建物を2軒の別荘と計算したのだろう。

第8項　ドイツ大使館別荘

　ベイティの手記にある大きめの家で居留地のはずれに位置しヘンダーソン一家が住んだ家は5-図-38で「加奈陀」と書いてある建物である。かつてドイツ大使館別荘であった。少なくても昭和6(1931)年にはドイツ大使館の別荘であった。⁽⁵³⁾昭和8(1933)年のヨットレースにはVon Erdmannsdorffドイツ臨時代理夫妻が7月15日から9月9日の間に開催された19日間のレースのうち16日のレースに出場している。⁽⁵⁴⁾中禅寺滞在でなければできない。ドイツ大使館別荘滞在と考えるのが自然であろう。

　ではなぜ昭和9年には加奈陀と書かれているのだろうか。一通の文書がある（5-図-41, 186頁）。日付は昭和9年8月1日，内務大臣ならびに外務大臣そして各県府長官あての長野県知事の文書である。件名は「独逸大使館事務ニ関スル件」，そこには，

　　①東京のドイツ大使館は7月10日から夏の間軽井沢の別荘を借りてそこで事務を行う
　　②居住者は，フォン・デルクセン大使，ネーベル，コルブ，ハースの3人の参事官，オットー陸軍武官，ウネガー海軍武官，ウワソウ領事書記官の7人である

と書かれている。避暑の拠点を中禅寺から軽井沢に移したという事であろう。別荘の入手が簡単であったのかも知れない。

　ドイツ大使館の軽井沢移転は単に昭和9年だけではない。昭和12年にも長野県知事から「独逸大使館事務所臨時移轉ニ関スル件」と題する報告があった。

　そこには，

①ドイツ大使館は例年の通り避暑の
ため7月3日より9月中旬まで軽井
沢に臨時出張所を設け事務所を移
転する
②大使以下交互に軽井沢と東京を往
来する
③軽井沢での大使館関係の別荘は次
の通り

・大使館事務所　　　　1372番館
・デルクセン大使　　　1395番館
・ネーベル参事官　　　1241番館
・コルブ公使館参事官　 850番館
・ハース商務参事官　　2210番館

5-図-41　長野県知事の報告書

と書かれている。夏期ドイツ大使館の軽
井沢移転は常態化したと見てよいだろ
う。ドイツ大使館別荘がどのような経緯で加奈陀と書かれるようになったかは
詳らかではない。空屋となった建物をカナダの外交官が借りたのかもしれない。
第4章で見たが昭和16年にはこの建物に英国の書記官ヘンダーソンの名がある。
貸家の状態であったのかも知れない。

　戦後，その経緯は詳らかではないが地元の人がこの建物で旅館を経営した。
その後旅館は廃業され建物は廃墟と化した（5-図-42）。

　廃墟と化したが建物の基石と思われる石が残っていた。基石間の距離を測り
それを図化した（5-図-43）。

　2階建てであった。1階部分は約260㎡，78坪である。2階は分からない。前
項で見たように，ベイティが旧ドイツ大使館別荘を *"a rather large house"* と呼
んでいるが納得できる。

5-図-42　廃虚と化した旧ドイツ大使館別荘（平成22年10月筆者撮影）

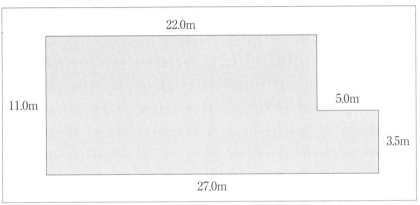

5-図-43　旧ドイツ大使館別荘の基石からみた建物の平面（アミ掛け部分）

第5節　米国外交官の中禅寺避暑

　これまで湖畔の別荘を見てきた。中禅寺湖畔はヨーロッパ諸国の外交官中心の避暑地であった。米国人は別荘を持たなかったようだ。第2章で見たように明治32年に当時のAlfred Buck公使が避暑用の建物を借りている。ただし個人として借りたようだ。その後も米国の外交官が中禅寺で避暑を過ごしたことを示す資料は少ない。ただし現地の資料ではないが昭和12（1937）年の文書がある（5-図-44, 188頁）。

文書は警視総監名の一連の報告書で米国大使館職員の動向を記したものである。要点を下記にまとめる。

（1）7月12日グルー大使が避暑地軽井沢から戻る。アメリカ人が多くゴルフ場のある軽井沢は気軽に楽しめる避暑地であったのかも知れない。

（2）ただし，クラッカー，コビル両書記官は日光を好んだようだ。4-図-1（131頁）にも名が落ちている。クラッカーはヨットレースにも参加している。ヨットが好きであったのかも知れない。一方エンガリング，ブース両陸軍大尉，ベミス海軍大佐，フェネガン海軍大尉など他の大使館員は軽井沢の避暑を好んだようだ。

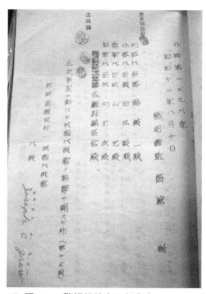

5-図-44　警視総監名の報告書

（3）クラッカーとコビル以外にも日光を好む大使館員はいた。次章で詳しく述べるが昭和13（1938）年のレースに海軍武官補のジョセフ・ブリジェット少佐とトーマス・レイトン大尉が参加している。レイトン大尉はシーズン中15日の参加である。中禅寺は涼をとるだけでなく，風をきって疾走できる場所であった。ましてレースの相手は他国の外交官である。海軍同士が競うレースもあった。避暑地のレースではあるものの海の男の血が騒いだかも知れない。

このように，中禅寺を好む大使館員もいたが，全体を見ると米国の外交官は軽井沢を好んだようだ。

第6節　本章のまとめ

本章では，各別荘の所有者とそこで避暑を楽しんだ人々を見てきた。大使館

の別荘とカークウッドやベイティと言ったお雇い外国人所有の別荘以外は，地元が貸別荘として建てたものが多い。その多くは滞在期間に限りがある外交官が借りている。

　大正期の資料はほとんど残っていない。全容を明らかにすることはできなかったが，可能な限り整理した。

【補注，引用・参考文献】
第5章　別荘と滞在者
　(1) 第4章第4節，130
　(2) 第4章第3節，4-表-1
　(3) 第2章第5節第3項，2-表-2
　(4) 第2章第5節第1項，59
　(5) 日光市（昭和54）『日光市史（下巻）』，127
　(6) 日英混血の実業家，「東京アングリングアンドカントリークラブ」を設立。中禅寺湖畔に
　　　別荘を持つ
　(7) 幕末の日本で武器商人として活躍，後に高島炭鉱を経営。中禅寺湖畔に別荘を所有
　(8) 飯野達央（2012）『天空の湖と近代遺産』随想舎，134
　(9) De Bunsen 英国公使館書記官，明治25年6月代理公使
　(10) De Pimodon 明治29年2月仏国公使館武官伯爵
　(11) *F. G. S. Pigott（1950) "Broken Thread" PALGRAVE MACMILLAN*，74
　(12) 名取洋之助（昭和9年）『NIPPON』日本工房，6
　(13) 下記から西十番の建設年は明治27（1894）年と思われる
　　①明治28年のサトウの手紙（第2章第5節66頁）には，レーンホルム（名前の知らないドイ
　　　ツ人学者）が別荘を持っている，と書いてある
　　②明治29年の別荘群の位置を描いたフォン・トロイトラーの図面（第2章第5節第2項，2-
　　　図-6）にあるレーンホルムの別荘は後の西十番と考えられる
　　③明治28年と33年の米屋の資料には，レーンホルムが参号館を借りている，とある。恐
　　　らくレーンホルムは明治28年から継続して後に西十番と呼ばれる米屋所有の参号館を借
　　　りたのだろう
　　④当時の米屋の当主は井上保三郎である。保三郎が明治27年に西十番を建て28年から
　　　レーンホルムが滞在したと考えるのが順当であろう
　(14) 前掲(11)，368
　(15) 第4章第4節，表-1，134
　(16) アーネスト・サトウ，長岡祥三訳（1991）『アーネスト・サトウ公使日記Ⅱ』新人物往来
　　　社，310
　(17) 前掲(15)
　(18) ドイツ人実業家，ドイツ製品輸入業の「ラチエン商会」経営。茅ヶ崎在住
　(19) *Domitrii Abrikossow（1964) "Revelution of a Russian Diplomat" University of Washington
　　　Press,*
　(20) 前掲(19)，215
　(21) 日光の郷土史家，栃木県文化財保護指導委員，栃木県立日光明峰高校講師（非常勤）
　(22) 外交官，外務大臣，中禅寺に別荘を持つ
　(23) John Harrigton Gubbims，英国大使館員書記官

(24) レオナード・ヒーリング，夫人はカークウッド夫人の姉妹

(25) 前掲 (11)，36

"I made the complete round each summer, usually staying with hospitable friends —the Aokis at Chuzenji, the Gubbinses at Karuizawa, and the Healings at Hakone"

(26) 大倉財閥 2代目総帥

(27) バッソンピエール，磯見辰典訳 (昭和47年)『在日十八年』鹿島研究所出版会，154-155

(28) 第6章第5節第3項，217

(29) 前掲 (11) 82

(30)『下野新聞』大正4 (1915) 年8月6日

(31) *Thomas Baty* (昭和34年) *"Alone in Japan"* 丸善株式会社，104

(32) サー・ヒュー・コータッツィ編著 (2007)『歴代の英国大使』文眞堂

(33) 千葉大学国際教育センター准教授

(34) 前掲 (32) 249

(35) 前掲 (32) 256

(36) 第6章第5節第3項，217

(37) J. L. Doods, 代理公使就任以前の役職は参事官

(38) 第6章第5節第5項，223

(39) 米国の建築家，フランク・ロイド・ライトの事務所の所員，帝国ホテルの設計監理のスタッフとして来日，その後東京で設計事務所を設立

(40) 手嶋潤一 (2016)『観光地日光その整備充実の歴史』随想舎，197

(41) 前掲 (31)，96

(42) 前掲 (31)，187

(43) 帝政ロシアの外交官。大正2 (1913) 年から翌3年にかけて東京の露国大使館2等書記官，大正5 (1916) 年から大正14 (1925) 年までは1等書記官，次いで代理大使として東京に勤務した

(44) 前掲 (19)

(45) アブリコソフの回想録は，戦後日本の生活を終え米国に渡航後発刊された。執筆も米国で行われたと思われる。時間経過後の回想と位置付けられる。ベイティが別荘を建てたと言うのは誤認かも知れない。ベイティの手記にあるよう既存の建物を入手したというのが事実であろう

(46) ポダルコ・ピヨートル (2010)『白系ロシア人とニッポン』成文社

(47) 手嶋潤一 (2006)『日光の風景地計画とその変遷』随想舎，169-173

本書では日光登山鉄道株式会社の起業目論見書を分析している。当初馬返しから明智平まで鋼索鉄道，その先中宮祠までは電気鉄道を敷設する計画であった，ことを明らかにしている。その後電気鉄道はバス路線に変更になり更に給電事業も開始された

(48) アーネスト・サトウ，長岡祥三訳 (1991)『アーネスト・サトウ日記Ⅱ』新人物往来社，268に夜分チャーチル夫人が蘭を届けてくれた，とある。チャーチル大佐の家は近所に

あったと思われる

(49) 前掲 (31)，168-169

(50) 砥沢のこと，英国大使館別荘記念公園とイタリア大使館別荘記念公園の間を流れる沢

(51) イタリア大使館別荘は本邸と副邸の二つの建物があった。本堤は大使，副邸は随行の人達に使われたようだ

(52) 昭和8年から11年まで在任の英国大使館付陸軍武官

(53) 前掲 (40)，197

(54) 第6章第5節第1項，207

最盛期の外国人避暑地中禅寺に見る
男体山ヨットクラブ

第1節　本章の目的

　明治から昭和にかけて，ヨットレースが夏の中禅寺を代表する風景であった。避暑地中禅寺の年中行事である。参加者は外国人であった。明治32（1899）年に開催されたレースがその嚆矢となる。30年代後半にはヨットクラブが誕生した。男体山ヨットクラブである。クラブが主催するレースを介して避暑地としてのまとまりも生まれた。ヨットレースは外国人避暑地中禅寺充実のきっかけとなるものであった。

　これまで避暑地中禅寺は多くの研究で取り上げられてきた。ただしヨットクラブとレースを取り上げた研究は少ない。それらの姿を明らかにすることは外国人避暑地中禅寺を理解する上で欠かせない。

　前章までに外国人避暑地中禅寺草創期の別荘の実相と避暑の様相，そして最盛期の別荘群の実相，さらに各別荘の所有者と滞在者の詳細を探ってきた。本章では男体山ヨットクラブを取り上げる。外国人避暑地中禅寺最盛期のクラブ会員と会員のレース参加状況を明らかにして男体山ヨットクラブの実相をさぐる。

　ヨットの経験は一度だけある。60年以上前高校生の頃であった。ヨット部の友人に誘われたのかも知れない。波静かな港内のごく短時間のセイリングであった。船酔いした記憶がある。経験と呼べるものではない。基本的な知識もない。未経験無知に等しい。ヨットに関わる文章を書く資格はない。しかし，男体山ヨットクラブを書かずして外国人避暑地中禅寺の実相に迫ることはできない。無謀であることは十分承知でチャレンジする。

第2節　研究の方法

　昭和8（1933）年，9（1934）年，10（1935）年，11（1936）年，13（1938）年の5年間のレースの記録（*Race Record*）が残っている（6-図-1）。そこにはレースの開催日，参加艇のキャプテン名，レースの種類，コース，順位，気象状況と言ったレースの全容が記されている。昭和12（1936）年の"Race Record"は残っていない。紛失もしくはレースが開催されなかったなどの理由が考えられるが，詳らかでない。

6-図-1　"Race Record"（小島喜美男氏保管）

"Race Record"以外に男体山ヨットクラブの会則をまとめた"Nantaisan Yacht Club Lake Chuzennji 1935"（6-図-2）が現存している。昭和10（1935）年に印刷されたのであろう。

本章ではこれらの資料を分析し男体山ヨットクラブの実相を明らかにするよう試みた。筆者は以前にもヨットレースをとりあげた。[1]そこでも"Race Record"を分析した。紙が劣化し筆跡のかすれている部分もあった。判読できない記載もある。その後新たな資料に接することもできた。[2]またこれまで取り上げていなかっ

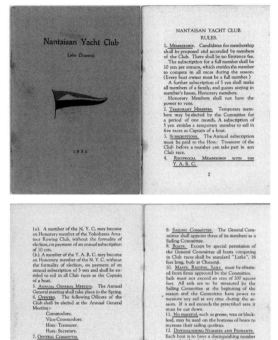

6-図-2　Nantaisan Yacht Club Lake Chuzenji 1935
（小島喜美男氏保管）

たトーマス・ベイティの手記[3]とドミトリー・アブリコソフの手記[4]から新たな知見を得た。それらを踏まえてこれまでの資料に精査を加え，その結果を以って以前の研究に加筆した。

キャプテンの氏名，肩書，爵位等は"Race Record"に記載のとおりとした。それらの日本語表記に誤りがあれば筆者の責任である。また筆者にとって日本語で表記するのが困難な人名は原文のまま載せた。

第3節　男体山ヨットクラブ

　冒頭に明治30年代後半に男体山ヨットクラブが誕生した，と書いた。ただし
それを示すクラブ内部の資料には出会っていない。『日本ヨットクラブ60年史』
には明治39（1906）年の出来事として，「日光で男体山ヨットクラブ誕生。駐日
英大使クロード・マクドナルドの提案によるもので，ドイツ，フランス，ベル
ギーの大使等で編成された[5]」と記されている。ただし明治39年に日本に大使を
派遣している国は英国とドイツと米国だけでフランス，ベルギーの両国は公使
の派遣であったが，この一文は各国の外交官で編成されていたと言っているの
であろう。

　フランシス・ピゴットの "Broken Thread"[6] も男体山ヨットクラブに触れてい
る。明治37（1904）年から昭和14（1939）年までの間，幼少期，大使館の語学将
校そして駐在武官として計5回20年に及ぶ日本滞在中の出来事をまとめた手記
である。そこには明治43（1910）年3月から大正2（1913）年3月までの3回目の
在日の時の出来事が次のように記されている。

*The summer holidays, in our own case always at Chuzenji, are especially happy
memories. On the shores of that most beautiful lake it was easy to work; reports on
attachments to the Army, language study with one's teacher, and translations of
military manuals were punctuated by sailing races under the auspices of the Nantai
Zan Yacht Club. The British Ambassador was Commodore and he was assisted by a
committee formed from the foreign residents in the villas dotted round the lake.*[7]

とある。
　ここでは，
　①夏休みはいつも中禅寺で過ごした
　②報告書の作成や日本語の勉強，そして日本軍の操典の翻訳も捗った
　③合間に男体山ヨットクラブ主催のレースを楽しんだ

④英国大使がクラブの会長であった

⑤湖畔に点在する別荘の住人で構成される委員会がクラブ運営をサポートしたと言っている。

ここでの "The summer holidays" は明治43, 44と大正元年の夏である。英国大使が会長を努める男体山ヨットクラブがレースを主催していると言っている。そしてクラブ運営をサポートしているのは湖畔の別荘の住人, と書いている。湖畔の住人は外交官が多かった。ここではクラブの創設年には触れていないが『日本ヨットクラブ60年史』と同様の内容を伝えている。ピゴットの手記は明治39年に設立された男体山ヨットクラブのその後の状況を伝えていると見てよい。

第4節　会則

男体山ヨットクラブでは会則が定められていた。その会則の要点を以下に整理する。

①ヨットの所有者全員が正会員（Full Member）となる

会員にはMEMBERS CARDが交付されたようだ。使用されなかった会員証が残っている（6-図-3）

3行目に "Season 193_" と書かれている。最後の一桁は当該年を記載するのであろう。その下に会員名を記載するスペースが用意されている。1930年代だけ使える会員証である。以前からあったかどうかはわからない。会員は外交官が多い。任期があり, 異動は避けられない。メンバーも変わる。当然新規の会員もいる。外交官同志面識はあったろうが, 会費の納入やレースの事務的手続きなどの際にはMEMBERS CARDも必要であったのだろう

6-図-3　MEMBERS CARD（小島喜美男氏保管）

②入会は会員の推薦による

③会員は全てのレースに出場できる

④会員の家族，そして会員宅滞在者も名誉会員（Honorary Members）として
　レースに参加できる

⑤一時的にレースに参加できる臨時会員（Temporary Members）も認める

⑥Y.A.R.C.（横浜アマチュアローリング倶楽部）とは相互会員制をとる[8]

⑦総会は年1回で春に開催する

⑧役員は会長，副会長，會計，書記とする

⑨総務委員会と競技委員会を設ける

⑩船体は競技委員会の承認を得たもの以外は中禅寺で造られた16フィートの
　ラーク（Larks）[9]とする

⑪マスト，索具，帆などの装具は競技委員会承認の会社から購入しなければ
　ならない。帆の面積は200平方フィート，競技委員会はシーズンの初めに
　帆の面積を計測することが出来る

⑫船底にグリース，ワックス，黒鉛を塗布してはいけない

⑬帆の両面に番号を明記する。マストの先にY.C.C.のペナント[10]をつけなけれ
　ばならない（6-図-4）

⑭参加料は1レース1
　ボート1円とする

⑮参加艇は9時45分ク
　ラブ桟橋集合10時ス
　タート

⑯クラブの桟橋の旗竿に
　白いボールが上がった
　日はレースが開催され
　る

⑰年間優勝者は8回開催
　されるポイントレース

6-図-4 帆の両面に番号が書かれ，マストの先端には
N.Y.C.のペナントが掲げられている（写真提供 飯野達央氏）

の得点の総和で決める

⑱ポイントの数え方は10艇出場の場合，1位10点，2位9点，3位8点以下同様に減点され最下位は1点となる

⑲初心者のレース，会員に雇われている船頭の和船レース，敗者復活レース，そしてロングレースやリレーレースなどスペシャルレースと呼ばれる一連のレース，そしてスウェーデン皇太子レース（Swedish Crown Prince's Race）などを開催する

以上が会則の要点である。ヨットはラーク型と定めている。ラーク型ヨットは平らなスコータイプの小型ヨットでセンターボードを備え底が平らである⁽¹¹⁾。船首に近い1本マストに縦帆1枚が装備されている（6-図-5）。ニューヨーク周辺が誕生の地と言われている。

6-図-5は，ニューヨーク州のオンタリオ湖畔のRochester Canoe Clubに1枚だけ残るラークの写真である。カヌークラブと名称しているが実態はヨットクラブで草創の頃の名前を今も使っている。同クラブのホームページは，明治36（1903）年オンタリオ湖のSodus Bay Yacht Clubが15艇のラークを作った，翌明治37（1904）年ラークだけのレースが開催された，と伝えている。ラークによるレースの嚆矢となる

6-図-5　ラーク型ヨット

ものかも知れない。ラークは米国で流行った。『日本ヨット協会60年史』は明治42（1909）年，後の隅田川造船所社長高橋新八男爵が米国のラークを改良し特許を取り勝郎型ヨット（6-図-6, 202頁）と言う名称で建造販売した。それを模して各地でラークが作られた。その形から下駄ヨットと呼ばれた」と伝えている。

平面　　　　　　　　　　　　　　　　　　　側面

6-図-6　勝郎型ヨット

　勝郎型はラークにはないジブを装備している。マストと船首の間の縦帆である。筆者は『観光地日光その整備充実の歴史』でラークを勝郎型と誤記した。同一のものと誤認したのである。[12]訂正したい。

　男体山ヨットクラブが，いつの時点にラーク型ヨットと定めたかをを示す資料には出会っていない。現存するレースの写真やその他の資料からそれを探ってみたい。6-図-7はダヌタン夫人が撮った明治32（1899）年の初回のレースの写真である。写っているのは1本マストで1枚帆だがキールボート[13]のように見える。明治32年にはラークは未だ日本に伝わっていなかったのであろう。

6-図-7　明治32年のヨットレース（"Fourteen Years of Diplomat Life in Japan" より）

6-図-8　ヨット競争のスタート前（『断たれたきずな』より）

6-図-9　ヨット遊び（『断たれたきずな』より）

　『断たれたきずな』にはヨットの写真が載っている（6-図-8，9）。キャプションに「中禅寺（1911年・明治四十四年　1912年・大正元年）」と書かれた写真の中の2枚である。明治44（1911）年か大正元（1912）年のいずれかの場景である。

6-図-8はスタート地点に集合したヨットであろう。まだ帆は張っていないが1本マストで1枚セイルの喫水の低いスコータイプと見えるヨットが写っている。6-図-9はレース以外のヨッティングの時の1枚であろう。これらを見ると，1本マストの1枚帆，そして帆にはボートナンバーが記されマストの先端にはペナントが付いている。男体山ヨットクラブの会則通りである。これらから，明治の末期から大正の始めには，会則は定められていたと見て間違いないだろう。と言うよりは，1935年の会則と同じ内容であるかどうかは分らないがヨットクラブ設立時には会則も定められたと見るのが自然かも知れない。

翻って，ヨットレース誕生の地横浜を見てみよう。『日本ヨット協会60年史』には明治42（1909）年の出来事として「横浜では，ラーク型ディンギー（センターボーダー）を除いて23隻のキールボートがあった。港内のフランス波止場付近で毎週レースを行うほか，東京湾や伊豆方面へクルージングを行っていた」⁽¹⁵⁾⁽¹⁶⁾と記されている。ここからは明治42年には横浜にラーク型ヨットがあったことが分かる。

また『横浜ヨット協会125年史』は大正の初期の頃の横浜の状況を「この頃米誌『ラダー』に発表された「ラーク」と言う平たいスコータイプのディンギーは，横浜で瞬く間に広がり，人気を集めた。このよく沈をするスリリングな艇は見物人の人気を集めた。このラークは我が国でも「ゲタヨット」と称され普及した」⁽¹⁷⁾と伝えている。普及した一例が男体山ヨットクラブであったのだろう。「沈をする」はヨットが転覆することなので，レースはエキサイティングであったと見てよいだろう。沈しやすいラークを男体山ヨットクラブは選んだ。底が平なので砂浜の浅い所でも陸揚げしやすく必ずしも桟橋を必要としない。また夏期のみのレースである。オフシーズンは陸上で過ごす。陸揚げしやすいことがラークを選んだ理由かも知れない。このように見るとラークは中禅寺には適していた。それゆえにその採用も早かったのだろう。男体山ヨットクラブでは，明治の末から大正の始めにはラーク型を公式の仕様と定めていたと見て間違いないだろう。

第5節　レースとキャプテン

　ここでは各年の"Race Record"からレースの開催日と参加したヨットのキャプテンを表に整理する。"Race Record"には各艇のキャプテンの名前のみが記載されているのでキャプテン以外のクルーの氏名はわからない。

　キャプテンの氏名は"Race Record"に記載のとおりに表記した。また，敬称，肩書も"Race Record"に記載のとおり表記した。

第1項　昭和8（1933）年

　昭和8年のレースの開催日および参加した各艇のキャプテンを表にまとめた（6-表-1，206-207頁）。

　先にも述べたがキャプテン以外のクルーの氏名は記載がないのでわからない。初日は7月15日，最終日9月10日である。開催日数は19日だが，7月23日と8月27日そして9月9日はレースが2回あったので回数は22回となる。土日と水曜が多い。朝9時45分集合10時開始である。当日中禅寺に登りレースに参加するには無理がある。前日からの滞在が必要となる。

　番号欄1（以下「番号欄」省略）のロスと2のロス夫人は英国の武官補夫妻である。ロスは12日，延べ13回のレースに参加した。夫人は2日，延べ2回のだけの参加である。この日はロスもキャプテンとして参加している。夫人は空いているヨットを借りての参加であろう。この2日以外はロスのヨットにクルーとして同乗したに違いない。キャプテンとして名前のない日は他のヨットのクルーまたは不参加もしくは中禅寺に不在であったのだろうが夫妻は，夏の多くを中禅寺で過ごしたのだろう。

　3のレクターレン伯爵夫人と4のレクターレンはオランダの臨時代理公使夫妻である。夫人は16日延べ19回のレースに参加した。代理公使は14日，延べ16回参加している。2人がキャプテンとして参加しているレースも多い。夫々がボートを所有していたかどちらかがボートを借用したのであろう。

　5のヴィヴィアン夫人と6のヴィヴィアンは英国の武官夫妻である。ヴィヴィ

6-表-1　昭和8(1933)年に開催されたレースの参加状況
　　　　(会員がキャプテンとして参加したレースの開催日を塗りつぶしてある)

番号	キャプテン名	官職等	7月					8月							
			15日	20日	22日	23日	29日	3日	5日	12日	13日	17日	19日	20日	2
			土	木	土	日	土	木	土	土	日	木	土	日	
1	Ross	英武官補													
2	Mrs. Ross	英武官補夫人													
3	Countess Rechteren	和公使夫人 (1)													
4	Rechteren	和公使 (2)													
5	Mrs. Vivian	英武官夫人													
6	Vivian	英武官													
7	de le Noë	仏武官													
8	Hergel	丁公使 (3)													
9	Mrs. Erdmannsdorff	独大使夫人 (4)													
10	Erdmannsdorff	独大使 (5)													
11	Mrs. Lewis	不明													
12	Lewis	不明													
13	Keenleyside	加書記官													
14	Mrs. Keenleyside	加書記官夫人													
15	Chapman	英名誉館員													
16	Mrs. Chapman	英名誉館員夫人													
17	Morland	英書記官													
18	de Lens	仏大使 (6)													
19	Col. James	英武官													
20	Mrs. Snow	英大使夫人 (7)													
21	Crowe	英書記官													
22	Baty	外務省顧問													
23	Abrikossow	元露外交官													
24	Col. Mast	仏武官													
25	Tisside	不明													

註・英国は英，オランダは和，フランスは仏，デンマークは丁，ドイツは独，カナダは加と表記
　・右肩に括弧付きの官職名は以下の省略：(1)は和臨時代理公使夫人，(2)は和臨時代理公使，
　　代理大使夫人，(5)は独臨時代理大使，(6)は仏臨時代理大使，(7)は英臨時代理大使夫人

	9月				
7日	28日	30日	2日	9日	10日
日	月	木	土	土	日

臨時代理公使，（4）は独臨時

アンは海軍大佐であった。夫人は17日延べ20回，大佐は15日延べ17回のレースに参加している。夫妻は夫々がヨットを所有していた。大佐の参加日は全て夫人も参加している。それぞれがレースを楽しんだ。若しくは競ったのかも知れない。海軍武官の意地がかかっていたかも知れない。いずれにせよ夫妻は夏の期間中禅寺を楽しんだことは間違いないだろう。

7のフランス海軍武官デ・ラ・ノエは10日延べ11回，8のデンマークの臨時代理公使ヘーゲルは14日延べ14回参加している。

9のエルドマンズドルフ夫人と10のエルドマンズドルフはドイツ臨時代理大使夫妻である。夫人は16日延べ18回，代理大使は13日延べ15回参加している。それぞれキャプテンとして参加したレースも多い。夫妻は大使館別荘で夏を過ごしたに違いない。

11と12は御夫妻であろう。ルイス夫人は16日延べ18回の参加であった。御主人のルイスは2日2回の参加である。夫人のヨットのクルーであったのかも知れない。夫人はトーマス・ベイティの従弟で別荘を持っていたらしい。13と14はカナダ書記官キーンリーサイド夫妻である。キーンリーサイドは12日延べ14回の参加である。少なくても7月29日から最終日9月10日までは中禅寺に滞在したと見て間違いないだろう。夫人は1回だけの参加である。もっぱらご主人のヨットのコックスであったのだろう。

15のチャプマンは英国大使館の名誉館員である。16は夫人である。陸軍中尉であるチャプマンは，2日延べ2回の参加，夫人は4日延べ4回の参加である。8月28日

は2人が夫々キャプテンとして参加している。どちらかがヨットを借りたのであろう。他の日はお互いにクルーとして参加したに違いない。*17*の英国書記官モーランドは4日延べ4回の参加である。

*18*はデ・レンス仏臨時代理大使である。9日延べ9回の参加である。*19*は英国の陸軍武官アーサー・ジェームズ大佐である。12日延べ13回の参加，夏の間中禅寺滞在の日が多かった。

*20*は英国の臨時代理大使スノー夫人である。17日延べ19回の参加である。大使館別荘滞在であったのだろう。代理公使はキャプテンとしての参加はないが夫人のヨットのクルーとして参加したのかもしれない。*21*の英国書記官クロウは16日延べ18回の参加である。夏の間中禅寺滞在と考えられる。

*22*は外務省顧問のトーマス・ベイティである。15日延べ16回の参加である。前章で見たがベイティは中禅寺湖畔に別荘を持っていた。夏季は別荘に滞在したのであろう。*23*のアブリコソフはベイティの別荘に寄留していた。8月27日，28日以外はベイティのボート *"The Ark"* のクルーであったに違いない。

*24*はフランスの陸軍武官マスト大佐である。1日1回の参加だけである。同僚のデ・ラ・ノエは13回参加している。マストは陸軍，デ・ラ・ノエは海軍の武官であった。デ・ラ・ノエの参加回数が多いのは納得できる。*25*のTisside の詳細は不明である。

第2項　昭和9（1934）年

昭和9年のレースの開催日および参加した各艇のキャプテンを表にまとめた（6-表-2, 210-211頁）。

初回と2回の日付は残されていない。3回目が7月21日で最終日は9月8日であった。8月4日，8月25日そして9月2日はレースが2回あったのでレース開催日数は20日レースの回数は23回となる。

番号欄*1*（以下「番号欄」省略）のレクターレンと*2*のレクターレン伯爵夫人はオランダの書記官夫妻である。前年に引き続いての参加である。レクターレンは9日延べ10回，夫人は14日延べ15回参加した。両者がキャプテンとして競っ

た日もある。またレクターレンが夫人のクルーとして参加した日もあったようだ。

　3のヴィヴィアン夫人と4のヴィヴィアン大佐も前年に続いての参加である。夫人は16日延べ17回、大佐は14日延べ15回の出場があった。内14回は夫妻が夫々キャプテンとして参加した。競い合う関係であるが避暑地のレースではそれも楽しみなのだろう。

　5のルイスと6のルイス夫人も前年に続いての参加である。二人の詳細は不明だが、ルイスは3日延べ4回、夫人は11日延べ13回の参加である。7の英国書記官マクダーモットは14日延べ15回、8の英国陸軍武官ジェームズ大佐は10日延べ11回の参加である。

　9のサー・ロバート・クライヴと10のレイディ・クライヴは英国大使夫妻である。大使は7日延べ7回、夫人も7日延べ7回の参加、内5回は同じレースに参加している。夫妻で競ったと言ってよいだろう。他はキャプテンとクルーと言う関係での参加であろう。

　6-図-10(211頁)は、昭和9(1934)年堀野正雄撮影[20]の1枚である。雑誌『NIPPON』[21]から転載した。舵を握っているサー・クライヴがキャプテンであろう。"Race Record"を見ると、大使がキャプテンで夫人がクルーであり得るのは8月3日ないし18日のレースである。この1枚はそのいずれかであろう。

　11のフランス海軍武官デ・ラ・ノエは昨年から引き続きの参加、13日延べ14回の出場である。大使館の別荘はあるが同僚の参加はない。デ・ラ・ノエひとりだけである。海軍武官の面目であろうか、若しくは陸上勤務のストレス発散かも知れない。

　12のミス・メドレーの詳細は不明だが10日延べ10回の参加である。

　13のクロッカーと14のクロッカー夫人は米国の書記官夫妻である。クロッカーは7日延べ7回、クロッカー夫人は2日延べ2回の参加である。アメリカの外交官は軽井沢を好んだようだがクロッカーは中禅寺に来ている。セイリングが好きだったのかも知れない。

　15のクロウと16のクロウ夫人は英国書記官夫妻である。クロウは13日延べ

6-表-2　昭和9(1934)年開催のレースの参加状況
　　　　(会員がキャプテンとして参加したレースの開催日をぬりつぶしてある)

番号	キャプテン名	官職等	7月				8月							
			不明	不明	21日 土	22日 日	3日 金	4日 土	5日 日	10日 金	12日 日	18日 土	19日 日	25日 土
1	Rechteren	和書記官		■	■					■				
2	Countess Rechteren	和書記官夫人		■	■					■				
3	Mrs. Vivian	英武官夫人	■							■				
4	Cap. Vivian	英武官	■							■				
5	Mr. Lewis	不明								■				
6	Mrs. Lewis	不明								■				
7	MacDermott	英書記官								■				
8	Col. James	英武官								■				
9	Sir R. Clive	英大使								■				
10	Lady Clive	英大使夫人								■				
11	de le Noë	仏武官												
12	Miss. Medley	不明												
13	Crocker	米書記官												
14	Mrs. Crocker	米書記官夫人												
15	Crowe	英書記官	■							■				
16	Mrs. Crowe	英書記官夫人	■							■				
17	Keenleyside	加書記官	■							■				
18	Mrs. Keenleyside	加書記官 夫人	■							■				
19	Abrikossow	亡命露外交官	■											
20	Hergel	丁公使[1]										■		
21	Thackeray	上海の将軍										■		
22	Funsten	スウェーデン協会												
23	Mrs. Funsten	上記夫人												
24	Mrs. Macrae	英書記官夫人												
25	Bassompierre	白大使	■											
26	Balyhum	不明												
27	Mrs. Balyhum	不明												
28	Mrs. Teusler	不明												

註・昭和9年の "Race Record" にはボートナンバーだけでキャプテンの名前の記載のないレースが〔
　　キャプテンの名前が書いてある。それらからキャプテン不記載のレースのキャプテン名を類推
　・アメリカは米，ロシアは露，ベルギーは白と表記
　・(1)は丁臨時代理公使

	9月					
30日	2日	3日	4日	6日	7日	8日
火	日	月	火	木	金	土

。他のレースはボートナンバーと
表を作成した

15回，夫人は12日延べ15回のレースに参加している。内12回は夫々がキャプテンとして参加した。

*17*のキーンリーサイドと*18*のキーンリーサイド夫人はカナダ書記官夫妻である。書記

6-図-10　サー・クライヴ英国大使夫妻
（『NIPPON』[復刻版] 国書刊行会より）

官は9日延べ9回，夫人は8日延べ11回の参加である。キャプテンとして参加したレース以外では夫々が相手のボートのクルーとして参加したと考えるのが自然かも知れない。そう考えると夫妻通算で13日延べ16回の参加になる。

*19*の亡命元ロシア外交官アブリコソフは10日延べ11回の参加である。ベイティの別荘に寄留し，ベイティのボート (*The Ark*)[(22)] を借りて参加した (6-図-11)。キャプテンにベイティの名前はないがアブリコソフのクルーとして同乗したのだろう。

6-図-11 (212頁) は，昭和9年のレースを写した一枚である。正面一番手前がベイティの持船"The Ark"である。帆が一枚のラークと違い2枚装備されている。メインセイル以外にジブ（船首三角帆）が張られている。他のボートは皆ラークである。"The Ark"の方が大き

い。ラークは2人乗りだが
"The Ark"には数人が乗っ
ているよう見える。ラーク
の帆には会則通りに番号が
書かれているが"The Ark"に
は記されていない。形と大
きさから視認が容易かった
ので識別のための番号は不
要だった。会則とは異なる
船型だがベイティはクラブ
の許可を取ったのであろう。

6-図-11　"The Ark"（『NIPPON』［復刻版］国書刊行会より）

　*20*のデンマーク臨時代理公使ヘーゲルは6日延べ6回の参加である。*21*のサッカレイは8月18日1回だけの参加である。官職等は記されていないが翌昭和10年のレースに上海から来たサッカレイ将軍夫妻が参加している。同一人物であろう。18日はレース日和であったようだ。"Race Record"には"Very good moderate Nikko wind."と記されている。サッカレイの順位は12艇中8位，だが楽しかったのだろう。それゆえの翌年の夫婦での参加であろう。

　*22*のフンステンと*23*のフンステン夫人はスウエーデン協会の関係者と思われる。9月2日にスウェーデン皇太子レース（Swedish Crown Prince's Race）があった。会則ではこのレースにはスウェーデン協会を招待することになっていた。フンステンは9月2，3日夫人は9月3日のレースに参加している。

　*24*のマックレイ夫人は英国書記官夫人，3日延べ3回の参加である。*25*はベルギー大使バッソンピエール男爵，初日1日の参加である。*26*と*27*はベリイハム夫妻，9月3日1回だけの参加である。臨時会員であろう。官職等は不明である。*28*のテウスラー夫人も詳細は不明である。1日1回の参加なので臨時会員であろう。

第3項　昭和10（1935）年

　昭和10年の *"Race Record"* には，会員名（6-図-12）と所有するボートナンバーが記載されている（6-図-13）。それらを整理した（6-表-3，214頁）。

　正会員は27名，その内外交官は22名，中でも英国の外交官が12名で全外交官の半分以上を占めた。正会員の国籍は7カ国に亘る。

　番号欄 *14*（以下「番号欄」省略）のサッカレイは上海の将軍と記されている。上海には英国の租界があり英国軍が駐屯していた。将軍が常駐していたのかも知れない。サッカレイは昨年1日だけだがレースに参加している。臨時会員だったのだろう。上海とは異なる風景が気に入ったのかも知れない。今年は夫人ともども正会員としての参加である。

　臨時会員は3名で，*1* のデイビスと *2* のセントン夫人は香港から，*3* のグラハム大佐は上海から来た軍人と思われる。香港は英国の植民地であった。英国人が多い。一方クラブの会員も英国人が多く，陸海両軍の武官もいた。英国人には馴染みやすい環境であったろう。それゆえに上海の軍人も海を渡って来たの

6-図-12　Members（小島喜美男氏保管）

6-図-13　Boat Numbers（小島喜美男氏保管）

6-表-3　昭和10年の男体山ヨットクラブの会員とボートナンバー

番号	氏　　　名	官　職　等	所有しているボートの番号
	Members（正会員）		
1	Sir R. Clive	英国大使	11
2	Lady Clive	英国大使夫人	—
3	Miss. Clive	英国大使令嬢	10
4	Baron de Bassompierre	ベルギー大使	—
5	Mr. Pila	フランス大使	14
6	Col. Mast	フランス武官	4
7	Mrs. Mast	フランス武官夫人	—
8	Mr. Baty	外務省顧問	—
9	Mde. Mariani	イタリア参事官夫人	23
10	Mr. Clark	英国書記官	13
11	Mr. Harrison	英国書記官	13
12	Mr. Hergel	デンマーク臨時代理公使	5
13	Mr. MacDermot	英国書記官	12
14	General Thackeray	上海の将軍	24
15	Mrs. Thackeray	上海の将軍夫人	—
16	Count Rechteren	オランダ書記官	18
17	Countess Rechteren	オランダ書記官夫人	2
18	Mr. Huter	英人実業家	22
19	Mr. Cunningham	英国参事官	—
20	Mr. Thurubeer	不明（ルイス宅寄留）	16
21	Captain Vivian	英国武官	21
22	Mrs. Vivian	英国武官夫人	3
23	Colonel James	英国武官	9
24	Mr. Chapman	英国名誉大使館員	—
25	Mrs. Crocker	アメリカ書記官	6
26	Mr. Dickover	アメリカ書記官	7
27	Mr. Macrae	英国書記官	17
	Temporary Members（臨時会員）		
1	Davis	香港	—
2	Mrs. Thenton	香港	—
3	Colonel Graham	上海	—

註・男体山ヨットクラブのボートの総数はボートナンバー1から24までの24艇である
　　ただし・ボートナンバー8はMrs. Lewisの所有だがこの年は正会員として登録していない
　・ボートナンバー13はClarkとHarrisonの共有である
　・ボートナンバー1, 15, 19, 20は今年は所有者がいないので番号が欠落している
　・ボートナンバーの記載のない会員はボートを所有していないので借用して参加
　・臨時会員はボートを所有していない
　・9のMde. はMadameの略と思われる

だろう。臨時会員の3人は英国人と見るのが自然かも知れない。

　次に会員のボートを見る。6-表-3にあるボートの番号は帆の両面に記された番号である。キャプテン名の代わりと言ってよい。

　イギリス大使一家はボートナンバー（以下「ボートナンバー」省略）10と11のオーナーであった。大使館が所有していたのかも知れない。ベルギー大使はボートを持っていなかった。フランス大使の14は，大使館所有であったようだ。フランスの武官は4のオーナーであった。

　先にも触れたがベイティのボートに番号はない。それ故Boat Numbersには記載されていない。1本のマストにメインとジブの2枚の帆を持ち船体も大型であった（6-図-11，212頁）。他のボートは1枚帆のラークだけである。ボートナンバーがなくても識別しやすい。大型ゆえであろうアーク（ノアの箱舟）と呼ばれた。

　イタリア参事官夫人は23，クラークとハリソンの二人の英国書記官は13，デンマーク臨時代理公使は5，英国書記官マクダーモットは12，上海の将軍は24のオーナーであった。オランダ書記官は18そして夫人が2，そしてハンターは22のオーナーであった。英国書記官カニンガムは所有していない。Mr. Thurubeerは16，英国武官ヴィヴィアン夫妻は21と3，ただしヴィヴィアン大佐は2艇所有していた。1艇をハンターに売却した。それが22である。"Race Record"の22のボートの欄には"Mr. Vivian sold boat to Hunter."と註釈がある。ハンターはボートを所有したので会員になれたのだろう。英国武官ジェームズは9のオーナーであった。英国の名誉大使館員チャップマンはボートを所有していなかった。アメリカの書記官クロッカーは6，同じく（アメリカの書記官）ディックオーバーは7，英国書記官マックレイは17のオーナーであった。メンバーはそれぞれのボートナンバーを背負ってレースに臨んだ。その状況を見てみたい（6-図-14，218頁）。

　6-図-14はスタート時の写真と思われる。クラブハウス付近であろう。クラブハウスは昭和初期に建てられたという。スタートとフィニッシュの地点であった。この写真が昭和10年に撮られたものであれば，次章246頁の7-表-3に見る

6-表-4　昭和10(1935)年開催のレースの参加者
　　　　（会員がキャプテンとして参加したレースの開催日をぬりつぶしてある）

番号	キャプテン名	官職等	7月 14日 日	19日 金	20日 土	21日 日	24日 水	27日 土	28日 日	31日 水	8月 3日 土	4日 日	7日 水	11日 日	17
1	Sir R. Clive	英大使													
2	Lady Clive	上記夫人													
3	Miss. Clive	英大使令嬢													
4	Baron de Bassompierre	白大使													
5	Mr. Pila	仏大使													
6	Colonel Mast	仏武官													
7	Mrs. Mast	仏武官夫人													
8	Mr. Baty	外務省顧問													
9	Mde. Mariani	伊参事官夫人													
10	Mr. Clarke	英書記官													
11	Mr. Harrison	英書記官													
12	Mr. Hergel	丁公使[1]													
13	Mr. MacDermott	英書記官													
14	General Thackeray	上海の将軍													
15	Mrs. Thackeray	上記夫人													
16	Count Rechteren	和書記官													
17	Countess Rechteren	上記夫人													
18	Mr. Hunter	英実業家													
19	Mr. Cunningham	英参事官													
20	Mr. Thurubeer	不明													
21	Captain Vivian	英武官													
22	Mrs. Vivian	上記夫人													
23	Colonel James	英武官													
24	Mr. Chapman	英武官													
25	Mr. Crocker	米書記官													
26	Mr. Dickover	米書記官													
27	Mr. Macrae	英書記官													
28	Mr. Davis	短期会員 (Hong Kong)													
29	Mrs. Thenton	短期会員 (Hong Kong)													
30	Col. Graham	短期会員 (Shanghai)													
31	Mrs. Bassompierre	白大使夫人													
32	Major Reed	不明													
33	Abrikossow	亡命露外交官													
34	Ball	Y.Y.C会員													
35	Laffin	Y.Y.C会員													
36	Brockhurst	Y.Y.C会員													
37	Lewte	Y.Y.C会員													
38	Cap. Mocock	Y.Y.C会員													
39	Pestalogy	Y.Y.C会員													
40	Mrs. Lewis	不明													
41	Mlle Bruyeir	不明													

註・イタリアは伊と表記　　・Y.C.C.は横浜ヨットクラブの略
　・5のMr. Pila（フランス大使），18のMr. Hunter（英国人実業家）はキャプテンとして参加していない
　　たのであろう。二人とも会員である
　・20のMr.Thurubeerには，ルイス宅寄留（"belonngs to Lewis's home"）と書かれている
　・(1)はデンマーク臨時代理公使

日21日	24日	25日	1日	6日	7日
水	土	日	日	金	土

ヨットのクルーとして参加し

とおり，正面の10のボートに英国大使一家の誰かが，また左の2のボートにはオランダ書記官夫人がキャプテンとして乗っていた。

　以上が会員とボートナンバーである。次にレースの開催日および参加した各艇のキャプテンを見てみよう（6-表-4）。

　初日は7月14日，最終日9月7日である。開催日数は20日，ただし7月28日と8月24日はレースが2回あったので回数は22回となる。土日と水曜が多い。

　番号欄1（以下「番号欄」省略）から3は英国大使一家である。大使は15日延べ16回，夫人は3日延べ4回，ミス・クライヴは12日延べ12回の参加であった。キャプテンとして出場していない日の夫人は大使のクルーだったに違いない。ミス・クライヴのクルーは誰であったかはわからないが一家は夏の間中禅寺滞在と見て間違いないだろう。4のバッソンピエール大使は16日延べ17回の参加である。男体山ヨットクラブのボート総数は24である。参加が一番多いレースでも16艇であった。ボートに余裕があった。バッソンピエールは，空いているボートを借りたのだろう。5の仏大使ピラはキャプテンとして参加はない。いずれかのボートにクルーとして参加したのだろう。6と7は仏武官マスト夫妻である。大佐は7日延べ7回，夫人は4日4回の参加である。その内3回はそれぞれがキャプテンとして参加した。夫婦で競った。その他の参加日は互いにクルーとして相手のヨットに乗ったのだろう。8のベイティは"The Ark"をアブリコソフと使ったようだ。アブリコソフは名誉会員であったのだろう。それゆえ正会員には名を連ねていない。ベイティは

6-図-14　ヨットレース（写真提供 飯野達央氏）

2日延べ2回，33のアブリコソフは9日延べ9回の参加である。互いにクルーとして同乗したに違いない。9のイタリア参事官夫人は14日延べ14回の参加，10のクラークは13日延べ15回，ハリソンは8日延べ8回の参加である。クラークとハリソンはボートを共有していた。チームを組んだのであろう。ただし7月28日，8月4，11，25日は2人ともキャプテンとして参加している。どちらかがボートを借用しての参加であろう。12のヘーゲルは2日延べ2回，13のマクダーモットは6日延べ6回，14のサッカレイ将軍は5日延べ5回，夫人は6日延べ7回の参加である。夫妻は4回夫々がキャプテンとして参加している。互いに競う相手である。将軍は戦場とは異なる絶景の湖で夫人との戦い臨んだ。

　16のレクターレン伯爵は15日延べ16回，伯爵夫人は18日延べ19回参加した。その内15回は夫々がキャプテンとして参加している。競う相手になったのである。18のハンターと20のThurubeerはキャプテンとしての参加はない。誰かのヨットのクルーとして参加したのかもしれない。19のカニンガムもキャ

プテンとしての参加はない。クルーとしての参加であろう。

　21の海軍武官ヴィヴィアン大佐は17日延べ17回，22の夫人は19日延べ20回，その内17回はそれぞれキャプテンとして参加，つまり競っている。23の陸軍武官ジェームズ大佐は14日延べ15回の参加である。ヴィヴィアン大佐の17回と差はない。両者は11回同じレースに参加している。陸軍対海軍の競いと見るならばヨットとは縁の遠い陸軍を応援したくなる。

　24のチャプマンは1日1回，25のクロッカーは6日延べ7回，26のディックオーバーは9日延べ11回，27のマックレイは7日延べ7回の参加である。28から30は臨時会員である。28のデイヴィスは6日延べ6回，29のセントン夫人は1日で1回，30のグラハム大佐は2日で2回の参加であった。31のバッソンピエール夫人はキャプテンとしての参加はない。バッソンピエール男爵のクルーであったのだろう。

　32のリード少佐は1日1回，34のボールから39のペスタロジーは横浜ヨットクラブの会員で，2日で2回の参加であった。40のルイス夫人はキャプテンとしての参加はない。41のブリュイル嬢は1日1回だが官職等は分からない。

第4項　昭和11（1936）年

　昭和11年のレースの開催日および参加した各艇のキャプテンを表にまとめた（6-表-5，220-221頁）。

　初日は7月11日，最終日9月11日である。レース開催日は25日，ただし8月1，8，15，19，29，そして9月5，11の7日はレースが2回あったので回数は32回となる。

　番号欄1（以下「番号欄」は省略）のサー・ロバート・クライヴ大使は17日延べ20回，2のレイディ・クライヴ大使夫人は15日延べ16回の参加である。夫々ヨットを所有していたようだ。お互いがキャプテンとして参加したレースが16回ある。

　3のアブリコソフは20日延べ22回参加した。一方4のベイティは1日1回だけ，他の日はアブリコソフのクルーとして参加したのであろう。5のマリアニ

（会員がキャプテンとして参加したレースの開催日を塗りつぶしてある）

番号	キャプテン名	官職等	7月							1日	5日	8日	9日	12
			11日	18日	19日	22日	25日	26日	30日	1日	5日	8日	9日	
			土	土	日	水	土	日	木	土	水	土	日	
1	Sir R.Clive	英大使												
2	Lady Clive	英大使夫人												
3	Mr. Abrikossow	元露外交官												
4	Dr. Baty	外務省顧問												
5	Mde. Mariani	伊参事官夫人												
6	Miss. Bell	英武官室職員												
7	General Piggott	英武官												
8	Mr. Sawbridg	英書記官												
9	Mrs. Lewis	不明												
10	Lewis	不明												
11	Cpt. Rawlings	英武官												
12	Mrs. Rawlings	英武官夫人												
13	Mr. Harrison	英書記官												
14	Mrs. Harrison	英書記官夫人												
15	Langley	加書記官												
16	Mrs. Langley	加書記官夫人												
17	Mr. Clarke	英書記官												
18	Mr. Dodds	英参事官												
19	Mrs. Cowley	英書記官夫人												
20	Mr. Dickover	米書記官												
21	Mrs. Dickover	米書記官夫人												
22	Cpt. James	不明												
23	Col. Mast	仏武官												
24	Cdr. Ross	英武官補												
25	Mr. Levedog	Y.Y.C.												
26	Mr. Brockhurot	Y.Y.C.												
27	Mr. Ohara	Y.Y.C.												
28	Mr. Hurden	Y.Y.C.												
29	Mr. Mocock	Y.Y.C.												
30	Mr. Laffin	Y.Y.C.												
31	Mrs. Laffin	Y.Y.C.												
32	Miss. Feralto	Y.Y.C.												
33	Col. Graham	臨時会員（Shanghai）												
34	Mr. Loild	不明												
35	Col. Seelt Seelt	不明												

8月								9月				
15日	16日	19日	22日	23日	26日	29日	30日	2日	5日	6日	7日	11日
土	日	水	土	日	水	土	日	水	土	日	月	金

参事官夫人は9日延べ10回，6の英国大使館武官室のミス・ベルは19日延べ21回の参加である。7のピゴット将軍は20日延べ23回の参加である。5回目の日本赴任後間もないが勝手知ったヨットレースである。23回の参加は余裕の表れかも知れない。8のソーブリッジ書記官は11日延べ13回，9と10はルイス夫妻である。夫人は16日延べ19回，一方ルイスは1日1回だけ，他の日は夫人のボートのクルーであったのだろう。

11と12はローリングス大佐夫妻，大佐は23日延べ25回参加，一方夫人は8日8回の参加である。13と14はハリソン書記官夫妻，書記官は16日延べ18回，一方夫人は2日2回だけ，もっぱら書記官のクルーであったのだろう。15と16はラングレー書記官夫妻，書記官は20日24回夫人9日10回，夫人は出場した全てのレースで書記官と競っている。

17のクラーク書記官は23日28回，参加しなかった日は2日だけである。18のドッズ参事官は17日延べ21回，19のカウリー書記官夫人は15日20回，20と21はディックオーバー書記官夫妻，書記官は18日20回，夫人は10日12回の出場である。夫人は1回だけ除いて書記官と競っている。22のジェームズ大尉は12日15回，23のマスト大佐は5日5回，24のロス武官補は1日1回だけ，25のレブドックから32のフェラレトまでの8人は男体山ヨットクラブとの交流レースに参加した横浜ヨットクラブの会員である。交流レースは2日間行われた。8月15日は午前午後レースがあったので計3回となる。2日延べ3回の参加が5人，1日延べ2回の参加が1人，1回が2人であった。

33のグラハム大佐は，昨年も臨時会員で参加した上海の大佐であろう。5日延べ6回の参加である。34のロイルドの詳細は不明だが2日3回の参加，35のシールト・シールトは肩書きが大佐なので軍人であろうが詳細は不明，1日1回の参加であった。

第5項　昭和13（1938）年

昭和13年のレースの開催日および参加した各艇のキャプテンを表にまとめた（6-表-6, 224-225頁）。

初日は7月10日，最終日9月11日である。レール開催日数は24日，ただし，8月14と20日はレースが2回あったので回数は26回となる。

番号欄1は英国大使とのみ表記されているが，サー・ロバート・クレイギー大使である。大使は8日延べ9回，2のレイディ・クレイギー大使夫人は9日延べ9回である。夫々がキャプテンとして競ったレースが4回ある。3と4はスウェーデン公使夫妻，公使は役職名だけが記載されているがWidar Bagge公使であろう。6日延べ6回の参加である。夫人はキャプテンとしての参加は1回だけだが公使参加のレースでは公使のヨットのクルーだったに違いない。

5の英国の語学将校パーカー中尉は9日延べ9回，シーズンの前半に多い。6と7はローリングス大佐夫妻，大佐は10日延べ10回，夫人は2日延べ2回だけであった。他は大佐のボートのクルーであったのだろう。8と9は英国の書記官夫妻，書記官は10日延べ11回，夫人は3日延べ3回の出場であった。ローリングス夫妻同様に夫人は書記官のクルーであったのだろう。10の米海軍武官補のトーマス大尉は15日延べ16回の参加であった。

11と12はアメリカの書記官夫妻，書記官は14日延べ14回，夫人は12日延べ13回の参加である。13と14はピゴット将軍親子，将軍は17日延べ18回，ミス・ピゴットは11日延べ11回の参加である。親子で競ったレースが8回，他はチームとして参加したのだろう。競うにしろ一緒に戦うにしろ楽しい時間であったことは想像できる。15はイタリア大使館の参事官スカマッカ男爵である。4日延べ4回の参加であった。16と17は海軍少佐のシェパード夫妻である。官職名は分らない。少佐が17日延べ18回，夫人は1日1回だけの参加だがそれ以外は少佐のボートのクルーであったのだろう。18と19はカナダ書記官のクロフト夫妻，書記官は4日5回，夫人は6日6回である。同じレースに参加したのは1回だけである。他のレースはお互いにクルーとして参加したのだろう。20はジェームズ大尉，詳細は不明だが20日延べ21回の参加である。開催日で見ると約9割のレースに参加している。

21は英国大使館参事官カニンガム夫人，12日延べ13回の参加である。参事官の参加はない。夫人のヨットのクルーであったのだろう。22は外務省顧問ベ

6-表-6　昭和13（1938）年開催のレースの参加状況
（会員がキャプテンとして参加したレースの開催日を塗りつぶしてある）

番号	キャプテン名	官職等	7月 10日 日	13日 水	16日 土	17日 日	20日 水	23日 土	24日 日	30日 土	31日 日	7日 日	10日 水	13日 土	14日 日
1	The British Ambassador	英大使							■	■					
2	Lady Craigie	英大使夫人							■	■					
3	The Swedish Minister	瑞典公使							■	■					
4	Mrs. Bagge	瑞典公使夫人													
5	Lieutenant Parker	英語学将校													
6	Captain Rawlings	英武官												■	
7	Mrs. Rawlings	英武官夫人													
8	Mr. Clarke	英書記官		■	■										
9	Mrs. Clarke	英書記官夫人		■											
10	Lieutenant Thomas	米武官補													
11	Mrs. Coville	米書記官夫人		■	■									■	
12	Mr. Coville	米書記官													
13	General Piggott	英武官													
14	Miss. Juliet Piggott	英武官令嬢												■	
15	Baron Scammacca	伊参事官		■	■										
16	Lt Comdr. Sheppard	不明		■	■										
17	Mrs. Sheppard	不明													
18	Mr. Croft	加書記官								■	■				
19	Mrs. Croft	加書記官夫人								■					
20	Captain James	英武官													
21	Mrs. Counningham	英参事官夫人												■	
22	Dr. Baty	外務省顧問		■	■										
23	Mr. Abrikossow	元露外交官													
24	Mrs. Macrae	英書記官						■	■						
25	Mr. wild	不明													
26	Mr. Sawbridge	英書記官													
27	Gore-Booth	英書記官													
28	Captain Bryant	英武官													
29	Bert	不明													
30	Miss. Thorts	不明													
31	Mrs. Cowley	英書記官													
32	Captain (Liuetenant) Ross	英武官補													
33	Mr. Niby	不明													
34	Lt Cdr. Bridget	米武官補													
35	Mr. Mason	英書記官													
36	Mr. Coolidge	不明													
37	Mr. Levedog	Y.Y.C.会員											■	■	
38	Mrs. Levedog	Y.Y.C.会員													
39	Mr. Laffin	Y.Y.C.会員													
40	Mr. Harris	Y.Y.C.会員													
41	Mr. Necterman	Y.Y.C.会員													
42	Mr. Pestalogy	Y.Y.C.会員													
43	Miss. Yerdts	Y.Y.C.会員													
44	Mr. Hurden	Y.Y.C.会員													
45	Mr. Vader nearese	不明													

註：スウェーデンを瑞典と表記

	月				9月					
20日土	21日日	24日水	27日土	28日日	不明	不明	7日水	不明	不明	11日日

イティ, 23はアブリコソフである。二人はベイティのボート "The Ark" で参加した。ベイティは4日延べ4回, アブリコソフは10日延べ10回, 両者合わせると14日延べ14回の参加になるが両者共にキャプテンであったレースはない。2人はチームであったと見てよい。24のマックレイ英国書記官夫人は2日延べ2回, 25のワイルドは官職等不明だが4日4回の参加である。

26の英国書記官ソーブリッジ8日延べ8回, 27の英国書記官のゴア・ブースは6日延べ7回である。28の英国の空軍武官ブライアント大尉は3日3回の参加だが, 空を飛び回る軍人がセイリングをどのように感じたのかは興味深い。29のバートは官職等不明だが1日1回, 30のソーツはシーズンの後半に8日延べ8回の参加である。同じく詳細は分らない。31のカウリー英国書記官夫人は2日2回, 32の英国の武官補ロスは1回と少ない。33のニビーも1回の参加, 官職等不明である。34のブリジェット少佐は米国の海軍武官補だが1回だけの参加, 35の英国書記官のメイソンと36の官職等不明のクーリッジも1回だけの参加である。

37のレブドックから44のハーデンまで8人は横浜ヨットクラブの会員で対抗レースの出場者である。ただし, 37のレブドックや44のハーデンは長期に滞在したようで対抗

戦以外のレースにも参加している。*45* の Vader nearese は 1 回だけの参加だが詳細は不明である。

第6項　昭和14（1939）年

14年のレースの記録はない。

当時の雰囲気をピゴットは *"Although we did not realize it at the time, the autumn and winter of 1938-39 was the last season of peace for most of the foreign residents in Japan;"* と書いている。ここでは「思い返せば日本在住の外国人にとって昭和13年の秋から昭和14年の冬までが最後の平和な時であった」と言っている。[23]

昭和14年の春以降は，日中の戦争など平和に対する不安を感じるような世相であったと言っているのかも知れない。中禅寺で避暑を過ごすと言う気持ちにはなれなかったという事であろうか。昭和14年は，ヨットレースも開催されなかったと見るのが順当かも知れない。

第6節　本章のまとめ

1. レースの開催期間と開催日数そして開催されたレースの回数

外国人避暑地中禅寺の最盛期と位置づけられる昭和戦前に開催されたヨットレースの開催期間，開催日数，レースの回数を整理した（6-表-7）。

7月中旬若しくは8月初旬から9月上旬までレースが開催された。開催日は19から25日と年によって異なる。レースの回数も22回から32回と幅があるが，週に3回程度はレースがあった。

6-表-7　ヨットレースの開催期間・日数・回数

年	初日	最終日	日数	回数
昭和8（1933）年	7月15日	9月10日	19	22
昭和9（1934）年	7月不明	9月8日	20	23
昭和10（1935）年	7月14日	9月7日	20	22
昭和11（1936）年	7月11日	9月11日	25	32
昭和13（1938）年	7月10日	9月11日	24	27

2. キャプテンの内訳

次にレースに参加したキャプテンの内訳，そしてキャプテン全体に占める外交官とその家族の割合を見てみる（6-表-8）。

昭和8年のキャプテンの数は25，その内外交官とその家族の数は21で全体の84％を占める。昭和9年は70％，昭和10年は69％だが2日間だけ参加の横浜ヨットクラブの会員を加えると59％になる。同様に昭和11年は74％と57％，昭和13年は75％と62％になる。これはあくまでもレースにキャプテンとして参加した会員のみの数字である。クルーの詳細わからないがそれを加えても同様な傾向にあると思われる。

次にキャプテンを国別に整理する（6-表-9，228頁）。

いずれの年も英国の占める割合が大きい。昭和8年は48％，9年が47％，10年は50％，11年は65％，13年は64％である。全体としてみれば英国が過半数を占めると言ってよいだろう。

6-表-8　キャプテンの内訳・国籍数・外交官とその家族の割合

年	キャプテンの内訳								外交官・家族の割合％
	外交官・家族	軍人・家族	外務省顧問	実業家	スウェーデン協会	Y.C.C.会員	不明	計	
昭和8年（1933）	21		1				3	25	84
昭和9年（1934）	19				2		6	27	70
昭和10年（1935）	24	2	1	1		6	7	35（41）	69（59）
昭和11年（1936）	20		1			8	6	27（35）	74（57）
昭和13年（1938）	28		1			8	8	37（45）	75（62）

註・大使，公使，参事官，武官，書記官，事務官とその家族および亡命外交官を「外交官・家族」に計上
　・昭和10，11，13年は横浜ヨットクラブ（Y.C.C.）と対抗レースを行った。「Y.C.C.会員」欄は横浜ヨットクラブ会員の参加者数
　・計の欄の括弧は横浜ヨットクラブ会員を加算した数字
　・「外交官・家族の割合」の欄の括弧は横浜ヨットクラブ会員を加算した時の割合

6-表-9　外交官・家族の国籍別内訳及び英国の割合

年	外交官・家族	左の国籍別内訳											国籍	英国の割合 %
		英	仏	伊	白	和	丁	独	米	瑞	加	露		
昭和8(1933)年	21	10	3			2	1	2			2	1	7	48
昭和9(1934)年	19	9	1		1	2	1		2		2	1	8	47
昭和10(1935)年	24	12	3	1	2	2	1		2			1	8	50
昭和11(1936)年	20	13	1	1					2		2	1	6	65
昭和13(1938)年	28	18		1					4	2	2	1	6	64

　以上見るように全盛期の男体山ヨットクラブの大部分の会員は外交官であった。そしてその大半が英国の外交官であったとまとめられる。

【補注，引用・参考文献】

第6章　最盛期の外国人避暑地中禅寺に見る男体山ヨットクラブ

(1)・「昭和初期の男体山ヨットクラブと中禅寺湖のヨットレース」(第31回日本観光研究学会全国大会学術論文集)53-56

　・手嶋潤一(2016)『観光地日光その整備充実の歴史』随想舎，198-204

(2)昭和12年の警視総監の報告書，第5章第5節，5-図-44

(3) *Thomas Baty* (1959) *"Alone in Japan"* 丸善株式会社

(4) *Demitrii I. Abrikossow* (1964) *" Revelation of a Russian Diplomat"*

　The Memoirs of Demitrii I. Abrikossow, Universty of Washington Press, Seattle

(5)財団法人日本ヨット協会(平成5年)『日本ヨット協会60年史』158

(6) *F.G.S. Pigott* (1950) *"BROKEN THREAD" GALE&POLDEN LIMITED*

(7)前掲(6)，74

(8)手嶋潤一(2016)『観光地日光その整備充実の歴史』随想舎，246

　『日本ヨット協会60年史』には「横浜アマチュアローリングクラブ」は明治初年からヨットレースを行い，19年にはそれまでの漕艇を中心に活動していたクラブからヨットクラブが独立して，「横浜ヨットクラブ(Y.Y.C.)」が設立された，と記されている。Y.A.R.C.は漕艇に限られY.C.C.がヨットのクラブになった。ここにある相互会員制をとる団体は横浜ヨットクラブ(Y.C.C.)と見るのが順当であろう。昭和10(1935)年の *"Race Record"* はレースに参加した横浜会員をY.C.C.と表記している

(9)平らな舟形で1本マストで1枚帆のヨット

(10)帆に記した番号は，Boat Numberである。ゴールの順番はBoat Numberを頼りに判断された。又ルール違反の抗議文の書き出しは *"I enter a protest against Boat No.○"* であった。Boat Numberが唯一識別の手段であったのだろう

(11)喫水線が四角い形状をなす船の総称

(12)手嶋潤一(2006)『観光地日光その整備充実の歴史』随想舎，204

(13)竜骨を持った帆船ボート (sail boat)

(14)前掲(6)

(15)1人ないし2人乗りのヨット

(16)(財)日本ヨット協会(平成5年)『日本ヨット協会60年史』158

(17)社団法人横浜ヨット協会(2011)『横浜ヨット協会125年史』16

(18)昭和10年の *"Race Record"* にはビビアン夫人のボートナンバーは3，ビビアン大佐のボートナンバーは21と記載されている。夫婦で2艘のボートを持っていた。大佐はこのボートをハンス・ハンターに売却した

(19)前掲(3)，93

　昭和10年の *"Race Record"* にはM.Thurubeenのレースへの参加記録が残っている。そこには *"belongs to Lewis's House"* と説明されている。ルイス邸に滞在中であったのだろう。男体山ヨットクラブの会則では会員宅へ滞在中であればレースに参加できる，と記

載されている。ルイス夫人は別荘を所有していたと考えられる

(20) 幻のモダニストと呼ばれる戦前の写真家

(21) 名取洋之助編集日本工房発刊の欧米向け対外文化宣伝グラフ誌

昭和9年に発刊された季刊誌，英，独，仏，西語で書かれている

(22) 前掲 (3) 107頁には，

"Mr. Keswick came to see us at Tiyuzenji and entered our boat"the Ark" which he had last been in at the age of four, when his father had the little sloop built at Yokohama: –she was broad, so that his children could play about in yokohama harbor whithout danger."

とある。ベイティのヨットの船名は *"the Ark"* であった

(23) 前掲 (6) 308

第 7 章

最盛期の外国人避暑地中禅寺に見るヨットレース

第1節　本章の目的

　前章では，男体山ヨットクラブの実相を探るため最盛期のクラブの会員とレースへの参加状況を見た。本章ではレースの内容を明らかにするよう試みる。

　男体山ヨットクラブの会則には「レースを開催するかどうかはボートハウスの柱に揚げる球の色で伝える」そして「9時45分までにクラブの桟橋（*Club Pier*）に集合，10時スタート」と記されている。クラブの桟橋はクラブハウス（7-図-1）に附帯していた。クラブハウスの前がStartそしてFinishの場であった。

　7-図-1は，昭和9（1934）年に撮影された1枚である。写真家堀野正雄の作品だが印刷物からの転載である。不鮮明ではあるが，建物壁面の文字は

Foto: M. Horino

Clubhouse of the sailing club on Lake Chuzenji, Nikko.

7-図-1　N.Y.C.のクラブハウス（『NIPPON』［復刻版］国書刊行会より）

"NANTAISAN YOCHTCLUB"と読み取れる。クラブハウスのテラスに続く桟橋の上から撮ったものであろう。撮影者の背後には中禅寺湖が広がる。湖を向いてテラスに佇む紳士淑女はレースの見学者である。スタートを待っているのだろう。全員が外国人かも知れない。写真中央右寄りの丸い球は会則にあるボール(2)と思われる。開催を知らせる役割が終わったので柱から降ろされている。戦前の避暑地中禅寺の姿を伝える貴重な1枚である。

第2節　研究の方法

　本章でも男体山ヨットクラブの"Race Record"を分析する。そこにはレースの全容が載っている。レースの開催日，種類，キャプテン，コース，成績，天候等が記録されている。それらを整理分析してレースの具体的内容を明らかにするよう試みる。

　コースの略図が載っているレースもある。そこにはブイの位置が記載されている。上野島など固定のポイントをブイの替わりにしたもの白岩，千手ヶ浜など湖畔の地名でブイの位置を表わしたものもある。位置の説明はないが前後の関係からおおよそそのブイの位置が推定できるものなど様々である。

第3節　レースの実相

　ここでは当該年のレースの種目，開催日，キャプテンを表にまとめ夫々のレースを見てゆく。表ではレースの種目を次のように表記する。

　シーズン中8回開催され，その成績の総和で年間の優勝者を決めるポイントレース（Point Races）をPR，女性のみ参加のレディスレース（Ladies Race）をLR，キャプテン未経験者のみが参加する初心者レース（Novice's Race）はNR，優勝経験のないキャプテンのみの敗者復活レース（Consolation Race）をCR，スウェーデン皇太子レース（Swedish Crown Prince's Race）はSC，中禅寺湖最西端の千手ヶ浜往復のロングレース（Long Race）はLoR，途中上陸しピク

ニックを楽しむピクニックレース（Picnic Race）をPC，リレーで順位を競うリレーレース（Relay Race）はRR，障害物レース（Obstacle Race）はOR，参加者が賞金を出し合う賞金レース（Sweepstakes Race）をSR，そして横浜ヨットクラブとの対抗レース（Yokohama Team Race）をYTRと表記する。また*"Draw Races, Time Race"*と書かれたレースがあるが両者とも内容は不明である。ドローレース（Draw Race）はDR，タイムレース（Time Race）はTRと表記する。

　以上を7-表-1に整理する。

7-表-1　レースの種目とその表記

種　　　目	表記
ポイントレース（Point Races）	PR
レディスレース（Ladies Race）	LR
初心者レース（Novice's Race）	NR
敗者復活レース（Consolation Race）	CR
スウェーデン皇太子レース（Swedish Crown Prince's Race）	SC
ロングレース（Long Race）	LoR
ピクニックレース（Picnic Race）	PC
リレーレース（Relay Race）	RR
障害物レース（Obstacle Race）	OR
賞金レース（Sweepstakes Race）	SR
Y.Y.C.[1]の対抗レース（Yokohama Team Race）	YTR
ドローレース（Draw Races）	DR
タイムレース（Time Race）	TR

註：(1)のY.Y.C.は横浜ヨットクラブ

第1項　昭和8（1933）年

　昭和8年開催のレースの種目と開催日と会員の参加状況を7-表-2（236-237頁）にまとめる。

　前章でも見たが開催日数は19日であった。だが7月23日にはレディスレースと初心者レース，8月27日にはポイントレースとリレーレースそして9月9日にはポイントレースとタイムレースが行われているので回数は22回となる。

　年間の優勝者を決めるポイントレースは，会則では8回と定められているが9回開催された。1位でゴールしたキャプテンを見ると，初回はエルドマンズドルフ夫人，2回ヴィヴィアン大佐，3回ヴィヴィアン夫人，4回クロウ書記官，5

7-表-2　昭和8（1933）年開催のレースの種目と開催日と会員の参加状況
（会員がキャプテンとして参加した開催日をぬりつぶしてある）

番号	キャプテン名	官職等	PR 7月 15日 土	22日 土	29日 土	PR 8月 5日 土	12日 土	20日 日	27日 日	PR 9月 2日 土	9日 土	LR 7月 23日 日	NR	SC	LoR 8月 13日 日	P 8月 19日 土	26日
1	Ross	英武官補															
2	Mrs. Ross	英武官補夫人															
3	Countess Rechteren	和公使夫人 (1)															
4	Rechteren	和公使 (2)															
5	Mrs. Vivian	英武官夫人															
6	Vivian	英武官															
7	de le Noë	仏武官															
8	Hergel	丁公使 (3)															
9	Mrs. Erdmannsdorff	独大使夫人 (4)															
10	Erdmannsdorff	独大使 (5)															
11	Mrs. Lewis	不明															
12	Mr. Lewis	不明															
13	Keenleyside	加書記官															
14	Mrs. Keenleyside	加書記官夫人															
15	Chapman	英名誉館員															
16	Mrs. Chapman	英名誉館員夫人															
17	Morland	英書記官															
18	de Lens	仏大使 (6)															
19	Col. James	英陸軍武官															
20	Mrs. Snow	英大使夫人 (7)															
21	Crowe	英書記官															
22	Baty	外務省顧問															
23	Abrikosow	元露外交官															
24	Col. Mast	仏武官															
25	Tisside	不明															

註・英国は英，オランダは和，フランスは仏，デンマークは丁，ドイツは独，カナダは加，ロシア
　・官職右肩の括弧は以下の省略：(1)は和臨時代理公使夫人，(2)は和臨時代理公使，(3)は丁臨時
　　人，(5)は独臨時代理大使，(6)は仏臨時大使大使，(7)は英臨時代理大使夫人

R	OR	DR	TR	CR	SR	
		8月		9月		7月	8月
日	28日	17日	30日	9日	10日	20日	3日
月	木	木	土	日	木	木	

と表記
公使，(4)は独臨時代理大使夫

7-図-2　Stump

回デ・ラ・ノエ武官，6回キーンリーサイド書記官，7回ヴィヴィアン大佐，8回ヴィヴィアン大佐，9回ヴィヴィアン夫人で，年間優勝者はヴィヴィアン大佐であった。海軍軍人の面目躍如というところであろう。

　ここでレースのコースを見てみる。その前に触れておきたいことがある。

　湖畔の避暑外国人の間では，明治30年代の初めには上野島を "Formosa"（台湾島），そして湖に突き出た寺ケ崎（八丁出島）を遼東半島とよんでいた[4]。当時，日清戦争後の三国干渉で国際的にも注目された地名である。湖水を渤海，黄海，南支那海に見立てての命名であろう。この呼び方は昭和戦前まで使われたようだ。少なくても男体山ヨットクラブでは上野島を "Formosa" と表記してコースのポイントとし，ブイの替りとした。また湖岸の立木観音前の湖水に突き出た切り株を "Stump"（7-図-2）と呼んで，ブイの替りとした。"Stump" を No.3，そして "Formosa" を No.7 というポイントナンバーでも呼んだ。

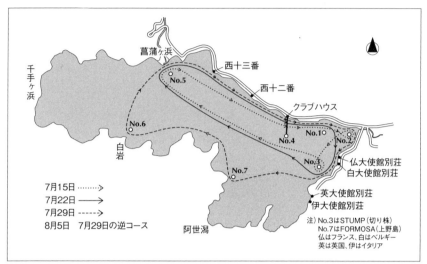

7-図-3　ポイントレースのコース（1）

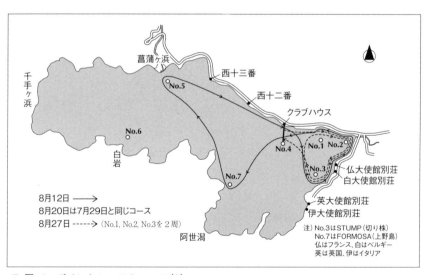

7-図-4　ポイントレースのコース（2）

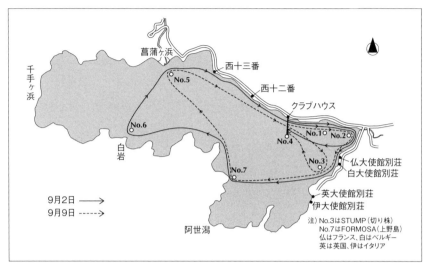

7-図-5　ポイントレースのコース (3)

　ポイントレースのコースを見てみる (7-図-3, 4, 5)。

　8月20日以外は全てコースが異なる。同じコースはない。ヨット上から見えるのは湖と周辺の山だけだがコースによって見え方が異なる。異なる風景の方がレースは楽しい。風景を専門とする著者はその様に思ってしまうが多様なコースの方がより技術を発揮できるのかも知れない。レースとしては楽しいかも知れない。

　筆者はセイリング未経験である。湖上を帆走する楽しみは想像を超える。

　ただし, 湖上から見る風景には興味がある。別荘が佇む湖畔は中禅寺ならではの風情があろう。真剣にレースに取り組んだキャプテンには叱られるのを覚悟でヨットならでは風景を楽しんでみたい。

　ただし80年以上の時間が過ぎている。往時の風景とは異なる。それでもキャプテンが楽しんだ湖畔の風景を確かめてみたい。左舷に陸地を見て走ってみる。

　口絵7-図-6はスタート直前に見える湖岸の風景である。建物はその後改修されているが, 場所も形も大きさもあまり変わりはないと考えられる。第3章で見たが右側の建物は西九番である。昭和8年にはデンマーク臨時代理公使ヘー

ゲルが借りていた。左側の建物は英国武官が継続的に借りた西十番である。昭和8年の借主はヴィヴィアン大佐であった。西十番の左側に白い桟橋が見える（○印）。その岸辺に男体山ヨットクラブのクラブハウスが建っていた。スタートの合図を出した場所であろう。つまり口絵7-図-6はスタート直前にキャプテンが見た風景である。スタート後No.2のブイの方向に向かう。左舷には口絵7-図-7の風景が広がる。

　平成の写真である口絵7-図-7には建物はないが，西六番とその付属邸である西一番と西二番が建っていた。湖畔の石積は敷地造成の工事である。

　湖の東端に位置するNo.2で左舷に目にするのは二荒山神社の鳥居である（口絵7-図-8）。

　No.2から "Stump"（No.3：7-図-2, 237頁）に向かう左舷にはフランスとベルギーの大使館別荘が瀟洒な姿で樹間に佇む（口絵7-図-9, 10）。

　"Stump" から "Formosa"（No.7）に向かう。右舷に男体山を背景にした "Formosa"（上野島）を見る（口絵7-図-11）。

　"Formosa" からNo.6のブイへ向かう。No.6の左舷には岩塊が湖からそそり立つ（口絵7-図-12）。

　No.6からNo.5に進む。ブイの手前から見る菖蒲が浜の風景である（口絵7-図-13）。

　キャプテンが目にしたのは建物や車のない風景であった。

　No.5からゴールに向かう途中，左岸にかつては西十三番と呼ばれた建物があった。今は建物は残っていない。跡地は13番の名を冠した園地として整備され四阿が建っている（口絵7-図-14）。

　さらにゴールに近づくと左舷に西十二番が佇む（口絵7-図-15）。

　西十二番の風景をあとにするとただゴールあるのみであった。

　キャプテンの見た風景の跡を追った。キャプテンによっては自宅の前をレース中のヨットが走る。日常の空間の中のレースであった。

　以上ポイントレースを見たがここからは他のレースを見てみる。

　7月23日にはレディスレースが行われた。レクターレン，ヴィヴィアン，エ

ルドマンズドルフ，ルイス，チャプマン，スノウの5人の夫人が参加した。レースは3回行われた。全てのブイを左舷に見て走るコースとその逆のコース，そしてNo.1，No.2，"Formosa"(No.7)を2周するコースであった(7-図-16, 242頁)。3回の点数で勝者を決める。勝者はエルドマンズドルフ夫人であった。

　午前中のレディスレースに続いて午後には初心者レースが行われた(7-図-17, 242頁)。

　会則では「シーズンの初めに初心者レースを開催する」と定めている。そして「初心者とは，これまでにキャプテンを経験したことのない人」と説明されている。岸に近く距離も短いコースが選ばれた。参加者はレクターレン夫人，ヴィヴィアン夫人，マスト，モーランド，レクターレンの5人である。フランスの武官マスト陸軍大佐が勝利した。

　初心者レースに出場した5人が参加したレースの数を7-表-2から見ると，レクターレン16回，モーランド4回，マストは1回だが，レクターレン夫人は19回，ヴィヴィアン夫人20回である。救命艇無き時代，沈したボートは仲間同士で救助しなければならない。にもかかわらず女性の出場回数は多い。海軍軍人の妻であるヴィヴィアン夫人はともかくレクターレン夫人は外交官の妻である。自国とは自然も文化も異なる外国での生活が運命づけられている外交官は本人だけでなく夫人も勇敢であるのかもしれない。

　8月13日はスウェーデン皇太子レースである。15艇が出場した。全てのブイを右舷に見て一周するものであった(7-図-17)。英国書記官クロウが勝利した。

　19日は長距離レースが行われた。西岸の千手ヶ浜往復である(7-図-17)。名前のとおり長距離である。体力も必要であろう。キャプテン初体験のヴィヴィアン夫人が1位，2位は夫の海軍武官ヴィヴィアン大佐であった。千手ケ浜まで帆走するのはロングレースだけである。他のレースでは見ることのない風景が楽しめる。口絵7-図-18は千手ケ浜からゴールへ戻る時見る風景である。

　26日はピクニックレースが開催された。千手ヶ浜以外の全てのブイを一周するコースだが途中阿世潟に上陸し，ピクニックを楽しみ再びレースに戻ったようだ(7-図-19, 243頁)。セイリングとピクニックを楽しむレースであろう。阿

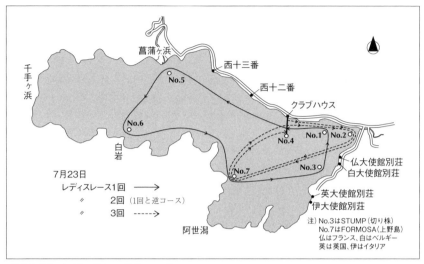

7-図-16 レディスレースのコース

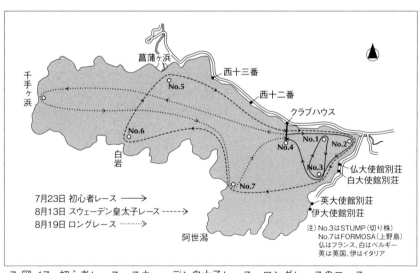

7-図-17 初心者レース, スウェーデン皇太子レース, ロングレースのコース

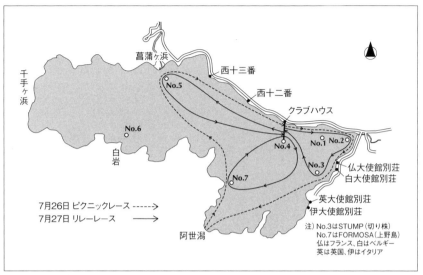

7-図-19　ピクニックレースとリレーレースのコース

世潟の岸辺に立つと口絵7-図-20の風景が広がる。勝者はクロウであった。

　27日はリレーレースが開催された（7-図-19）。

　4名1組で3チームが夫々異なる3つのコースをリレーで競うものである。最初はヴィヴィアン夫人，エルドマンズドルフ夫人，スノウ夫人，ルイス夫人，次はレクターレン，エルドマンズドルフ，キーンリーサイド，レクターレン夫人，アンカーはヴィヴィアン，ルイス，アブリコソフ，クロウの4人であった。レースは短く夫々 "Formosa"，No5，"Stump" の各ブイを一周するコースであった。優劣を争うよりもリレーを楽しむレースであろう。優勝はスノウ夫人，ヴィヴィアン，エルドマンズドルフ，クロウがメンバーのチームであった。

　28日は障害物レースが開催された。レースの内容は記載がないのでわからない。これまでのレースではキャプテン1名の名前が記されているが，このレースは「ロスとロス夫人」と言ったように2名が記されている。2人1組でなければできないレースであったのかも知れない。参加艇数は11，22名のキャプテンの名前が記されている。勝者の名前もない。障害物が何であるかもわからない。

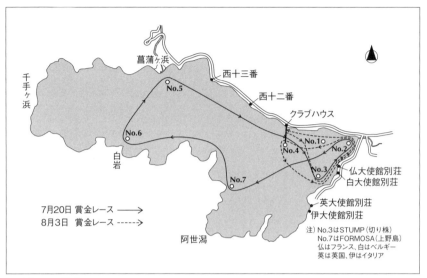

図中ラベル:
菖蒲ヶ浜
千手ヶ浜
西十三番
西十二番
クラブハウス
No.5
No.6
No.1
No.4
No.2
No.3
白岩
No.7
仏大使館別荘
白大使館別荘
英大使館別荘
伊大使館別荘
阿世潟

7月20日 賞金レース ——→
8月3日 賞金レース ----→

注) No.3はSTUMP（切り株）
　　No.7はFORMOSA（上野島）
　　仏はフランス、白はベルギー
　　英は英国、伊はイタリア

7-図-21　賞金レースのコース

8月17と30日にはドローレースが開催されたがレースの内容は詳らかでない。

9月9日のレースはTRと表記されている。タイムレース（Time Race）の略と考えられるが，レースの内容は不明である。最終日10日には敗者復活戦が開催された。コースは不明だがロスが優勝者であった。

7月20日と8月3日には賞金レースが開催された。参加者が賞金を出し合うレースである。両日とも勝者はクロウでコースは7-図-21であった。

以上，昭和8年開催のレースの内容を見てきた。ポイントレースは優勝と言う名誉，他の様々なレースはセイリングの楽しみと会員同士の交流・社交など避暑生活の充実を求めたものだろう。ヨットレースは避暑地中禅寺と言う地域社会には欠かせないイヴェントであった。ヨットレースあるが故の外国人避暑地中禅寺と言ってもいいだろう。

第2項 昭和9（1934）年

昭和9年開催のレースの種目と開催日と会員の参加状況を7-表-3（246-247

頁）にまとめる。ブイの位置は昭和8年と同じなのでコースに大きな変化はない。コースの図面は省略する。

　年間の優勝者を決めるポイントレースは会則では8回と定めているが実際には7回の開催であった。ポイントレースにはヴィヴィアン大佐から賞の提供があった。"Captain Vivian Prize"である。総合の1位はレクターレン伯爵夫人でヴィヴィアン大佐賞を獲得した。2位はルイス夫人で年間優勝の栄に輝いた。

　8月10日のレースは具体の記載がなく内容は不明である。12日のMCはマスト夫人提供のMrs. Mast Cupを争うレースであった。参加者も14艇と多かった。優勝者はポイントレース同様レクターレン伯爵夫人であった。

　19日はロングレース，千手ヶ浜往復のレースである。スタートからヴィヴィアン大佐がリードし最後までトップを維持した。千手ヶ浜まで45分，往復126分のレースであった。"A very fast race."と感想が残されている。

　25日はリレーレース，1チーム3名の4チームが3つのコースをリレーで競うものである。ヴィヴィアン夫人，デ・ラ・ノエ少佐，ルイス夫人のチームが勝利を納めた。

　30日にレディスレースが開催された。レクターレン伯爵夫人，ミス・メドレー，ルイス夫人，ヴィヴィアン夫人，レィディ・クライヴ，キーンリーサイド夫人で競った。勝者はレクターレン伯爵夫人であった。

　9月2日はスウェーデン皇太子レースである。13艇参加でヴィヴィアン大佐の勝利に終わった。同日午後初心者レースが開催された。ミス・メドレー，クラッカー，キーンリーサイド夫人，クロウ夫人が競いミス・メドレーが勝利した。

　3日は障害レースである。二人一組で10艇が参加したがレースの内容は不明である。9月7日はDraw Raceだがこれもレースの内容は分らない。8月3日と9月4日は賞金レースが開催された。

　以上が昭和9年に開催されたレースの全容である。高地の湖でヨットを楽しむ外国人の姿が想像できよう。ただし，避暑を過ごす外国人が全てレースに参加したわけでは無い。レースを陸上から楽しんだ外国人もいた。レースには参

7-表-3　昭和9(1934)年開催のレースの種目と開催日と会員の参加状況
　　　　(会員がキャプテンとして参加したレースの開催日をぬりつぶしてある)

番号	キャプテン名	官職等	PR							—	MC	LoR	RR	LR	SC	N
			8月					9月			8月					9月
			4日	5日	18日	25日	26日	6日	8日	10日	12日	19日	25日	30日		2日
			土	日	土	土	月	木	土	金	日	日	土	火		日
1	Rechteren	和書記官														
2	Countess Rechteren	和書記官夫人														
3	Mrs. Vivian	英武官夫人														
4	Cap. Vivian	英武官														
5	Mr. Lewis	不明														
6	Mrs. Lewis	不明														
7	MacDermott	英書記官														
8	Col. James	英武官														
9	Sir R. Clive	英大使														
10	Lady Clive	英大使夫人														
11	de le Noë	仏武官														
12	Miss. Medley	不明														
13	Crocker	米書記官														
14	Mrs. Crocker	米書記官夫人														
15	Crowe	英書記官														
16	Mrs. Crowe	英書記官夫人														
17	Keenleyside	加書記官														
18	Mrs. Keenleyside	加書記官 夫人														
19	Abrikossow	亡命露外交官														
20	Hergel	丁公使[1]														
21	Thackeray	上海の将軍														
22	Funsten	スウェーデン協会														
23	Mrs. Funsten	上記夫人														
24	Mrs. Macrae	英書記官夫人														
25	Bassompiere	白大使														
26	Balyhum	不明														
27	Mrs. Balyhum	不明														
28	Mrs. Teusler	不明														

註：肩括弧(1)は丁臨時代理大使の略

R	DR		SR
9月		8月	9月
日	7日	3日	4日
月	金	金	金

加者と観客がいた。昭和9(1934)年開催のレースの観客の姿を映す数枚の写真がある。それらを見てみたい。

　本章の始めでも見たが7-図-22は男体山ヨットクラブのクラブハウスに集まるヨットレースの観客の写真である。テラスには15名の人物が見える。恐らくスタート直前であろう。レースを楽しもうとする観客の姿である。

　7-図-23(248頁)はポーランド公使Michel Mos'cieki夫妻がクアブハウスの手摺に腰掛けくつろいでいる1枚である。緊張感は感じられない。7-図-22より早い時間かも知れない。スタートは午前10時と定められている。夫妻に降り注ぐ太陽は朝の太陽のようだ。その太陽に照らされた2個の竹製のボールがある。レースを開催するかどうかを知らせる布を捲く竹の玉であろう。会則には「クラブの桟橋の旗竿に白いボールが上がったらレースは開催される」と定められている。

　7-図-24(249頁)は，左からSergo Montt Rivasチリ臨時代理公使，Pilaフランス大使夫人，Giacinto Auritiイタリア大使，Montt Rivasチリ公使臨時代理夫人である。クラブハウスのテラスの上で楽しそうに腕

7-図-22　クラブハウスから観戦する外国人(『NIPPON』[復刻版]国書刊行会より)

を組んでいる。競争が始まる前の雰囲気とは程遠い。レース以上に社交や親睦が重要であったのかも知れない。4人の背後に写る建物の壁には、*"NANTAISAN YACHT CLUB"*の文字の一部が見える。写真の右下脇には*"Foto: M. Horino"*と記してある。

7-図-25はテラスで談笑するバロン・ド・バッソンピエールベルギー大使とピ

7-図-23　クラブハウスのテラスの手摺りに腰掛けるポーランド公使夫妻（『NIPPON』[復刻版] 国書刊行会より）

ラフランス大使夫人である。7-図-24と相前後する時であろう。ベルギー大使の首にに下がる双眼鏡はレース観戦のものであろう。レース開始にはまだ間があるようだ。

　7-図-26と7-図-27はレース開始後の写真であろう。7-図-26はチリ臨時代理公使が双眼鏡を使い夫人達は肉眼で同じ方向をみている。No.5もしくはNo.6のブイの方向である。7-図-27ではチリ臨時代理公使夫人が双眼鏡を使いフランス大使夫人は肉眼ではあるが同じ方向を見ている。同じくNo.5ないしNo.6のブイの方向であろう。

　これら一連の写真は，第6章第5節に見るヨット上のイギリス大使夫妻を写した6-図-10（211頁）と同じ日の撮影と考えられる。大使がキャプテンで夫人がクルーであり得る日は8月3日と18日だけと書いた。3日のレースは38分で終わるレースであった。No.5のブイまで行くには時間が短すぎるだろう。一方18日のレースは全てのブイを巡るコースであった。No.5もNo.6のブイもめぐっている。一番早いボートでも1時間18分かかった。また*"Race Record"*には当日は，*"Very good moderate Nikko wind."*と書いてある。穏やかな天気であったよ

7-図-24　左からチリ臨時代理公使，フランス大使夫人，イタリア大使，チリ臨時代理公使夫人（『NIPPON』[復刻版]国書刊行会より）

7-図-25　テラスで談笑するベルギー大使とフランス大使夫人（『NIPPON』[復刻版]国書刊行会より）

7-図-26　レース観戦中のチリ臨時代理公使夫妻，フランス大使夫人等（『幻のモダニスト：写真家堀野正雄の世界』2012，国書刊行会より）

7-図-27　レース観戦中の両夫人（『NIPPON』[復刻版]国書刊行会より）

うだ。一連の写真から受ける印象とこの "Race Record" に記された天気は一致するように思える。これらの写真は8月18日に撮影されたと見て間違いないだろう。

　以上が写真を介して見た当時の中禅寺の一面である。どの写真も華やかな雰囲気を伝える。スクリーン上に観たヨーロッパの雰囲気を想うのは筆者だけであろうか。

第3項 昭和10（1935）年

　前章でも見たが昭和10年の "Race Record" には、会員名（Members）[5]と会員の所有するボートの番号（Boat Numbers）[6]が整理されて記されている。正会員が27名、臨時会員が3名であった。前章にも載せたがここでもボートナンバーを見てみる（7-図-28）。

　ボートは24艇登録されているが15, 19, 20がVacantと付記されている。理由は分からないが昭和10年にはこの3艇の所有者は不在であった。空きボートであったのだろう。

　昭和10年の "Race Record" はこれまでと異なる。キャプテンだけでなく所有するボートの番号が併せて記されている（7-図-29）。

　7-図-29は、7月27日に開催された第3回ポイントレースの記録である。左のページには当日の気象とコースの詳細が記載されている。右の頁には参加したキャプテンとボートのナンバーそして順位と獲得したポイントが記載されている。1位はヴィヴィアン夫人でタイムは1時間41分であった。Timeの欄は1位から遅れた時間で記されている。単位は分である。Pointの欄は獲得点数である。参加したボートの数を1位の得点とし、以下順位が下がる毎に1点減点するものである。このレースは14艇の参加なので1位が14ポイント、2位が13ポイントとなる。ただしゴールできなかった艇は零ポイントと計算された。

　レースの種目と開催日とキャプテンの参加状況とボートナンバーを整理した（7-表-4, 252-253頁）。

　年間の優勝者を決めるポイントレースは8回開催された。参加したキャプテ

7-図-28　ボートナンバー

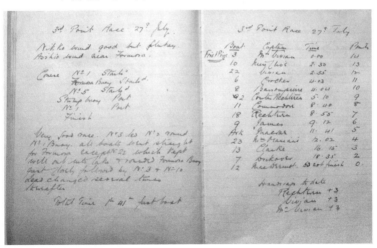
7-図-29　レースの記録（7月27日，小島喜美男氏保管）

7-表-4 昭和10(1935)年開催のレースの種目と開催日と会員の参加状況とボートナンバー（キャプテ... として参加したレースの開催日を塗りつぶしてある。舛内の数字は使用したボートの番号）

番号	キャプテン名	官職等	所有ボート番号	PR 7月14日(日)	PR 7月20日(土)	PR 7月27日(土)	PR 8月3日(土)	PR 8月11日(日)	PR 8月18日(日)	PR 8月24日(土)	PR 9月1日(日)	NR 7月28日(日)	SC 8月4日(土)	RR 8月24日(土)	L 8月25日
1	Sir R. Clive	英大使	11	11	11	11		11	11	11	11		7		
2	Lady Clive	上記夫人	—					10							
3	Miss. Clive	英大使令嬢	10	10	10	10	10		10	10	10	10			1
4	Baron de Bassompierre	白大使	—	8	8	8			8	8	8	8			8
5	Mr. Pila	仏大使	14												
6	Colonel Mast	仏武官	4	4	4				4		4				
7	Mrs. Mast	仏武官夫人	—						14		14				
8	Mr. Baty	外務省顧問	ark	ark	ark										
9	Mde. Mariani	伊参事官夫人	23	23	23	23	23		23		23	23	13		
10	Mr. Clarke	英書記官	13	13	13	13	13	13	21		13	22	2	1	
11	Mr. Harrison	英書記官	13					13	13			13	9	1	
12	Mr. Hergel	丁公使(1)	5		5		6								
13	Mr. MacDermot	英書記官	12	12	12	12									
14	General Thackeray	上海の将軍	24						21			22			
15	Mrs. Thackeray	上記夫人	—						24	24					2
16	Count Rechteren	和書記官	18	18	18	18	18	18	18	18	18	24			1
17	Countess Rechteren	上記夫人	2	2	2	2	2	2	2	2	2	3			2
18	Mr. Hunter	英実業家	22												
19	Mr. Cunningham	英参事官	—					11							
20	Mr. Thurubeer	不明	16												
21	Captain. Vivian	英武官	21	22	22	22	22	22	22	22	22	11			2
22	Mrs. Vivian	上記夫人	3	3	3	3	3	3	3	3	3	12			3
23	Colonel James	英武官	9	9	9	9			9		9	23			9
24	Mr. Chapman	英武官補	—												
25	Mr. Crocker	米書記官	6	6		6			6						6
26	Mr. Dickover	米書記官	7	7		7	7	7		7	7	3	18		7
27	Mr. Macrae	英書記官	17		ark		ark		ark			21			
28	Mr. Davis	臨時会員(Hong Kong)	—												
29	Mrs. Thenton	臨時会員(Hong Kong)	—												
30	Col. Graham	臨時会員(Shanghai)	—												
31	Mrs. Bassompierre	白大使夫人	—												
32	Major Reed	不明	—												
33	Abrikossow	亡命露外交官	—					ark	ark	ark					ar
34	Ball	Y.Y.C.	—												
35	Laffin	Y.Y.C.	—												
36	Brockhurst	Y.Y.C.	—												
37	Lewte	Y.Y.C.	—												
38	Cap. Mocock	Y.Y.C.	—												
39	Pestalogy	Y.Y.C.	—												
40	Mrs. Lewis	不明	8												
41	Mlle Bruyeir	不明	—												

註・「所有ボート番号」は各キャプテンが所有するボートの番号　　　　　・8月24日のレースには...
　・表の枠内の数字はそのレースでキャプテンが使用したボートの番号　　・Batyのヨットをarkと表...
　・肩括弧(1)は丁臨時代理公使の略

	YTR	SR							
	9月	7月					8月		
	7日	19日	21日	24日	28日	31日	7日	17日	21日
金	土	金	日	水	日	水	水	土	水
0	10		11	11			11		11
		10		10		10			10
8	8	8	8	8	8		8		8
			4			4	14	14	
								4	
		ark	ark	ark		ark			
		23	23	23			23	23	23
				13	13	13			13
		13	13				13	13	
		12	12		12				
							M2	M1	21
							24	24	24
	9		18		18		18		
	2		2	2	2	2		2	2
2	22	22			22	22	22	22	
13	3	3		3	21	3	3	3	
		9	9	9		9			9
									17
		6		6					
				7					
				ark				10	
	M	21	22	M	3	21			
						2			
						M1	21		
				21					
						ark	ark		
21									
11									
3									
12									
18									
23									
						4			

ナンバーの記載がない

ンは24名である。ほとんどが自分のボートでの参加だが，借用したボートでの参加もある。少し詳しく見てみる。クライヴ大使夫人は8月11日のレースにミス・クライヴ所有のBN.10（Boat Numberを"BN."と表記）で参加している。バッソンピエール大使はルイス夫人のBN.8で参加，夫人は大使のボートのクルーであったのかも知れない。ベイティのボートarkは大型であった。このarkでベイティが6回，マックレイが4回，アブリコソフが6回キャプテンを務めている。

クラークとハリソンはBN.13を共同で所有していた。交互にキャプテンを務めた。ただしクラークは8月11日に1度ヴィヴィアン大佐のボートBN.21で参加している。仲間のハリソンと競った。残念ながらゴールできなかった。"Did not finish."と書かれている。慣れないボートのせいかも知れない。因みにハリソンは11艇中7位であった。

ヘーゲル代理公使は2回の参加だが1回は自分のボートではなくクロッカーのBN.6に乗っている。ヘーゲルのボートに不具合があったのかも知れない。この日クロッカーはキャプテンとしては参加していない。サッカレイ将軍のボートはBN.24だが1度ヴィヴィアン大佐のBN.21を借りている。その際BN.24のッキャプテンは将軍夫人であった。夫婦が競った。結果は将軍6位，夫人14位であった。将軍の面目は保たれた。

カニンガムはボートを所有していなかった。一度だけクライヴ大使のBN.11で参加した。それ以外は他のボートのクルーだったようだ。ヴィヴィアン大佐はBN.21とBN.22の2艇所有していた。BN.22をハンターに売却した。その22でレースに参加している。所有者のハンターは一度もキャプテンを務めていない。大佐のクルーであったのかも知れない。

　ポイントレースをさらに詳しく見てみよう。ブイの位置は昭和8年そして9年と変わらない。コース図は省略する。

　1回目は7月14日に開催，15艇参加で勝者はレクターレン夫人であった。2回は7月20日14艇参加ヴィヴィアン大佐が勝利した。3回は7月27日14艇参加ヴィヴィアン夫人優勝，4回は8月3日12艇参加レクターレン優勝，5回は11日11艇参加，レィディ・クライヴ優勝，6回は18日15艇参加，レクターレン夫人が勝利した。天候は "Very light Nikko wind." と残されている。穏やか風であったようだ。7回は24日13艇参加，クロッカーが優勝した。"Nikko, Ashio and Senju wind blowing at the same time." と記されている。3方向から同時に風が吹いたと言うであろう。コンディションはよくなかったようだ。最後のレースは9月1日に開催された。"Final Points for season." と表記されている。最後を祝福するように天気は "Light to moderate Nikko wind." であった。13艇が参加しレクターレン伯爵夫人が勝利した。

　以上がポイントレースの全容である。年間勝利者はレクターレン夫人で，2位の海軍武官ヴィヴィアン大佐と1.5ポイントの差であった。

　次にその他のレースを見てみよう。

　7月28日に初心者レースが開催された。コースはこれまでと同様にNo.1，No.2，"Stump" の3つのブイを2周するものであった。ミス・クライヴ，マリアニ夫人，クラーク，ハリソン，ディックオーバーが競った。マリアニ夫人が勝利した。この5人が参加したレースの数を見ると，ミス・クライヴ14回，マリアニ夫人14回，クラーク14回，ハリソン9回，ディックオーバー11回である。数が多い。ミス・クライヴは英国大使令嬢，クラーク，ハリソン，ディックオーバーは英国の書記官，マリアニ夫人はイタリアの参事官夫人である。英国もイ

タリアも周辺は海と言ってよい。初心者レースの参加者は船で乗り出すことに恐れを感じなかったようだ。男体山ヨットクラブ会員の外交官は女性も含めて勇敢であったと言ってよいだろう。

　8月4日のスウェーデン皇太子レースの参加数は12名，勝者はヴィヴィアン夫人のボートで出場したレクターレン伯爵夫人であった。ポイントレースに続く優勝である。

　8月24日にはリレーレースが開催された。1チーム3名の4チームが，3つのコースをリレーするものであった。レクターレン伯爵夫人，クロッカー，ディックオーバーのチームが勝利した。リレーレースにはボートナンバーの記載はないので誰がどのボートに乗ったかはわからない。

　8月25日はロングレースが開催された。千手ヶ浜往復のコースである。13艇参加でレクターレン伯爵夫人の優勝であった。

　9月6，7日は"Yokohama Team Race（YTR）"，横浜ヨットクラブと男体山ヨットクラブの対抗戦である。8月に予定したが台風で延期になりシーズン終盤の日程になったようだ。各クラブ6艇計12艇のレースであった。男体山ヨットクラブがクライヴ大使，バッソンピエール大使，レクターレン伯爵夫妻，ヴィヴィアン大佐夫妻，横浜ヨットクラブがボール，ラッフィン，ブロックフルスト，Lewte，マコック，ペスタロジーの12名のキャプテンで競われた。地元クラブのボートを借りての参加であった。横浜が赤，日光が青のシュラウドを着⁽⁷⁾けて識別を容易にしたようだ。両クラブの初めての対抗戦である。ヨットレース発祥の地と言ってよい横浜のクラブとの試合である。出場者はもちろん応援する男体山ヨットクラブの会員もエキサイトしたに違いない。海とは違うコースではあるものの赤の横浜ヨットクラブが43ポイントで青の男体山ヨットクラブ35ポイントに勝利した。負けはしたもののバッソンピエール大使が1位でゴールし，地元の面目を守った。

　7月19日から8月21日の間に賞金レースが8回開催された。コースは夫々異なる。マンネリを排除したと見てよいだろう。

　以上レースの詳細を見てきた。参加したボートを見ると大部分が自己所有だ

が他人のボートでの出場もある。また番号ではなくM, M1, M2と表記されているボートもある。Mの意味は分からないが, 7-図-28 (251頁) には, *"vacant"* と書かれたボートがあった。番号が15, 19, 20の3艇である。所有者は記載されていない。所有者不在若しくは予備のボートであったのかも知れない。7-表-4 (252-253頁) に記されているボートナンバーM, M1, M2のキャプテンはボートを借用して参加したのであろう。前章第5節第3項の6-図-14 (218頁) を見るとレース中に岸に係留しているように見えるヨットが2艇ある。1艇の帆にはM他の艇の帆にM1と記してある。これらのヨットが7-表-4にあるM, M1と思われる。

第4項 昭和11 (1936) 年

レースの種目と開催日とキャプテンの参加状況とボートナンバーを整理した (7-表-5, 258-259頁)。また昭和10年同様コース図は省略する。

会則では, ポイントレースは8回開催される, と定められているがこの年は7回の開催であった。1回目 (7月19日) は9艇参加ローリングス大佐が勝利した。2回 (7月26日) は14艇参加でサー・ロバート・クライヴ大使, 3回 (8月8日) は12艇参加でマリアニ夫人, 4回 (8月9日) は19艇参加でサー・クライヴ大使が勝利した。5回目 (8月23日) はロングレースを兼ねていた。19艇参加でルイス夫人が勝利者であった。6回 (8月29日) は16艇参加でハリソン, 7回 (8月30日) は16艇参加で同じくハリソンが勝利であった。

トータルのポイント数は残されてはいないが, レース毎の順位が記されているのでポイントを計算し単純に加算すると男体山ヨトクラブ会長の英国大使サー・ロバート・クライヴが最高点となる。年間優勝者は英国大使であった。

8月1日に初心者レースが7人の参加で開催された。この初心者7人の各レースへの参加状況を見てみる。ミス・ベルは初心者レースを含めて21回, ローリングス夫人は9回, ラングレー臨時代理公使は24回, ラングレー夫人は11回, ドッズ参事官は21回, カウリー書記官夫人は20回, ディックオーバー書記官夫人は12回の参加である。キャプテン初体験であるにも関わらずレースへの参

加数は多い。魅了する所が大きかったのだろう。

　8月15，16日は昨年に続く横浜ヨットクラブとの対抗戦だが8月15日は午前と午後にレースがあり16日と合計すると3回となる。1回目の地元メンバーはクライヴ大使，マリアニ夫人，レイディ・クライヴ，ローリングス大佐，クラーク，ピゴットの6人，横浜のメンバーはレブドック，ブロッククフルスト，オーハラ，ハーデン，マコック，ラッフィンの6人で行われた。結果は53対25で地元の勝利に終わった。2回目のレースは両クラブ混交の中から優勝者を決めるもので対抗戦とは呼びにくい。親睦レースであろう。臨時会員のグラハム大佐も参加している。普段のメンバーと異なるので新鮮であっただろうが濃霧の中のレースになったようだ。*"Sailed in thick fog."*と書き残されている。16日3回目の地元メンバーはサー・クライヴ，レイディ・クライヴ，マリアニ夫人，ピゴット，ローリングス大佐，ハリソン，クラークの7人，横浜はレブドッグ，ブロックフルスト，オーハラ，ハーデン，ラッフィン，ラッフィン夫人，ミス・フェラルトの7人で開催された。結果は45対54で横浜の勝利であった。2回合計すると98対79で地元が勝利した。高地の湖のレースである。海で鍛えたヨットマンには勝手が違ったのかも知れない。次回を期したことであろう。

　リレーレースが，1チーム3名で6チームが参加して9月5日に開催された。キャプテンの名前以外は残されていない。ボートナンバーもわからない。

　スウェーデン皇太子レースは9月6日15艇の参加で開催された。優勝はローリング大佐であった。賞金レースも19回開催された。

第5項　昭和12（1937）年

　昭和12年の*"Race Record"*は残っていない。レースに関する資料ではないが昭和12年の外交官の動向が読み取れる文書がある。[8]そこには各国外交官の日光往来の記録が記されている。そこから昭和12年の外国人避暑地中禅寺の様相を探ってみたい。

　夏のシーズン直前の7月7日に盧溝橋事件が起きた。北京郊外での日中両軍の衝突である。後に全面戦争に発展する。北支事変と呼ばれた。日本と中国の争

7-表-5　昭和11（1936）年開催 のレースの種目と開催日と会員の参加状況
（キャプテンとして参加したレースの開催日を塗りつぶし使用ボートのナンバーを記載）

番号	キャプテン名	官職等	PR 7月19日(日)	26日(日)	8月8日(土)	9日(日)	23日(日)	29日(土)	30日(日)	NR 8月1日(土)	YTR 8月15日(土)	16日(日)	RR 9月5日(土)	S 9月6日
1	Sir R. Clive	英大使	11	11	11	11	11	11	11		22	22	11	
2	Lady Clive	英大使夫人	10	10	10	10	10	10	10	2		10		
3	Mr. Abrikossov	元露外交官	ark	ark	ark	ark		ark	ark			ark		
4	Dr. Baty	外務省顧問					ark							
5	Mde. Mariani	伊参事官夫人		23	23	23					23		1	
6	Miss. Bell	英武官室職員				17	23	23	23	17		17		1
7	General Piggott	英武官			9	9	9	9	9		15	9		2
8	Mr. Sawbridg	英書記官			12	12	12	12	12					1
9	Mrs. Lewis	不明	8		8	8	8	8	8			8		2
10	Lewis	不明												
11	Cpt. Rowlings	英武官	3	3		3	3		3		12	12	3	1
12	Mrs. Rowlings	英武官夫人		21		21		21		3				
13	Mr. Harrison	英書記官	15	15	15	15	15	15	15			15	21	
14	Mrs. Harrison	英書記官夫人												
15	Langley	加公使(1)		22	7	7	7	7	7	7			5	
16	Mrs. Langley	加公使夫人(2)		13		13	13		13					
17	Mr. Clarke	英書記官	18	18	18	18	18	18	18		18	18	5	
18	Mr. Dodds	英参事官	1	1	1	1	1	1	1	1				
19	Mrs. Cowley	英書記官夫人		5	5	5	5	5	5			5		
20	Mr. Dickover	米書記官	2	2		2	2	2	2			2		
21	Mrs. Dickover	米書記官夫人			22	22	22	22	22					
22	Cpt. James	不明			19	19	19	19			19			
23	Col. Mast	仏武官					4		4					
24	Cdr. Ross	英海軍武官補												
25	Mr. Levedog	Y.Y.C.									21	21	15	
26	Mr. Brockhurot	Y.Y.C.									10	10	12	
27	Mr. Ohara	Y.Y.C.									3	3		
28	Mr. Harden	Y.Y.C.									11	11	23	
29	Mr. Mocock	Y.Y.C.									1	1	2	
30	Mr. Laffin	Y.Y.C.									9	9	18	
31	Mrs. Laffin	Y.Y.C.											22	
32	Miss. Feralto	Y.Y.C.											17	
33	Col. Graham	臨時会員(Shanghai)					24					24		
34	Mr. Loild	不明												
35	Col. Seelt Seelt	不明												

註・9月5日のレースはボートナンバーの記載がない
　・(1)は臨時代理公使の略
　・(2)は臨時代理公使夫人の略

	7月				8月								9月			
日	18日	22日	25日	30日	1日	5日	8日	12日	19日	22日	26日	29日	2日	5日	7日	11日
	土	水	日	木	土	水	土	水	水	土	水	土	水	土	月	金
			11		11		11	11		11					11	11
			10		10			10			23				10	10
ark	ark	ark	ark	ark	ark	ark	ark	ark		ark	ark	ark	ark	ark	ark	ark
			23		23		23	23			23					
				1		17	17	17	17	17	17	23	23	23	23	23
2		9	9		9		9	9	9		9	9	9	9		9
2					12	12	12			12			12	12		
					8	8	8	8	8	8	8		8	8	8	8
								3								
3	3	3	3	3	21	3	3	3	3	3	3	3	3			3
		21			19	21									21	
								15		15	15		15	15		15
		7	22	7	7	7	7	7	7	7	7		7	7	7	7
				13	13			13		13	13	13				
3	18	18	18	18	18	18	18		18	18		18	18	18	18	18
	1		1		1	1	1	1	1		1	1	1			
					5		5	5	5	5	5	5	17	17		17
2	2		2	2	22			2		2	2	2	2	2		
				22				22				22		22	22	
								19	19	19	19	19	19	19		
					14			14			4					
					24	24	24	24								
						21	21	21								
													3			

いだが当然ながら西洋諸国も強い関心を持ったと見て間違いないだろう。

　一方，日本も西欧諸国の反応が気になった。そのため各国の公館の動きを調査する。警視庁が担当であった。外交官の行動，面会者，書簡，電話に至るまで大使館の動静を調べた。その結果を内務，外務，陸軍，海軍の各大臣に報告した。同時にいくつかの道府県長官に報告した（7-図-30）。

　7-図-30は，米国大使館に関わる報告である。日付は7月17日，標題は「北支事変ニ対スル米国大使館ノ動静ニ関スル件（第四報）」，事変勃発後10日目の日付の4回目の報告である。残ってい

7-図-30　警視総監報告
（昭和12年7月17日）

る資料を見る限り11月1日の32回目の報告が最後である。事件が起きた7月7日から見ると3，4日に1回の報告だが詳細にまとめられている。たとえば7月13日付けの第二報では「午後六時五十八分上野着列車ニテ避暑先ヨリ「グルー」大使帰館セシムニ依リ「ゾーマン参事官」「マックガーク」一等書記官「クレーン」陸軍武官等幹部集合シ種々協議シタル模様ナリ」とある。また来訪者については，時間と応接者が明記されている。例えば10時15分から20分間ベルギー大使バッソンピエールが英国大使と面談，11時30分から20分間政友会総裁代行委員で後の内閣総理大臣鳩山一郎が大使と参事官に面談したというように詳細に記されている。更に着信した暗号の電報も「北京公使館」や「（米国）国務省」と言った発信先を明記して本数が記載されている。このように大使館の出来事が報告されている。

　もちろん外交官個人の動向も詳細に記されている。例えば7月23日の報告には「クロッカー二等書記官ハ日光ヘ避暑旅行」，そして31日には「クロッカー二

7-図-31　警視総監報告　　　　　7-図-32　警視総監報告
　　　（昭和8年7月26日）　　　　　　　（昭和8年8月25日）

等書記官ハ本月28日午後四時頃夫人同伴日光駅ヨリ帰京」と記してある。ク
ロッカーは夫人同伴で23日から31日まで日光に避暑滞在したことが分かる。ク
ロッカー以外の外交官の行動も同じように記されている。一連の報告を見れば
外交官の動静がよくわかる。

　北支事変に端を発する警視庁の報告は米国大使館に関するものだけではない。
英国大使館の調査もあった。だが，一連の英国大使館に関する報告を見る前に
見ておきたい文書がある (7-図-31，32)。

　7-図-31は昭和8年7月26日付の警視総監から内務，外務両大臣への報告書
である。標題は「英国大使館ノ状況（其ノ二）」とある。

　先に見た昭和12年の報告書は，内務外務両大臣以外に陸海軍の両大臣と県
の長官（知事）にも報告された。標題にも記されているが「北支事件」が背景に
あった。この昭和8年の報告は目的と背景が分からない。（其ノ一）の文書があ
ればわかるかも知れないが残っていない。「激動」と言う言葉を冠して呼ばれる

昭和の時代には日常の出来事としてこのような調査が行われたのかも知れない。この昭和8年の報告書も12年同様詳細にまとめられている。本文を見てみる。

先ず「（英国）大使館ニ於テハ夏休期ニ入リタル為代理大使「スノー」初メ陸海軍武官ナドハ何レモ日光中禅寺湖畔ニ避暑セルモ時々帰京シテ執務シ」とある。7月26日以前から大使館幹部は中禅寺に滞在し，時々大使館に戻ると言う状態であった。

続いて「夏季中例年通リ日光中禅寺湖畔「スノー」方ニ仮事務所ヲ設置スベク本国政府ノ承認ヲ得ヘク交渉中ナル趣ナルガ来ル七月二十七日ヨリ各事務所ヲ設置シ同地ニ於テ事務ヲ処理スル予定ニシテ東京トノ連絡ハ録事「マッセー」及「レガッター」ノ両名之ニ当ル模様ナリ」とある。

これまでも夏の間は大使館別荘を仮事務所として執務を行っていた。ただし中禅寺に事務所を置くことは本国の承認事項である。承認が出たので27日から現地事務所を開設する，と言う内容である。

以上が7月27日の報告内容である。次に8月25日（7-図-32，261頁）の報告を見てみる。「目下夏季休暇中ニテ大使初メ何レモ日光中禅寺ニ避暑シ館内ニハ僅ニ執務上必要人員ノミ残留セシメ居レル状態」と大使館全体の状況を述べ，次いで「商務参事官シー・ビー・サンソムは夫人同伴日光中禅寺湖畔ニ避暑シ同所ニ仮事務所ヲ設ケ本国政府及各方面ヨリ齎ス日印問題ニ関スル情報ヲ収受[(9)]シ」とあり，続いて「中禅寺事務所ニ於テハ爾来毎日ノ如ク「サンソム」ヲ中心ニ「スノー」代理大使，参事官カニングハム，海軍武官ヴィヴィアン大佐，陸軍武官ゼームス中佐等大使館首脳部集合秘密裡ニ審議会ヲ開催シ居レル」と中禅寺事務所の状況を記している。

英国大使館の場合は中禅寺に執務の場所があった。避暑滞在をしながら仕事ができたのである。本章第3節第1項の7-表-2（236-237頁）を見ると，ロス武官補，ヴィヴィアン武官，ジェームズ武官，スノウ大使夫人，クロウ書記官などの英国外交官は7月から8月のレースに多数回参加している。中禅寺執務であるが故にできたのだろう。それは昭和8年だけでなかったようだ。昭和9年から11年のレースを見ても英国の外交官の参加が多い。この期間も夏季は中禅寺執

務であったと見て間違いないだろう。

では昭和12年はどのようであったのだろうか。7-図-33は先に見た7-図-30同様の文書である。日付は8月20日，標題は「北支事変ニ対スル英国大使館ノ動静ニ関スル件（第十二報）」である。事変勃発後44日で12回目の報告である。最後のものは12月6日付の第26報であった。多くの報告があったが夏期のものを見てみる。

7月23日に第7回の報告があった。そこには大使始め陸海軍両武官，マックレイ書記官などは在館と記されている。ただ「二等書記官ソーブリッジ並暗号係ラムジーハ約一週間ノ予定ヲ以テ栃木

7-図-33　警視総監報告
（昭和12年8月20日）

県日光中禅寺湖畔へ避暑ノ為七月十九日出発セリ」と日光訪問の館員が記されている。ここには中禅寺事務所の開設などの記載もなく，避暑地中禅寺をイメージさせる記載はない。

次の報告は8月20日の第12報である。そこには多忙な大使の姿が記されている。とは言え残暑の盛りである。大使は「8月14日午前十一時五十分米国大使館ニ「グルー」大使訪問会談五十分デ辞去，午後七時三十分上野駅発列車ニテ日光ニ避暑旅行ス」そして「8月16日午後一時上駅着列車デ帰京午後四時ニ外務省ノ堀内次官訪問」とある。2泊3日の避暑旅行だが実質は1日だけの避暑であろう。他には日光関係の記載はない。

次の報告は8月25日の第13報である。そこには「19日ローリングス大佐ガ日光」そして「20日ピゴット将軍ガ熱海へ」とある。20日はヨットレースのシーズンである。昭和11年には20日延べ23回，昭和13年には17日延べ18回も出場の実績を持つピッゴットが日光ではなく熱海に出かけるのは違和感がある。

レースが開催されなかったのではないかと思いたくなる。

　最後の報告は9月2日の第15報である。そこには「ドッズ代理大使ハ八月二十八日二時五十分発日光ニ避暑旅行二十九日午後零時日光ヨリ帰京」とある。

　丸1日の滞在もない。とてもヨットレースどころではない。

　この報告書は8月10日の動静から書かれている。前回の報告日7月23日から8月9日までの動静は詳らかではない。しかしそれを抜いて見てもヨットレース開催の根拠となる情報は見当たらない。

　警視庁の大公使館の動静調査は米国と英国だけではない。他の大公使館の報告もある。それを見てみる。

　オランダ公使館に関する報告は8月21日付である。そこには「臨時代理公使「ロイエン」ハ葉山町，一等通訳官「スネレン」ハ鵠沼海岸，海軍武官「ブースト」ハ箱根町ニ夫々避暑中ニテ，「ロイエン」代理公使及「スネレン」通訳官ハ避暑先ヨリ毎日午前10時頃出勤午後三時迄執務シ居ル」とあるが避暑先に中禅寺は出てこない。

　フランス大使館に関しては8月17日と9月3日の2回の報告がある。17日には「其ノ後仏蘭西大使館ニ於テハ過般上海ニ発生セル大山海軍大尉射殺事件ニ関シ推移注視中ノ処該事件ハ未解決ノ侭突如支那側ヨリ我海軍陸戦隊本部其ノ他ヲ空爆シ挑戦的態度ニ出タル為同地方面ノ情勢俄然悪化セルヲ以テ極度ニ緊張シ「アンリー」大使ハ週末避暑旅行ヲ中止シ居ル」[10]とある。大使の予定が変わったのは8月13日に起きた第二次上海事件の影響であろう。隣国の出来事とは言え日本は一方の当事者である。その日本に在任する各国外交官にとっては情報収集と本国への報告など多忙であったと思われる。2回目の3日付の報告は8月18日から9月2日の動静であるが日光への避暑は記されていない。

　ドイツ大使館については，昭和12（1937）年6月26日付で警視総監から内務外務の両大臣そして各庁府県長官あてに「独逸大使館事務所臨時移転ニ関スル件」と言う標題の報告がある。そこには「右大使館ニ於テハ例年ノ如ク避暑ノ為メ七月三日ヨリ九月中旬頃迄左記ノ通リ長野県軽井沢ニ臨時出張所ヲ設ケ事務所移転ニ決定シ「グルクセン」大使以下交互ニ軽井沢東京間ヲ来往シ」とある。ド

イツ大使館は昭和9（1934）年から夏季は軽井沢で執務を行った。

　以上各国大公使館の昭和12年の動静を見てきた。夏のシーズン直前の盧溝橋事件に端を発する北支事変は拡大し日中の全面戦争に発展した。戦場は隣国であったが一方の当事者の国に在勤する外交官は戦争の趨勢に敏感にならざるを得なかったろう。情報の収集分析に追われたことであろう。例年の様に長期の避暑は望めなかったのではないだろうか。これまで見てきた大公使館の動静から判断すると昭和12年の男体山ヨットクラブのレースは開催されなかったと見るのが順当であろう。

第6項 昭和13（1938）年

　昭和13年のレースを7-表-6（266-267頁）にまとめた。昭和13年の "Race Record" はこれまでと若干異なる。初心者，レディス，ロング，スウェーデン皇太子，そして障害物の各レースはこれまでと同様に種目ごとに開催日が明記されている。残りがポイントレースと賞金レースだが，そこにはレースの種目が記載されていない。開催日とキャプテンとボートナンバーが分かるだけである。一方，"Race Record" の末尾のページには8回のポイントレースのキャプテンと得点が載っている。年間優勝者を決めるためであろう。ただし開催日は記されていない。ここにある8回のポイントレースの参加者と種目不明のレースの全体の参加者を照らして見るとポイントレースの参加者と同一参加者のレースが分かる。それをポイントレースと見ると開催日が分かる。ポイントレースを除いたレースが賞金レースになる。ただし8回目と思われるレースは紙の劣化から判読が難しく推定が不能なので7-表-6には推定可能な7月13日から8月13日の間に開催された7回をポイントレースとしての記載する。8回目はどのレースかわからないが賞金レースの中に入っている。

　ここからレースの詳細を見ていくが，ブイの番号はこれまでと異なる。NO.1，NO.2，No.3（Stump）は同じだが，"Formosa" がNo.4に白岩付近のNo.6はNo.5にそして対岸のNo.5がNo.6に，そこからゴールまでの間に新たにNo.7ブイが置かれた。そしてコースの図面に初めてスターティング・ブイ（SBと表記）が

7-表-6　昭和13年(1938)年開催レースの種目と開催日と会員の参加状況
（キャプテンとして参加したレースの開催日を塗りつぶし使用ボートのナンバーを記載）

番号	キャプテン名	官職等	PR 7月 13日(水)	PR 7月 16日(土)	PR 7月 23日(土)	PR 7月 24日(日)	PR 7月 31日(日)	PR 8月 7日(日)	PR 8月 13日(土)	NR 8月 14日(日)	YTR 8月 20日(土)	YTR 8月 21日(日)	LR 27日(土)	LoR 28日(日)	SC 9月 不明
1	The British Ambassador	英大使				1		1	1	1			27		22
2	Lady Craugie	英大使夫人					28	27	2			1			2
3	The Swedish Minister	瑞典公使			15			15			3	17			1
4	Mrs. Bagge	瑞典公使夫人													
5	Lieutenant Parker	英語学将校	7	7	7	7	7								
6	Captain Rawlings	英武官		22		22	22	22			3	7			
7	Mrs. Rawlings	英武官夫人										22			
8	Mr. Clarke	英書記官	18	18				18	18		2	8	27	18	
9	Mrs. Clarke	英書記官夫人	22	17											
10	Lieutenant Thomas	米武官補	20	20	20	20	20		7	7					
11	Mrs. Coville	米書記官夫人	3			11				18	9		3		8
12	Mr. Coville	米書記官			3		3	3	3			22	3		
13	General Piggott	英武官		9	9	9	9	9			8	4	10	9	1
14	Miss. Juliet Piggott	英武官令嬢							9	11	7		9		23
15	Baron Scammacca	伊参事官	21	21	21										
16	Lt Comdr. Sheppard	不明				23	23	23		1	15	11	23		9
17	Mrs. Sheppard	不明													
18	Mr. Croft	加書記官						10	10	10					15
19	Mrs. Croft	加書記官夫人								22			10		
20	Captain James	不明	2	2	2	2	2	2	2		15	22	9	2	3
21	Mrs. Counningham	英参事官夫人				8	8	8		8		23	8		27
22	Dr. Baty	外務省顧問		ark				ark	ark						ark
23	Mr. Abrikossow	元露外交官			ark	ark	ark			ark					ark
24	Mrs. Macrae	英商務官夫人				18									
25	Mr. wild	不明								17	17				
26	Mr. Sawbridge	英書記官							12	12			12		
27	Gore-Booth	英書記官							18	18	20				
28	Captain Bryant	英武官								23					
29	Bert	不明								3					
30	Miss. Thorts	不明								11			7	11	10
31	Mrs. Cowley	英書記官											12	7	
32	Captain Ross	英武官補												4	
33	Mr. Niby	不明												1	
34	Lt. Comdr. Bridget	米武官補												22	
35	Mr. Mason	英書記官													
36	Mr. Coolideg	不明													
37	Mr. Lovedog	Y.Y.C.								4	11	23			
38	Mrs. Lovedog	Y.Y.C.									7		2		
39	Mr. Laffin	Y.Y.C.									22	18	2		
40	Mr. Harris	Y.Y.C.									23	10	3		
41	Mr. Necterman	Y.Y.C.									11				
42	Mr. Pestalogy	Y.Y.C.									4	1	8		
43	Miss. Yerdts	Y.Y.C.									9			15	
44	Mr. Hurden	Y.Y.C.											2	4	
45	Mr. Vader nearese	不明												18	

註：スウェーデンを瑞典と表記

OR	7月				8月			不明	不明	9月	
不明	10日 日	17日 日	20日 水	30日 土	10日 水	14日 日	24日 水			7日 水	11日 水
					1	1	1				
2				28			27			1	
											15
15											
		7	7	22	7						
27	22	22					27				
22											
		18	18				18				
		17	17								
		20	20	17	20	7	20	7	7	7	
3	3	11		11	3	22				3	
	11	3		3	11	3	3	3			
10	10		9		9		9				9
9					9	7	9	10			2
			2								
11	23	23		23	23	23	23	23			23
23											
						10		15			
10										22	10
22	2	2	7	2	2	2	2	2			
8				8		8	8	8			
		ark									
				ark	ark	ark	ark			ark	ark
			21								
						11	22				
					12	12		12		12	23
					18	18		18			
2											22
							11	11			3
9											
											11
	4				4	4	4				
3											8

明示された。クラブハウスとSBを結ぶ線がスタートそしてフィニッシュのラインであろう。以前のNo.4である。名称が変わった。

第5章でも見たがピゴットの『断たれたきずな』にあるヨットレースの写真（7-図-34, 268頁）にSBが写っている。左端に近い湖上にフラグの付いたブイがある。これがスターティングブイである。その左奥に写る建物がクラブハウス，レースの判定の場であった。このようにブイの名称は変わったがコース設定大きくは変化がないのでコース図は省略する。

7-図-34のキャプションは「ヨットレース開始」と書かれている。スタート時点の写真であろう。昭和11（1936）年から昭和14（1939）年の間の出来事として載っている。

もう少しこの写真を探ってみる。『断たれたきずな』は自伝である。7-図-34が写された年のレースには当然ピゴットも参加したであろう。先に見たが11年と13年のレースにはピゴットが出場している。昭和12（1937）年のレースの記録はない。先に見た警視総監の報告には昭和[11]12年にピゴットが日光に登ったと言う記述はない。また昭和14（1939）年もレースはなかったようなのでこの写真は昭和

7-図-34　ヨットレース開始（『断たれたきずな』より）

11年か13年撮影と考えられる。

　13年と仮定してこの写真を見てみよう。写真からかろうじて読みとることが
できるボートナンバーは「1」と「3」である。「1」はサー・クレイギー大使，「3」
はコビル書記官のボートナンバーである。撮影者はピゴットと想定するのが順
当かも知れない。ピゴットが欠場で，「1」と「3」のボートが出場したレースを
見てみる。クレイギー大使が「1」，ミセスコヴィルが「3」で出場した8月10日
の賞金レース，クレイギー大使が「1」，バートが「3」で出場した8月14日の初
心者レース，レイディ・クレイギーが「1」，ミセス・コビルが「3」で出場した
8月27日のロングレースそしてレイディ・クレイギーが「1」，ミセス・コヴィ
ルが「3」で出場した9月7日の賞金レースの4つである。だが，この写真だけ
ではどのレースであるか特定はできない。

　レースの詳細を見てみよう。まずポイントトレースを見る。1回目は7月13
日7艇参加，コヴィル夫人が勝利した。2回は16日10艇参加で勝者はジェーム
ズ大尉，3回は23日6艇が競いカニンガム夫人が勝利した。4回は24日14艇が
参加しパーカー中尉が勝利，5回目は31日午後に開催された。このレースには
イタリア大使館参事官スカマッカ男爵からカップ（Scammacca Nantai Cup）の
提供があった。12艇が参加しカップ獲得者はコヴィルであった。6回は8月7日
13艇が参加しクラークが勝利，7回は13日11艇参加でソーブリッジが勝利し
た。ポイントレースの記録で残っているのは以上の7レースである。8回目はど

のレースか分からない。ただしポイントレース全体の年間優勝者の名前は記されている。英国海軍武官ローリング大佐であった。納得易い結果と言えよう。

　8月14日には10艇が参加して初心者レースが開催された。勝利者はレィディ・クレイギー，同じ初心者で4位でフニッシュした夫のクレイギー大使を引き離しての1位である。

　8月20，21日に横浜ヨットクラブとの対抗戦が行われた。20日は午前午後と2回レースがあった。午前が対抗戦で午後は両クラブ混交の個人戦であった。20日のレースを見ると横浜勢がレブドッグ夫妻，ラッフィン，ハリス，ネクターマン，ペスタロジーの6人，日光勢はローリングス，クラーク，コビル夫人，ピゴット，シェパード，ジェームズの6人であった。1位は横浜のラッフィンであったが全体では36対39で男体山ヨットクラブが勝利した。午後は。横浜5人日光10人による個人戦であった。ここでもラッフィンが優勝している。2回目の対抗戦は翌21日に行われた。参加者は双方7人であった。1位は横浜のハリス，全体では64対41で横浜の勝利であった。1勝1敗である。

　前にも書いたがピゴットは「昭和13年から昭和14年かけての秋から冬の期間はほとんど全ての在日外国人にとって最後の平和なシーズンとなった」と記している。日中の戦争を考えると昭和14年の夏は中禅寺でゆっくりとレースを楽しむような状況ではなかったのだろう。そのように考えるとレースそのものもそうだが，外国人ヨットクラブ同士の対抗戦は昭和13年が最後であったと見て間違いないだろう。

　8月27日にレディスレースが開催された。9名のキャプテン名は記載されているが成績やコースは残っていない。28日は13艇参加でロングレースが開催された。コースは残っていないが昭和11（1936）年同様千手ヶ浜往復であろう。ロスが1位であった。

　日程の記載はないが9月7日と11日の間にスウェーデン皇太子レースと障害物レースが開催された。前者は12艇が参加し優勝はシェパード中尉であった。スウェーデン公使Widar Bagge も英国大使夫人のボートを借りて参加した。皇太子の名を冠したレースを見極めたかったのだろう。後者は2人1組で8組が参

加した。優勝者はミセス・ピゴットとメイソンのチームであった。

賞金レースは11回開催された。初日の7月10日が第1回である。穏やかな天気であったようだ。*"Light Nikko wind."*と書いてある。10艇で争った。ローリングス大佐が勝利した。2回は17日11艇参加したが強風と濃霧でトーマス，スカマッカ，ベイティが棄権しパーカーが1位となった。3回は20日5艇参加でパーカーが勝利，4回は30日10艇の参加でシェパードが勝利した。

5回は8月10日11艇参加シェパード中尉，6回は14日16艇参加ジェームズ大佐が勝利，7回は24日11艇参加ワイルドが勝利，8回は日付不明だが10艇参加シェパード中尉が勝利，9回も日付不明7艇参加したが勝利者不明，10回は9月7日5艇参加クロフト勝利，11回は9月11日9艇参加クーリッジ勝利，このレースにピゴットの父娘が夫々キャプテンで参加している。ピッゴトは翌昭和14（1939）年帰国だが，ミス・ピゴットは昭和13（1938）年末に帰国する。親子で楽しむ中禅寺最後のレースであった。

第4節　本章のまとめ

これまでレースの内容を見てきた。

各国の外交官が競うレースではあるが国ごとに争うものではない。あくまでも個人のレースである。男体山ヨットクラブ会員と言う個人がレースに参加できる。レースは多様であった。年間優勝者と言う名誉を賭けたポイントレースは競技性が高いと言える。一方他のレースは慰楽が目的と見てよい。先にも見たがベルギー大使バッソンピエールは「男体山ヨットクラブとそのバンガローは週1回時には毎日連続して行われるレースの中心であった。このレースは長期滞在者たちの大きな気晴らしになっていた」と書いている。確かにレースは避暑生活充実の手段ではあったろうがその内容を見ると外交官同志の親睦の姿が垣間見える。外交官は常に自国の利益を最優先に考えるだろう。ただし夏の中禅寺には利害を抜きにした時間があったと見てよい。外交官がほとんどを占める男体山ヨットクラブは数年毎に会員が変わる。そのような現状の中ではレー

スを介した会員同士の親善・社交が殊更重要であったに違いない。

　ひとたび国際的な事件が起きると外交官は多忙となる。避暑は二の次になるだろう。北支事変勃発の昭和12年にはレースはなかったようだ。そのように考えると中禅寺のヨットレースは平和な時を象徴していると言ってよいだろう。

【補注，引用・参考文献】

第7章　最盛期の外国人避暑地中禅寺に見るヨットレース

(1) 第6章第4節，199

(2) 男体山ヨットクラブのルールブックには *"The hoisting of a large white ball at the pier flagstaff will indicate that there will be a race."* と定めている

　　クラブの桟橋の旗竿に白いボールが揚がれば当日レースは開催される，と言うサインであった

(4) 手嶋潤一 (2016)『観光地日光その整備充実の歴史』随想舎，190

(5) 第6章第5節第3項，6-図-12

(6) 第6章第5節第3項，6-図-13

(7) 吹き流し：布であろう。風になびくよう結わえたのであろう

(8) 外務省資料：在本邦各國公館関係雑件

(9) 日本対印度と英国の貿易摩擦

(10) 昭和12年8月9日上海で日本海軍の大山勇夫海軍大尉が射殺された。この事件が契機となり8月13日中華民国軍が上海の日本租界を攻撃した，第二次上海事件と言われる

(11) 本章第3節，7-図-33

戦後に見る外国人避暑地中禅寺の実相

第1節　本章の目的

これまで明治から昭和戦前までの外国人避暑地中禅寺を見てきた。本章では戦後そしてそれ以降の中禅寺の実相を探る。

敗戦により日本は大きく変わった。連合国軍の占領下に置かれた。それはサンフランシスコ講和条約発効まで続く。多くのものがその姿を変えた。林間に佇む別荘群のいくつかは廃屋となり，他も役目を終えた。外国人避暑地中禅寺は姿を消した。

とは言えそこには外国人の姿はあった。占領軍将兵が休養のため中禅寺を訪れた。接収したヨットでセイリングも楽しんだようだ。軍人という限定された人々ではあるが外国人とヨットである。一見これまでと変わらないように見える。

本章では，外国人避暑地中禅寺のその後を占領期とそれ以降の二つ時代に分けて見てみる。

第2節　占領期

戦争に負けた。昭和20 (1945) 年9月2日軍艦ミズリー号上で降伏調印式が行われ，8日には連合国軍総司令官マッカーサー元帥をはじめとする連合軍将兵の日本進駐が開始された。全国で40万以上，関東1都6県で15万以上の将兵が進駐そして駐屯した。

占領軍はアメリカ軍が大半で他はイギリス連邦軍であった。駐屯は戦闘ではなく滞在である。そこには占領の業務だけでなく日常の生活もある。物資や各種サービスが必要になる。物資の調達や施設の接収が行われた。

昭和21年9月25日GHQから日本政府に発せられた覚書には「日本帝国政府

は連合国軍の用に供せる物品，サービスおよび施設（Facilities）を提供したものに対し迅速に支払いを行うべし」（SCAPA-77）と明記されている。調達・接収のルールはこの様であった。昭和22（1947）年9月1日には調達業務の仲介を行う特別調達庁もが設置された。

　筆者の少年時代は占領期と重なる。函館に住んでいた。そこには米第77師団が駐屯した。いくつかの建物や施設が接収された。家の近くの西洋レストラン[2]に駐屯軍司令部が置かれた。また同じく近くの百貨店の建物が駐屯施設として[3]接収された。星条旗をたなびかせた建物もあったと記憶している。街では米兵の姿も見られた。チョコレートをもらったこともある。Jeepを運転するG.I.の[4]姿を鮮明に記憶している。

　もちろん栃木県でも同じような状況であった。宇都宮に進駐した部隊（米軍）は，①第80陸軍司令部，②第8軍第11軍団第69師団第387連隊第3大隊，③情報部，④第99野戦病院，⑤憲兵隊であった。その数は1,080名であったようだ。

　駐屯施設として栃木県医師会館及び元海軍人事部，元陸軍の親睦団体偕行社そして元憲兵隊の各施設が接収された。また将校用住宅として7軒の個人住宅が接収され，下士官用の住宅2戸の新築を要求された。

　このように接収が行われた。駐屯のためではなく，休養のための施設も接収された。栃木県内で接収された休養施設を整理する（8-表-1）。

　1の金谷ホテルが終戦2か月後に接収された。一番早い。知名度が高かったのだろう。2の日光観光ホテルは昭和15（1940）年に建てられた県営のホテルである。経営は金谷ホテルに委嘱されていた。国際観光の施策の一つだがオープン[5]翌年に開戦になった。米軍にもあまり知られていなかったかもしれない。12月になってから接収を受けた。3のレークサイドホテルは湖畔に建つ老舗ホテルである。英連邦軍に接収された。そこにはピゴットの働きがあったようだ。[6]明治期からほぼ歴代の英国大公使が夏を過ごした中禅寺である。英国人には思い入れがあったのだろう。4のスキーロッジ，5のボートとヨットは終戦の年昭和20（1945）年に接収された。6から8は鬼怒川のホテルだが21年になってからの

8-表-1　連合国占領軍休養所其他

番号	使用区分	名　　称	場　　所	管理者	使用方法	接収年月日(昭和)
1	米8軍	金谷ホテル	日光町日光	金谷眞一	接収	20.10.25
2	〃	日光観光ホテル	日光町菖蒲浜	金谷正夫	〃	20.12.14
3	英連邦軍	レークサイドホテル	日光町中宮祠	坂巻正明	〃	20.11.2
4	米8軍	湯元スキーロッジ	日光町湯元	県	〃	20.(月日不明)
5	〃	中禅寺湖のボート・ヨット	中禅寺湖	—	〃	20.(月日不明)
6	〃	鬼怒川温泉ホテル	藤原町鬼怒川	金谷正生	〃	21.6.16
7	〃	山水館ホテル	〃	鹽田正造	〃	21.6.17
8	〃	一新館ホテル	〃	沼尾廣之介	〃	21.6.17
9	米8軍	厩舎	日光町日光	—	—	—
10	〃	藤本園	〃	—	接収	21.6.15
11	〃	日光湯元山の家	日光町湯元	国立公園協会	〃	23.(月日不明)
12	〃	竜頭山の家	日光町菖蒲浜	帝室林野局	〃	23.(月日不明)
13	記録なし	日光モータープール	日光町日光	県	〃	21.7.25
14	〃	鬼怒川モータープール	藤原町鬼怒川	—	〃	21.7.25

接収である。先ず著名な日光の施設から，と言う事であろう。*9*は元田母沢御
用邸主馬寮の施設である。米軍将兵の乗馬18頭の厩舎として接収された。*10*は
不明。*11*と*12*は紀元2600（昭和15）年を記念して建てられた宿泊施設の山の家
である。⁽⁷⁾*11*は日光湯元に建つ100人収容の建物であった。23年に接収されたが
翌24年には解除になる。*12*は竜頭の滝上に建つ。70人収容であった。当時の
連合国軍総司令官兼朝鮮戦争国連軍司令官ウイリアム・クラーク大将が夫人同
伴で泊まり湯川の鱒釣りを楽しんだという。⁽⁸⁾*13*と*14*は駐車場である。*13*は現
在の西参道駐車場，昭和14年に県営有料駐車場として整備したものである。⁽⁹⁾*14*
は民間の駐車場を接収したようだ。

　以上が日光と鬼怒川で接収された保養用の施設である

　連合国軍将兵は，これらの施設で休暇を楽しんだ。2社1寺の建造物や自然の
風景だけでなくスキーやヨットやボートなどのレクリエーションも楽しめる日
光は休養の兵士で賑わったと言う。当時栃木県の観光課長であった千家啻麿は
日光の様子を下記のように書き残している。「約1,000名の兵士が愉しそうにレ
クリエーションに明け暮れする。私が租界していた部落を通る例幣使街道では，⁽¹⁰⁾
毎金曜日に兵士を満載したジープが日光へ日光へと夜を徹して走り続けた。東

照宮一体は大賑わいでM.P.が警護に立つ」。⁽¹¹⁾

　戦争は終わった。平和な時代になった。死の恐怖は去った。将兵は日光の風景の中で「生」を十分楽しむために夜を徹してジープをとばした。

　このように現地に到着する。英連邦軍が接収したレークサイドホテルは中禅寺の集落に接している。湖に面していて桟橋もあった。ダンスのできる場所もあったようだ。保養の設備は整っていたと見てよい。

　一方米第8軍が接収した県営の日光観光ホテルは戦争前年の昭和15（1940）年夏の開業である。バーはあるがボールルームはない。湖畔から少し離れた小高い場所にある。湖との近接性も良くはない。将兵はホテルだけでは満足できなかったのだろう。ボートハウスとシネマハウス（映画館）の調達要求があった。

　当時栃木県には終戦連絡事務室と言う組織があり、「①駐屯軍トノ連絡，②駐屯軍ヨリ要求事項ノ処理，③庁内各部課並各庁トノ聯絡」をそれぞれ担当していた。

　シネマハウスとボートハウスはホテルの付帯施設と見てよい。日光観光ホテルは県の施設である。調達の要求先は県と考えられよう。観光ホテルの所管課は昭和21（1946）年12月までは土木課，以降は新設された観光課であった。課長は千家�磨である。千家は旧内務官僚だが観光ホテル着工の昭和14年に厚生省から県土木課に土木技師として赴任した。赴任早々日光観光ホテルの外構工事を担当した。そして終戦翌年観光課長に就任し観光ホテルを所管することになる。日光観光ホテルとは縁が深い。千家は英語が堪能であったようだ。接収中もホテルに出入りしたと言う，その千家がボートハウスに県は関与していないと言っている。上記のように県にも窓口はあるが，調達要求は国に出されたようだ。観光ホテルで休養する兵士は栃木県に駐屯する兵士だけではない。恐らく関東一円に駐屯する兵士であろう。それ故米軍は国に調達要求をしたのかも知れない。そもそも調達の窓口は国であったのだろう。少なくともボートハウスについて県は直接関与していない，とは言うもののボートハウスの設計と施工は日光観光ホテルを手掛けた清水組であった。先にも述べたが日光観光ホテルは県の事業である。ホテル本体は千家の同僚石持甚作建築技師が担当した。

石持と千家が日光観光ホテルを作り上げた。(12)日光観光ホテルは国際観光の施設である。外国からの観光客がターゲットであった。これまでの外交官を中心とした別荘の滞在者とは一線を画せる。接収後は米軍将兵のみの利用となる。当初はホテルでの休養だけであった。ボートハウス建設後は戦前の外国人避暑地中禅寺同様の楽しみ方をしている。ボートハウスを中心とした米軍将兵のレクリエーションの姿は，外国人避暑地中禅寺の残影と位置づけることもできる。

　将兵たちの楽しみ方の詳細は米軍の資料を見なければわからない。ただしそれが存在しているかどうかもわからない。当時の様相は現存する図面と写真と伝聞から見ていくしかない。

　ボートハウスは湖水に張りだして建てられた木造の2階屋であった(8-図-1，2，280頁)。

　1階は艇庫である。湖から直接入れる構造であった。湖に突き出た広いテラスが設置されている。仕切りはない。湖との一体感が強い。飛び込み台もあったようだ。近くに水浴場も設けられたと聞く。2階は1室のみでBarであった。部屋の広さは100㎡を超える。ダンスもできる。バルコニーが付いている。湖に開いて26m，奥行き9mの空の下の空間である。湖からの風を肌に感じて日光浴が出来る。日光観光ホテルでは味わえない湖の魅力であろう。戦前の外国人別荘の多くは，湖畔に建ち，湖側に広縁が置かれていた。そこから湖の風景を独占できた。一方日光観光ホテルは不特定多数の軍人の利用であり，湖の風景も眼前にすることは出来ない。別荘とは一線を画せる。しかしながら，ボートハウスでは，別荘滞在者と同様の楽しみが出来た。

　本来ボートハウスは艇庫，つまり格納のための建物であ

8-図-1　ボートハウス(写真提供 飯野達央氏)

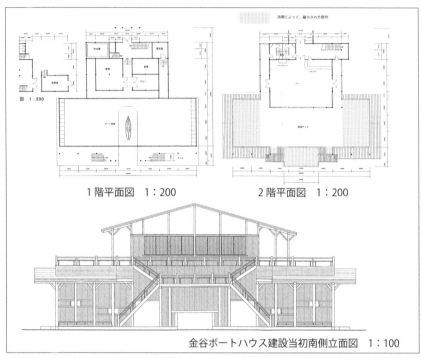

1階平面図　1：200　　　　　　　　2階平面図　1：200

金谷ボートハウス建設当初南側立面図　1：100

8-図-2　平面図・立面図（1階，2階）（『奥日光近代遺産活用整備計画策定調査報告書』栃木県）

ろう。米軍の調達要求の具体的内容は分からないが，資料からは格納だけでなく，

　①ヨット，ボート，水泳と言った水上レクリエーションの拠点

　②バーやダンスなど楽しみの空間

　③サンデッキや展望台と言った休養の空間

と言った機能を併せ持っていた。多機能な建物であった。

　ホテルで宿泊と食事と映画を楽しみ，別棟とも言える湖畔のボートハウスで昼は日光浴，水浴，ヨット，ボートそして夜はバーで飲酒やダンスを楽しんだのだろう。

　戦前の避暑客の生活より娯楽性が強いようにも見える。だとしても戦争が終

わって間もない時である。疲労した将兵を考えるとボートハウスの調達要求には肯ぜざるを得ないものがある。占領の初期には戦争からの開放を楽しむ気持ちが強かった，後期になるとは軍律のストレスからの開放を求める気持ち強くなったのかも知れない。いずれにしても将兵は開放を求めていた。

米軍は昭和21（1946）年12月14日日光観光ホテルを接収した。そして日時は分からないがボートハウスの調達要求を行った。設計のための様々な打ち合わせがあったであろう。清水組がボートハウスの設計を完了したのが22（1947）年6月21日のようだ。そして建物は22年中に完成した。速やかな進捗と言ってよい。当時は占領軍ファーストであった。

現在ボートハウスは，湖畔のレクリエーションの姿を伝える施設として栃木県が整備し一般に公開されている。そこには一枚の写真が飾られている（8-図-3）。

夕景であろうか。撮影の日時は分からない。戦後の写真のようだ。操舵しているのは米軍の兵士であろう。このヨットは第6章で見た "Rochester Canoe Club" のラークと似ている。ラークは米国で生まれた。そして男体山ヨットクラブのレースでその雄姿を誇った。戦争でレースは消えた。ラークの雄姿も消えた。そのラークが占領下再び湖上に姿を顕した。戦前に活躍したラークの生き残りであろう。夕景の中の静寂とでも呼びたいこの一枚は，かつて花開いた外国人避暑地中禅寺へのレクイエムと言ってよい。

8-図-3　夕景の中のラーク（写真提供 飯野達央氏）

第3節　その後の中禅寺

　占領の時代が終わった。戦後の復興も進んだ。経済の成長と共にバスや自家用車など車に頼る観光に移行してゆく。保養や避暑を求めて中禅寺に滞在するという姿は少なくなった。日本人だけでなく外国人もそのようであった。かつての別荘は残っているものも廃屋となったものもあった。外国人が夏を過ごし，華やかにヨットレースが開催されたという避暑地の記憶を伝えるだけの存在になった。風景に刻まれた地域の記憶と言ってよい。

　栃木県は，この記憶の再現に着手した。トーマス・グラヴァー[13]が建て，後にハンス・ハンター[14]が手に入れた西六番と呼ばれた別荘の跡地を，建物の面影を伝えるマントルピースを残しつつ園地として整備した[15]。

　またイタリア大使館別荘を購入し解体後復元してイタリア大使館別荘記念公園として一般公開した[16]。

　次いでボートハウスの建物を購入，解体復元し休憩施設として一般開放した。そこには避暑地中禅寺華やかな頃にベルギー大使バッソンピエールが愛用したスカル（口絵8-図-5）が展示されている。

　それらの動きに呼応するように平成22（2010）年には英国大使館の別荘が県に寄贈された。改修工事が行われ英国大使館別荘記念公園として一般公開された（口絵8-図-4）。

　いずれの建物も眼前に中禅寺湖が広がる。広縁のソファーに身を置くと，時と共に移ろう風景と一体になることが出来る。避暑生活の真髄を体験できる場と言ってよい。

　訪れた人が感想を書きのこしたノートがある。イタリア大使館別荘のノートには，

　　命からがらの被災地より
　　日光を見るまで結構というな
　　この言葉を素直に

素晴らしい風景
日本はすごい
生きてゆきます

と残されている。

　あの東日本大震災から1カ月半後の平成23（2011）年4月29日の日付である。極限を体験した被災地の方が日光の風景から生きる力をもらった，と言っている。

　筆者が経験した仕事の大半は観光と自然公園である。そこでは喜びの提供を目的に置く。風景を介して訪れる人々の感動に接することもできた。ただしこの一文を超える感動は他にない。かつての国立公園法には「保険休養だけでなく大自然の与えてくれる霊感」の享受があった。自然から貰う活力，生きる力であろうか。外国人避暑地中禅寺に集う人々もその風景から保養・休養・野外レクリエーション・社交と言った肉体的な喜びだけでなく，インスピレーションと言う精神的な刺激も享受したに違いない。喧騒から離れ静寂とも言える中禅寺の自然から活力をもらったのだろう。生きる希望と言ってもいいかも知れない。そのための避暑地中禅寺でもあったのだろう。

　喜びやインスピレーションを提供したのはイタリア大使館記念別荘公園だけではない。英国大使館別荘記念公園も同様であった。英国大使館記念別荘公園は自然公園の優れた事業として平成28（2016）年度日本造園学会田村剛賞を受賞した。その推薦書は事業の成果を4点にまとめている。

①限られた利用者のみが享受していた空間を一般に開放し，これまで楽しむことができなかった風景やくつろぎを提供した。結果日光国立公園に新たな利用が誕生した

②風景に刻まれた歴史を掘り起こし，かつての国際避暑地の姿を再現した。見るだけの風景から物語のある風景へとその観賞の幅を広げた

③過去の造園技術で仕上げ長年経過した石積の再現を図るなど，時間が紡いだ風景の再現に努力し成果をあげた

④観光立国を指向する今，国立公園に求められているのは上質でくつろげる

　空間である。本事業はその課題へのチャレンジと位置づけられる

であった。

　推薦のキーワードは「風景に刻まれた歴史の掘り起こし」と「時間が紡いだ風
景の再現」であろう。「幻の外国人避暑地中禅寺」として風化すること拒否した
県の姿勢が評価されたのであろう。過去を否定しない謙虚さが評価されたとも
いえよう。

　これらの施設は外国人避暑地中禅寺の生活の姿を現在に再現するものである。
もちろん時代背景は異なる。加えて別荘に滞在することが不可能な我々にとっ
て当時の別荘生活そのものを体験することは出来ない。しかし，たとえ一時で
あれ広縁のソファーに身を沈め，湖の風を体感すると心豊かな気持になる。中
禅寺の風を帆に受けて疾走するヨットのキャプテンに自分を重ねることができ
るかも知れない。

　英国大使館別荘記念公園（口絵8-図-4）は平成28年6月30日開園式が行われ
た。英国はもちろん近隣に別荘を所有する国も招待された。

　出席者は，駐日英国特命全権大使ティモシー・マーク・ヒッチンズ氏，駐日
英国特命全権大使夫人サラ・ヒッチンズ氏，駐日ベルギー王国臨時代理大使ク
リストフ・ドゥ・バッソンピエール氏，駐日ベルギー王国臨時代理大使夫人ア
ンヌマリー・ドゥ・バッソンピエール氏，駐日イタリア大使館ポリティカル・
オフィサーのレッテル・ジャンニコ氏であった。当日は，穏やかな晴れの日で
湖も対岸の山もよく見えた。

　出席者の1人ベルギーのバッソンピエール臨時代理大使は，前日に祖父愛用
のスカル（バッソンピエール号，口絵8-図-5）に対面したという。

第4節　本章のまとめ

占領下の時代は特異である。中禅寺湖の風景は占領軍のためにあったと言ってよい。そこでの生活の様相は占領軍の専用施設であったボートハウスから垣間見るだけである。詳細は分からない。昭和27 (1952) 年占領の時代は終る。日本はひたすら経済成長に突き進む。昭和40年代はマイカー時代と呼ばれたように自家用車が普及した。車で移動する観光が中心となる。道路の整備も進む。利便性は増した。中禅寺は滞在より通過の観光地となった。日帰りの観光客が多くなった。避暑地の面影はもはやない。もちろん外国人避暑地中禅寺は戦争とともに終焉を迎えたが，2つの大使館別荘の公園化によりかつての外国人避暑地中禅寺の様相を垣間見ることができる。そしてイメージを広げることができる。

【補注，引用・参考文献】

第8章　戦後に観る外国人避暑地中禅寺の実相

(1) GHQ は General Headquarters（連合国軍最高司令官総司令部）の略称

占領下の日本を管理する最高政策機関である極東委員会で決定された政策を執行する機関

本覚書は連合国軍最高司令官（Supreme Commander of the Allied Powers）から出された文書で，SCAPA-77 と言う番号で整理されている

(2) 明治 12 年創業の老舗レストラン，昭和 20 年 6 月米軍が接収，第 9 軍団 77 師団の司令部が設置された

(3) 米軍の第 9 軍団 77 師団の司令部が設置されたレストラン近傍にあった百貨店，エレベーターが設置された 4 階建てのコンクリートの建物，筆者の家があった十字街と呼ばれる港にも近いかつての中心街に建つ

(4) 米兵を G.I. と言った。男子の兵隊が G.I. ジョー，女子の兵隊を G.I. ジェーンと呼んだように記憶している

(5) 手嶋潤一（2016）『観光地日光その整備充実の歴史』随想舎，208-216

(6) F・S・G ピゴット，長谷川才次訳（昭和 26 年）『断たれたきずな』時事通信社，516

(7) 前掲（5）389-390

(8) 前掲（5）220

(9) 前掲（5）290

(10) 朝廷から東照宮に派遣された勅使（日光例幣使）が通った道。栃木県内は足利・佐野・栃木・鹿沼を経て日光に至るルート

(11) 千家哲磨「日光國立公園と 16 年」（『国立公園』昭和 59 年 12 月号，421 号，7-8

(12) 前掲（5），214

(13) スコットランド出身の商人，事業家，中禅寺湖畔に別荘を持つ

(14) 日英混血の実業家，グラバーの別荘を引き継ぐ形で湖畔に別荘を所有，東京アングリング・エンド・カントリークラブを結成した

(15) 前掲（5），図 1-7-16

(16) 前掲（5），図 1-7-11 〜 15

(17) 前掲（5），116

『國立公園』昭和六年三月號，第三巻第三號，1

286

本書のまとめ

　これまで，外国人避暑地中禅寺を見てきた。草創期の明治30年代初頭には別
荘が18戸あった。別荘の利用者は外交官が多かった。また外国人を泊めるホテ
ルもあり，宿泊者は一般の避暑客が多かった。最盛期である昭和戦前には独立
家屋の別荘が28戸，他に間借りの別荘もあった。避暑客は草創期同様に外交官
が多かった。外国人避暑地中禅寺を代表するヨットレースは明治32年に始まる。
その運営のため男体山ヨットクラブが創設された。外国人避暑地中禅寺の最盛
期である昭和戦前には年間20回を超えるレースが開催された。ほとんどの参加
者は外交官でそれも英国人が多かった。中禅寺は別荘とヨットレースが一体の
避暑地であった。別荘は夫々に自己完結の施設である。それを地域としてまと
めたのが男体山ヨットクラブであった。ヨットレースを介して個々の別荘の集
まりが避暑地となった。「男体山ヨットクラブ」は「中禅寺避暑クラブ」と同意
語と見てよい。外国人だけの避暑地である。湖畔の異国であろう。

　後に中禅寺湖畔は日光国立公園の特別地域の指定を受ける。現在の視点で見
れば特別地域の風景を特定の人間だけが占有するのは許されないだろう。国民
全体の財産と言う概念の中では外国人避暑地中禅寺と言う空間は存在しえな
い。それは過去の夢であろう。そうではあるものの外国人避暑地中禅寺は何か
を伝えているような気がする。風景に浸るという事であろうか。五感で風景を
感じるという事であろうか。風景との一体感であろうか。人為が自然の風景の
要素に変じるという事であろうか，融合であろうか。風景は自然物だけで構成
されているのではない。そこでの人の営みが風景に物語を付与する。風景に深
みを与えると言ってよい。その事跡が過去と現在を繋ぐ。

　風景に刻まれた記憶と呼ぶことができる外国人避暑地中禅寺の幾つかの事跡
は，過去の姿を現在に伝えるものである。そこから過去の姿が見える。そして
そこから風景の真髄に近づくことができるかも知れない。そうであれば風景と
の向かい合い方を教わることができるであろう。

あとがき

　幕末に対外貿易の窓口として開港した五港の一つ函館に生まれた。いち早く外国を受け入れた街である。外国との交流の歴史を伝える事跡が多い。領事館として使われた洋風の建物やそれぞれに建築意匠の異なる教会が建つ街並みが日常目にする風景であった。また港には外国船の入港もあった。異国を感じることが出来る風景の中に育った。

　筆者が通った高校は山裾の小高い場所にあった。窓から見下ろすと坂の街並みの先に港が広がる。夏には風をはらむセールや一直線に進むカッターが見える。ヨットやボートのレースも行われた。同時に開催されたと記憶している。海のお祭りであったのだろう。北の港の短い夏の風物詩であった。そのような風景と共に3年を過ごした。

　本州の大学に学んだ。そのまま職についた。海から遠い土地に居を構えた。山の国立公園が仕事の場であった。岸壁でレースを応援していると時折聞こえるスキッパーやコックスの掛け声とは無縁になったと覚悟した。

　日光を勉強した。思いがけない事実を知った。明治大正そして昭和の戦前まで中禅寺湖ではセイリングが楽しまれていた。ヨットと海は不離一体と短絡していた筆者には新鮮な驚きだった。興味を持った。セイリングの母体である男体山ヨットクラブやその会員の別荘など様々な事実が個別単独に姿を顕した。全体をまとめようと思い立った。志は大きかったが非力の身である。成果が不十分であることは否めない。ではあるもののやっとまとめた本書である。後学の批判と修正を受けるだけでも意味があると思い出版を決意した。

　ヨットレースは楽しくかけた。折々のレースのキャプテンの気持ちを思うこともできた。男体山ヨットクラブの紳士淑女がシーズンの終わりに感じたであろう夏への惜別の思いを共有できたような気がする。また作業の合間には生まれ育った港町に思いを馳せることもできた。

謝辞

　外国人避暑地中禅寺の姿を探ろうと模索していた時，日光の郷土史家小島喜美男氏の面識を得た。氏は大火等の厄災や戦後の混乱からかろうじて残った地元の資料を収集整理し保存管理を図ってきた。氏は資料の開示提供に快く応じてくれた。それらからヨットレースの内容や別荘の実相，そして避暑の様相を明らかにすることが出来た。心からお礼を申し上げます。

　幸運は続いた，避暑地日光研究のパイオニアで日光の近代史研究家の福田和美氏と面識を持つ事ができた。氏の研究から本書のバックボーンとなる多くの知見を得た。また氏は氏が発掘し自著『日光避暑地物語』に掲載発表した，戦前の別荘と避暑客を記した図面の使用を快く認めてくれた。そのため戦前の別荘と避暑客に関する考察を深める事が出来た。深甚なる感謝の意を表します。

　作業の半ば天祐とでも呼ぶべき出会いがあった。Dr. Bertha von Ledeburの知己を得た。Dr. Bertha von Ledeburの曽祖父は明治28年から31年まで日本駐箚のドイツ公使館書記官Karl-Georg von Treutlerであった。フォン・トロイトラーは中禅寺の避暑生活を記した日記と湖畔の別荘群そして自分の山荘の図面を残した。Dr. Bertha von Ledeburと一族の方はそれら資料を印刷物として公開することを認めてくれた。心からの感謝とお礼を申し上げます。

　外国からの資料の取り寄せと分析および新たな資料の探索は大東文化大学野瀬元子准教授に頼った。そこから新たな知見を得るとともにこれまでの誤謬を訂正できた。かつての同僚飯野達央，京谷昭両君からは資料の提供を受けた。これらの方々に支えられて本書はまとまった。深く感謝いたします。

　外交史料館および東武博物館の所蔵資料を使用させていただいた。栃木県立図書館の方々には資料の検索や取り寄せに尽力いただいた。感謝申し上げます。

　随想舎の下田太郎，内田裕之，黒崎香代子，故小川修二の諸氏には出版までの全ての作業でお世話になった。

[著者紹介]

手 嶋 潤 一（てしま　じゅんいち）

昭和15年　北海道生

昭和39年～平成13年　栃木県庁

平成15年～平成25年　（財）国立公園協会評議員

技術士，博士（工学）

平成12年　田村賞（日光に関する一連の研究が対象）

平成22年　第3回日本観光研究学会「学会賞観光著作賞」（『日光
　　　　　の風景地計画とその変遷』（随想舎刊）が対象）

平成29年　第10回日本観光研究学会「学会賞観光著作賞（学
　　　　　術）」（『観光地日光その整備充実の歴史』（随想舎刊）
　　　　　が対象）

外国人避暑地日光中禅寺

2021年3月16日　第1刷発行

著　者 ● 手嶋潤一

発　行 ● 有限会社 随 想 舎

　　　　　〒320-0033　栃木県宇都宮市本町10-3 TS ビル
　　　　　TEL　028-616-6605　FAX　028-616-6607
　　　　　振替　00360 - 0 - 36984
　　　　　URL　http://www.zuisousha.co.jp/
　　　　　E-Mail　info@zuisousha.co.jp

印　刷 ● モリモト印刷株式会社